日本明治时期的政治与经济

Political and Economic Problems of the Meiji Period

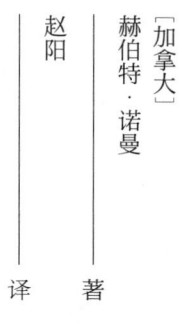

日本维新史

Japan's Emergence As A Modern State

[加拿大] 赫伯特·诺曼 著

赵阳 译

新星出版社 NEW STAR PRESS

献给我的母亲

自　序

本书包含大量的、较长的注释，这里向读者表示歉意。因为当代学术作品都将注释看成是烦人的东西，所以这里需要解释一下。最主要的原因是这部作品可能是西方语言中的先驱之作。但就仅参考已存的欧洲语言作品而言，本书都不能对那些数量虽少但不乏趣味性的文献资料置若罔闻。为了避免话题偏离本书内容的逻辑结构，也为了不频繁打断主要议题的思路，就只好把相关话题的内容归类放置到文下注释中。虽然注释中的个别论述有些争议，但还是希望有耐心查阅的读者能从此处得到一种对日本学者所关注的历史问题的暗示。

书中所提到的日文作品的名称在首次出现的时候都被翻译成英文，在之后的引用中只以音译日语的形式出现。日文姓名按照传统习惯——姓氏在前、人名在后的方式呈现。除了特别声明的情况外，文中所引用的日文资料均由作者翻译为英文，因此作者应对书中所有因翻译而造成的偏差和晦涩承担责任。

笔者想借此机会表达内心热切的感激之情，由衷感谢太平洋国际学会国际秘书处的同事们的耐心帮助和让人获益匪浅的建议，他们的无私帮助和辛勤奉献，让人敬佩。感谢哥伦比亚大学的R.角田先生和休·波顿博士，笔者受益于两位先生不厌其烦地提供纠错意见和宝贵的参考文献。同样感谢哈佛大学的青木教授，他的尖锐批评给予本书特别是日本经济史部分极大的帮助。

E. 赫伯特·诺曼
1940年1月1日于渥太华

目 录

第一章 绪 论 ... 1

第二章 明治维新的背景 ... 9
第一节 封建制度的腐朽 ... 10
第二节 打破海禁 ... 32

第三章 明治维新 ... 45
第一节 封建势力和商人联合的历史背景 ... 47
第二节 各藩的独占制及其对封建势力与商人关系的影响 ... 52
第三节 资本主义输入各藩 ... 54
第四节 封建商人联盟与明治维新 ... 56
第五节 在藩政改革运动中现代官僚阶级诞生：以长州藩为例 ... 58
第六节 明治初年的农民运动（1868—1877） ... 64
第七节 明治维新的领导者——下级武士 ... 73
第八节 因"征韩论"而引起的分裂 ... 77
第九节 与政府持续对立终酿成内战 ... 79
第十节 明治政府的反封建政策：新政府对封建诸侯和地主阶级的态度 ... 82
第十一节 结论：对日本建成现代化国家有重要影响的诸因素 ... 92

第四章	早期的工业化	95
第一节	商品的生产和流通	96
第二节	劳动力分工	97
第三节	资本积累	98
第四节	欧洲重商主义和日本重商主义的比较	100
第五节	日本银行资本的优势地位	103
第六节	外国资本在早期日本工业化中发挥的作用	106
第七节	战略行业的历史和影响	108
第八节	出于军事需要的日本工业化出发点	115
第九节	工业政策的改变及国营工厂转让的法律	117
第十节	重要工业和官僚阶级	122

第五章	土地改革及其社会影响	125
第一节	土地私有的趋势	126
第二节	1873年地税改革条例	128
第三节	农民丧失土地	133
第四节	农民丧失土地及其影响——英日两国对比	138
第五节	日本农业实行小规模经营的原因及影响	143
第六节	日本佃农的社会特点	146
第七节	停滞的过剩人口问题及劳动力市场的形成	147
第八节	国内市场的形成及其局限	150

第六章	政党与政治	157
第一节	第二阶段（1877—1883）农民运动与自由党的诞生	158
第二节	早期政治团体和政党概况	164

第三节	政府对政党的政策 167
第四节	1884年自由党解散后农民运动的新转变 169
第五节	国家权力的强化：1889年颁布宪法 173
第六节	政党和议会 177
第七节	外交政策和国际关系 181
第八节	为了国家独立，日本必然选择对外扩张的原因 183
第九节	自由党反对派的立场和日本政府内的"军政问题" 187

结　论 193

明治史参考书目提要 196
外文参考书目 208
日文参考书目（按照拼音排序） 217
外国杂志论文参考目录 223
中文参考书目 227
日文杂志论文 228

第一章

绪 论

这本书试图甄选并分析明治改革举措的相关特征，这些举措在很大程度上奠定了现代日本的经济、政治、外交政策的基础，继而追溯明治改革举措的历史渊源，日本经过制度结构调整，国家政权得到巩固，这些都是自19世纪末封建王朝后期开始的。虽然本书还涉及一些其他相关问题，但全书主题是要解读明治维新（1868）后，日本以集权、专制的国家形态走上快速发展、创新的道路，探究在国家扶植和控制下，日本工业经济是如何发展的。

这篇绪论将先前学术概括、结论与现今相结合，后文内容也是如此。本书所付诸的努力难以在有限篇幅内被完全表达，所以有待于读者去思量现代日本与明治时期日本的差异，排除不相关、短暂事件的影响，搜寻明治政府较为根本和影响深远的特质，评估在过去半个世纪中日本实施维新政策的影响。希望读者能时常想到现今，如此一来，无论读者会从这本书发现何种有趣和有价值的观点，都可能有更深层次的体会。

对思考1940年日本的读者而言，书中有关明治时期的一些内容似乎有些遥远。然而明治时代的许多事物在日本沿用至今，甚至在当代日本更为流行：官僚体制和部队等级制度的发展和演化；政党和国会的懦弱无能；小型工业企业激增；为适应日本本国需求而引进西方技术；乡村人口过剩、可用于农耕的土地稀少等农业危机频繁发生；国内市场购买力薄弱——这些都是影响日本人生活较为明显的现象。只有理解明治时期的相关知识，人们才能真正领会以上问题的实质。相应地，若以明治时期为背景，维新之前，即德川幕府时代的显著特征就变得十分重要，因此本书的第二章为读者介绍1868年明治维新的历史背景。

佛教的因果循环论是令人生厌的老生常谈了，它大意是说：无论开始发生什么事，经过一系列的因果循环，之前的事情必定会塑造和约束之后的事物。因此，学者要追溯既往，探求根源。不过我们不必全盘接受这一佛教教义，不必在个人和国家事务上秉持宿命论。历史进程如奔流的长河，它的河道在一定程度上已经固定，但人类的意愿不可避免地会推动它，使之发生倾斜。人们可能会推动河道弯向这侧，或者曲向那边，却不能完全阻塞河流的奔淌。日本的情形就是如此：明治时期的建筑家们构思好蓝图，构建新时代的材料却是现成的，那就是——先前时代的遗产。

就日本的情形而言，封建王朝腐朽不堪，众多问题没有现成的解决方案。正因为德川幕府时代所遗留的局限，相较于其他历史悠久的现代国家，日本的选择和转变机会并不多。但正如明治维新先驱者所体现出的那样，这种局限可以转化为优势。先驱者们以此来提醒国人前途充满危机，并打消了国人想凭借捷径到达乌托邦或神圣帝国的妄想。相应地，政治和外交在他们灵活的手中变成一套极其复杂的柔术，这是一项化弱为强、转失败为新攻势的艺术。他们意识到若想使国家从衰败的封建制度中摆脱出来，在向世界列强宣战前，甚至在与摇摇欲坠的清朝开战前，这个新政权都需要一定时间和休整来恢复国力。鉴于对本国限制条件的认识，日本小心地静候列强陷入纷争的时机，它在面临列强联手威胁时选择退让，然后在列强发生纷乱之时，趁其不备，精准打击。明治维新后日本接连发生的事件就是最好例证，无须向读者重复，读者也会想到。但是，如果要概括日本对外政策的特征，我们最好还是回忆一下1887年谷干城子爵那番令人印象深刻的话：

> 提升军事力量以保卫国家安全——鼓舞、护卫国内人民，然后等待欧洲各国发生纠纷，这种纷争迟早会发生，虽然我们很清楚我国与欧洲列强纷争没有直接关联，但是这种国际重大事件也会震撼东方各国。因此，尽管我国不会卷入欧洲纷争的旋涡，不过我国可以趁势成为东方的霸主。[1]

1　引自福斯特·雷亚·杜勒斯《美日关系四十年》，纽约、伦敦，1937，第13—14页。

明治年间和明治时期后，日本政治家的行为准则可归纳为如下：首先，因为较迟登上国际政治舞台，同时经济欠发达，所以日本政治备受限制；其次，欧洲列强的目的和行动不能保证长久一致。如谷干城子爵所说，我们可以从以上两项得出结论：在列强之间局势最为紧张的时候，正是日本的机会。耐心、精准的判断、对快速并狠厉出击的决心，这些始终是日本对外政策的特色。因为这些特色，日本只动用了相对来说很少的武力，就取得了不错的成果，类似的成果是很多经济强大的国家通过长期战争、挫折甚至失败才获得的。日本帝国的建立耗时约三十五年，期间，日本取得三次战争的胜利：1894年至1895年、1904年至1905年、1914年至1918年。这些战争没有过度消耗日本国力，在1931年至1933年的扩张中，日本只通过随意的打击就在中国撬开满洲的缺口。由于日本了解并权衡自身的弱点，又对潜在敌人的力量有精准的估计，因此可以降低失败的风险，甚至化险为夷。为衡量这一政策的成功，我们需要提及在与日本的对战中，沙俄一再遭遇的战争挫折和失败。在19世纪至20世纪期间，作为庞大帝国沙俄的弱小邻居兼对手，日本历经改革，从一个贫困的封建国家转变为拥有一流海军军备和殖民力量的强国。

但明治改革留下的最大烙印并非军事，而是在国内政治和经济两方面。如本书后文详细描述的那样，带有封建特质的商人在维新时期做出政治上的妥协，使得明治改革前的封建领袖和封建观点比大多数其他现代社会的领袖和观点影响更大。因此在明治时代，甚至在此以后，商业利益不受瞩目，商人阶层也没有像法国、美国那样直接参与国家的政治活动。这种妥协带来的另一项重要附带品，是官僚体制的建立，这样的官僚体制在根源上表现出鲜明的封建主义色彩。虽然在平时，官僚体制是服从政府统治的工具，但它本身带有一定程度的半独立性，促使官僚阶级形成一股极强的团结力量。

从历史角度看，就在维新之后，官僚阶级从各方势力的巧妙平衡中受益。这些势力中，一方是革新的封建藩阀，另一方是维新后的商人阶层。很快，官僚阶级地位稳固下来，接管了具有战略意义、由国家掌控的行业，诸如武器装备和造船。在这个阶级中，大部分上层人物是从之前的封建体制、贵族阶层中优选而来的，他们蔑视狡诈的职业政客，无法忍受从属政府的下级机构——国会的干预，甚至无法忍受那些尝试改革或无视他们整体意志的大臣。例如，1939年秋季发生在东京的外务省官员罢工事件。这起罢工事件竟迫使首相和外相采取迁就、几乎是道歉的态度，此种现象在其他国家非常罕见。这起短暂但意义重大的事件表明了官僚阶级的内部团结，还有如上文所说的官僚体制享有半独立的特点。

在为国内革新、国家安全、国际认同斗争的时期，官僚体制是政权的宝贵行政机构。现在官僚体制是否还是如此地位，那就是仁者见仁智者见智了。人们对官僚体制带有一种确定存在但又说不清道不明的恨意，称官僚体制为"治外法权的政府"。这一称谓说明官僚阶级拥有一定的优先和豁免权利，但又不必承担相应的责任。

人们也许会这样认为：在防止日本完全被法西斯主义操控方面，官僚体制发挥了重大作用。事实越发明显：极端法西斯分子远没有完全控制国家机器和政府决策，这和他们群情激奋地夺取政权前夕的状况一样——但这绝不是要低估日本法西斯的强大影响力。实际上，正在撰写这本书的时候，日本法西斯分子正被一种不引人注目但又坚决的力量驱逐出政府机关要职。如果说法西斯最终被坚决地打垮还为时尚早，但看上去似乎日本商人阶层已从德国汲取了足够教训——纳粹党完全掌控国家权力和外交政策，导致巨大灾难，甚至威胁到纳粹党本身和帮助纳粹登上政治权力顶峰的某些人的利益。没有任何迹象表明，日本的"蒂森"将放弃他的国家和财富；相反，日本的"戈林"也许会从现役名单转到退役名单里。或许可以这样推断，由于那个普遍存在的匿名的实体，即往往要配合上层阶级行动的官僚体制，极端的极权主义是有可能被隔离起来的。在官僚体制的背后，有历史悠久、较为传统的财阀支持，这些财阀经过了一段政治上的蛰伏期，再次显示出积极参与国内外政策制定

5

的迹象。

纵览全书，本书强调明治维新的两个方面：第一，日本从封建社会过渡到现代国家的速度和方式；第二，完成维新改革领导者们的社会特质。后者来自封建贵族（反对德川幕府），他们受到大阪和京都的大商业氏族支持。日本在政治制度过渡时期，实行专制统治，这使得领导者们可以迅速地采取措施，防止民主主义泛滥。这里我们斗胆拿法国大革命来和日本的明治维新做对比。虽然法国大革命最初确实是吉伦特派和斐扬派暂时取得胜利，他们支持改良的君主立宪制度，支持者是以米拉波和更为典型的拉法耶特为代表的自由派贵族，还有像巴纳夫和罗兰夫妇一样有名望的公民阶层。然而这种比较曲解了历史，法国商人阶层凭借垄断、海外贸易和殖民地贸易而实力强大，在物质和反对封建贵族的政治趋势两个方面，都远远超过1868年的日本商人。因此和法国资产阶级相比，日本资产阶级在政府各部门中的地位较低。

德川幕府的统治是由上至下被破坏的，这使得统治阶级可以遏制人民发生暴动，尤其是农民阶级和城市贫民，防止这些贫民阶层发动由下至上的反封建运动。维新战争（1867—1868）将德川幕府的统治堡垒攻击得破碎不堪，在维新改革之后的数年中，封建阶层的豁免权和特权不断受到侧面抨击，新政府坚决地否定了下层阶级进一步改革的要求，一如他们坚定地反对复辟旧王朝制度。此种政策需要强有力的国家机器——集权政府，还需要一支可随意调配的治安部队或军事武装。这种对集权政府和军事武装的需求，为开明的具有集权特征的明治政府提供了原动力。在推翻封建制度后，明治政府珍视并继续执行必要的政治改革，开辟工业化道路，并创立现代化军队。这支军队首先是抵御西方列强的防护堡垒，其次，它还是防止国内恢复旧封建制度的最后一道防线。但在实际中，这支军队特别防范的却是新觉醒的激进的自由主义精神。这种激进的自由主义精神对刚刚执掌政权的明治政府有一定威胁，因为它有将刚萌生的民主思想扩展并彻底执行的趋势。早期在军队、警察队伍和官僚体制中的人员，几乎都是之前的武士或封建藩主的家臣，因此他们（除极少数人之外）对自由主义精神心怀固有的敌意。

虽然明治时期的领导者大量借鉴欧美的工业技术、银行系统、军事组织和教育体制，然而明治时期的政治体制却与过去的封建制度接近，尤其要提一下封建阶层与商人阶层意义深远的相互妥协与合作，上文略微提到这种妥协，本书的其他章节内容会对此作详细描述。这种妥协合作带有深刻的旧政权痕迹，特别是在精神领域，这种烙印更为明显。封建的忠义观念、家长制、对女性的态度、对武士道的崇尚——这些日本精神现象如同热带夕阳的余晖散发的光束，虽已近尾声，却还熠熠闪光。这个比喻是用来说明即使某些事物已融入一个国家的精神或文化特色中，成为固有的、不可分割的一部分，仍会面临盛极则衰、否极泰来的趋势变化。在日本，采纳现代的生活方式和完全成熟的本国文化、心理表现之间，始终有一段时间差距。只要这种差距存在，我们就能在这个国家看到如下奇妙的景象：城市大工业浓烟漫天，而同时，在田野和乡村地区，还有千百万人民，每当提及"古代日本的精神"时，他们心中便涌起忠义和激动之情。这种精神并非天生的，它是从数千年在思想方面后天培养、传统沿袭、习惯中养成的。因为其遍布广泛，所以仅凭"现代化"的近两代人就抹去这种精神印记，是不可能的。无论如何评价古代日本的精神遗留，随着新日本的工业文明萌芽、成长、枝繁叶茂，日益根深蒂固，新的精神面貌将会渐渐取代旧时期的家长制及顺从的传统。

某些学者把古代日本的这种精神遗产视作萦绕在现代社会的幽灵。但在日本，不恰当、不寻常、不时髦已经变成有利条件；弱点，如果你愿意这样称呼的话，也已经转化为优势。工业领域的压力和冲击、各方利益的丑恶冲突，都由古老的思想习惯缓和、化解。个人主义有其优点和长处，但对于一个家中女儿在纺织厂做工，全家只依靠那点微薄工资维持生计的农民家庭来说，就并非如此了。此外，古老的封建氏族观念已演变成与整个国家休戚相关的情怀，当国家处于危难之际，这种情怀凝聚成举国团结一致的精神，像墨索里尼和希特勒所营造的那种华而不实的戏剧性场面，很难有效激发出像日本这样的一致对外的团结精神。美国的经济学家凡勃伦曾于二十多年前简洁地描写过日本这一间隔期：日本从借鉴西方工业生产到国民心理上完全接受存在一定时间间隔。凡勃伦称这个时间段为"日本的机遇"。[2]

最后，我们从明治时期形成的日本外交关系和政策问题，转到农业方面残留着封建影子的问题：沉重的地税（无论是实物还是货币形式的）、狭小的耕地、家庭和家族式手工作坊的留存和落后的农业技术等。这些过去的封建遗物对以下迫切的社会问题有直接影响：农村人口过剩；女性劳动力在工业企业占很高比例；制造品销售的国内市场狭窄。

本书的最后分析这些内容：土地分配问题对工人运动的形式有深刻影响；土地政策同样影响着由农民征募来的兵员心态。农民的这一问题至关重要，它关系到工业、政治和社会的发展，为此本书特别在后文章节中讨论土地分配和明治维新的土地政策。自明治时代开始，日本的确每时每刻都在改变，但只是原有事物程度上的变化，并没有本质的更新。老式的佃农和地主之间的关系虽有量的调整，却没有彻底的改变。"佃农—地主"的地位关系十分清晰地保留至今。希望后文分析的内容，若做些许调整，同样适用于当代日本。

本书将六十年或七十年前的典型日本地主描述如下，可以帮助读者们加深理解：第一，早期的自由党人兼具激进主义和保守主义，具有双重性；第二，自由党演化为顽固的政友会。因此，本书继土地制度的章节之后，按照逻辑顺序，有一章关于政党和政治的内容，以此结束全书内容。

---

[2] "我们不妨称它为日本的机遇——尽可能地充分利用封建主义世界和资本主义世界的资源。"参见托斯丹·凡勃伦，《论时代变革中的秩序》，纽约，1934，第248—266页。

第二章

明治维新的背景

第一节 封建制度的腐朽

明治维新和其后的几年，日本迅速从一个封建制国家转变为现代的工业文明国度，速度之快成为明治时期最引人注目的现象之一。当时的新闻记者和旅行家都注意到这种速度，但并没有做出任何解释。这一问题往往被人们解释为"奇迹"，或是被描述为聪敏的学生（日本）从其导师（西方国家）那里取经，这种观点对西方谄媚，对日本却有失公允。

日本能够较为轻易地冲破封建经济的束缚，其中一部分原因可以解释为以下两个因素偶然结合的结果：（1）封建社会的内部危机；（2）西方国家的施压。既然这种快速转变已经给日本的社会和政治结构打上深刻烙印，研究清楚明治维新所处的环境就显得十分重要。只有足够了解这一时代的环境，我们才能发现内部腐朽与外部压力这两种力量是如何缩短日本改革这段阵痛期的，而同样面临内忧外患的中国，却经历了相当难熬的漫长时间。

德川的幕府封建统治开始于17世纪初，德川家康（1543—1616）在日本的大部分地区通过家族的直系和旁系亲属确立了霸权地位，同时还间接管辖本州、九州和四国这三大岛。德川家康建立了最后的将军政权，即世袭军事统治权的幕府政权。在这一政权体制下，将军的幕府——这一最大的封建氏族实际掌握着政权。同时，天皇和宫廷被降级，以恭顺又委婉的说辞被幽禁在京都，过着默默无闻、与世隔绝的生活。幕府最初是由源赖朝（1147—1199）建立的独立权力机关。当时的日本王朝被诸如苏我氏、藤原氏或平氏这样的大家族把持。这样的格局在日本历史上屡见不鲜，但幕府的出现清楚地意味着一个新的独立统治阶层出现，它将天皇与他的宫廷及实际权力切断。这种天皇虽为君主，将军却是实际统治者的二元局面被明治维新终止。维新改革后，日本重新回到之前的政权系统上——天皇既是君主，也是统治者。[1]

德川幕府时代的封建制度代表了历史上封建统治者最有意识的尝试——将社会固定在严格的等级制度中。每个社会阶层，甚至每个阶层的细分阶层都有自己的规范，包括着装、仪式和行为的细微区别，各阶层都必须严格遵从这些规则，违令者会受到严厉惩罚。即使用封建社会的标准来衡量，德川幕府时代的刑法也过于严苛，获罪的武士和平民所受的惩罚差距很大；德川幕府想尽办法来强化这种差异，提高上一等级的优先权益，或者降低下等阶层的权益。在对外交往和国内政策上，和本国商人阶层的需求和利益相比，德川幕府统治者表现出更关注自身的封建哲学理念。一方面是为了防范欧洲的政治控制，无论这种危险是通过商贸往来，还是天主教传教士的阴谋渗透到日本的；另一方面，由于重农主义，商贸和农业的价值不可相提并论，商业地位顺理成章地被贬低。基于这两个原因，德川幕府在1624年将西班牙人驱逐出境，1638年，又将葡萄牙人驱逐出境。1640年以后，所有外国人和外国贸易都被驱逐出日本，只在出岛（长崎）那里保留一块很小的贸易区。贸易区里有严格的监控，荷兰人和中国人居住在此，并享有极为有限的贸易权利。1637年，德川幕府禁止所有日本人出境，如果有人违反法令擅自离开日本国土，一旦回到日本就会

1　德川家康统治的区域比以往幕府任何一任将军的都大。实际上，有些历史学家，如朝河贯一和福田德三先生，他们都认为像德川幕府时代的日本，这样一个中央集权的国家，不能被称之为封建的武家政体。这里不为此作深入讨论，只假定：通过控制农产品和农民获得政治权力的社会，不论领地再分封的程度如何，都能够被称为封建政体。

在日本的封建社会中，决定权力的是稻米收入，而不是对土地的直接所属权，因此日本与欧洲的封建制度必然有很大差异。朝河贯一教授曾经指出：日本的封建制度是以土地所生产的利润分配为特征的，而不是以土地的再分配为特征（参阅朝河贯一的《入来文书》，耶鲁大学出版社，1929年出版，第2—15页）。对此，似乎采用日本社会历史学家本庄荣治郎教授的术语称呼日本各历史时期就十分方便易懂了。他称早期的封建制为"分权的封建制时期"，后期的封建制为"集权的封建制时期"。这种同一社会形态不同时期的差别术语同样适用于欧洲的封建制（关于欧洲分权封建制发展到集权封建制的过程，请参阅帕蒂特·杜泰利斯教授所写的《法英两国的封建君主制》，伦敦，1936）。但在日本，尽管实行中央集权，作为当时最大的、唯一有控制力的封建权贵德川氏，依然是和所有下属的小领主或大名一样，依赖农民的劳动成果生存，所以，纵然德川家族将日本完全中央集权化（如法国路易十一世那样实行中央集权），从社会经济的意义上来说，日本依然是封建社会。德川氏将日本中央集权化的重大意义在于：从幕府统治到明治天皇政府，权力的转移得以迅速完成。

被判死刑。为厉行锁国政策，德川幕府还限制了每艘船的容量，不得超过500石*。这些为封锁日本所做的努力，皆是为了防止外国的自由贸易风潮扰乱本国自给自足的封建环境。

德川幕府时期，位于等级制度的金字塔顶端的是德川将军家及其三支旁系†，即尾张、纪伊和水户。德川家族直接管辖的地域几乎占日本国土的四分之一，江户（幕府所在地）、堺（大阪）、京都（皇室所在地）和长崎等大商业中心都在其中。德川氏的主要财政来源是贡米，在稻米总产量2800万至2900万石时占据800万石之多。[2] 采矿和垄断贸易的特许经营权同样是利润颇丰的收入来源。日本其余四分之三的领土由大名‡或其他封建领主占领。从一开始就站在德川家康这边的家族，被封为"谱代大名"§，是德川氏的世袭家臣，共有176家，他们受德川家族的恩惠，幕府的高官显职大多由这些家臣的族人担任。而在起决定作用的关原之战**（1600）

---

* 石，一种容积单位，日本古时重量单位，约等于美制重量单位蒲式耳的5.12倍，4.96倍的英制蒲式耳。——译注

† 德川家康成立幕府后，为巩固自己的政权，跟之前的幕府做法一样，把全日本各地的大名按照与德川家的亲疏关系分为三级。最亲密的大名与德川家有血缘关系，德川家康把江户附近的土地分封给自己的亲属，称为"亲藩大名"。其中，以德川家康的九子德川义直（封地为尾张）、十子德川赖宣（封地为纪伊）、十一子德川赖房（封地为水户）最亲，被称为"御三家"。若将军家无嗣即从尾张、纪伊两家挑选继承人，水户家相当于副将军，原则上不允许从水户家入嗣，直到末代将军德川庆喜打破这一惯例。——译注

2 虽然幕府的直接管辖领地不大，但是这些领地在68国（"国"是德川幕府时代的行政区划名称，管辖郡、乡，明治维新期间执行废藩置县政策后，国这一行政区划被撤销）中零星散布的47国境内，这些分散领地归德川将军直接掌控，可以防止敌对各藩形成联盟，这些领地便是敌对势力和德川幕府之间的屏障。本书中所举的德川幕府收入数据来自执政初期，这些数据来自G. B. 桑瑟姆所著的《日本文化简史》，纽约，1936，第455页。至于德川幕府统治的后期，根据土屋乔雄的估计，稻米收成约三千万石，其中420万石归德川将军，另外还有260万石归其他家臣。也就是说，德川将军仍控制着四分之一以上的日本稻米收入。土屋乔雄，《日本经济史概要》，摘自《亚细亚协会纪要》第二集卷十五，东京，1937年12月，第223页。

作为重量单位的石，随地域和时期不同而有所差异，但后来定以标准，以4.96006英制蒲式耳，或5.11902美制蒲式耳，或1.80391百升。本庄荣治郎，《日本社会经济史》，东京，1935，附录二，第370页。

‡ 大名即统治一个封地或藩的封建领主。在德川时代，一般对于封地达万石以上的诸侯称为大名。——译注

§ 谱代大名的地位仅次于亲藩大名，大多位居幕府要职，在社会上有一定的地位和权力，但俸禄很少。——译注

** 关原之战：1600年，德川家康带领下的东军与当时的武将石田三成领导的西军在关原地区发生的战役，这场战争不到一天即分出胜负，结果是石田三成兵败被杀，德川家康势力大增。此次战役三年后，德川幕府成立。——译注

之后投降的那些大名，包括长州的毛利、萨摩的岛津、仙台的伊达和加贺的前田等最富足的领主在内，共86家，被称为外样大名[*]或"外藩"。外藩不得在幕府中任职，但相应地，这些外样大名被准许对自己的领地——藩的内务有部分自治权。

幕府或称将军府以一种精心设计的制衡制度来保护自身的统治权力：一方面，在领地分封时，将世袭大名（谱代大名）安排在外藩（外样大名）中间；另一方面，1634年第三代将军德川家光执行参勤交代制或称人质制度。依照参勤交代制度，所有大名都必须在他们的领地和江户两地轮流居住，当大名们离开江户回到封地去的时候，必须将他们的妻子和家属留在京都作为人质。受分封大名统治的各藩之间不得交往，旅行需要严格执行护照制度。[3] 幕府实行监察制，规模宏大，影响深刻，甚至关于监视制度的坊间逸事和谚语一直流传到今天，这是幕府的监察制度在人们意识上留下深刻印记的有力证明[4]。大名家族之间联姻，首先要征得幕府的批准；修建府邸和城壕也必须得到幕府同意；如果大名领地建筑需要修缮，也需要把改建计划呈送到江户。禁止任何大名与京都的皇室有直接接触，甚至天皇也在严密的监视下（虽然是以恭敬的方

---

[*] 外样大名没有亲藩或谱代大名的权力，又常被幕府监控。因为外样大名的领土多在偏僻的外围，在锁国时期反而最容易与外国势力接触，成为倒幕的主要动力。

[3] 政府不但设置关卡限制旅行，并且为减少货运，当局故意放任道路、桥梁失修无法顺畅通行，发放护照的官吏特别留意出行的妇女和入境的枪支武器。可见，大名有试图将妻子偷送出江户的举动，也有偷运枪支武器回封地的企图。黑板胜美，《国史的研究》卷三，东京，1937修订版，第386页。另外，可参阅前文引用过的G.B.桑瑟姆所写的《日本文化简史》，第437页。

[4] 监察制度是在目付或称监察官的监督下执行的，他们监视大名及其奴仆的一切活动，并一一向将军汇报。在德川幕府统治时期，秘密政治警察的使用比以往任何封建社会都广泛。日本最早一批社会经济史学家福田德三，特别留意德川幕府的独裁现象，将幕府统治下的日本称为"绝对警察国"。参阅福田德三，《日本社会经济发展史》，慕尼黑国民经济研究所，斯图加特，1900，第116页及后文。

这些政治警察与现代秘密警察有以下方面有惊人的相似之处：在训练中，小心地学习、掌握某种偏远地区的方言；在对有不法嫌疑的大名家中进行监视时，他们无孔不入，运用的工作方法可称得上不择手段，不过这些诡计往往又极具智慧，因此能够探听到大名家中隐秘的情报。

如对德川幕府时代秘密警察的组织和方法感兴趣，请参阅《大和德日协会会刊》，柏林，第4—5期（7—10月），1929，第205—210页所刊载的弗里茨·施通普夫所写的《忍术》一文。

式），天皇的活动以及仪式都被幕府所制定的规范严格限制。[5]财务负担过重，导致大名家族的库房经常空虚。德川幕府还命令某些大名承担庞大工程的开销，如此一来，大名的财政状况更被逼得吃紧到极限。[6]即使是在日本的封建社会，罗马谚语"金钱触发战争"也同样适用。幕府以一切手段来削弱、分化大名的势力，但仍有充分理由对西南地区实力强大的外样大名心怀戒备。像西南地区萨摩的岛津氏、长州的毛利氏和肥前的锅岛氏，他们都是关原之战后归顺德川幕府的，因无力推翻德川家康才屈居人下，但因为他们有半自治权，幕府仍将他们视作会直接发动攻击的威胁。

在这些外藩中，最令幕府忌惮的要数南九州的萨摩藩了。萨摩藩距离幕府的权力中心很远，四周又都是同样对德川幕府有敌意的外藩。同时，萨摩藩拥有封建日本财政收入最多的地区，还有团结一致、战斗力卓越的士兵，因此，萨摩藩毫不隐瞒对德川幕府统治的不满。[7]萨摩藩在日本国内率先使用和制造现代武器，完全不顾对外通商的禁令，以琉球群岛为基地，保持着和中国的商贸往来。[8]得益于对外贸易的获利，地理

---

[5] 本书已将德川幕府政策、行政这一精密系统的特征列举出来，如读者想了解更详细的内容，可以阅读正规的日文或英文历史书籍。日文史学书籍中，前文引用过的黑板胜美所著的《国史的研究》卷三，特别说一下，第382—396页是关于皇室、谱代大名和外样大名政策的内容，第397—408页是关于参勤交代制度的详细解读。如果想看英文史学书籍，可参看詹姆斯·默多克所写的《日本史》，伦敦，1903—1926年出版的多个版本，卷三，第1—61页的第一章《社会及政治结构》。另外，还可参阅安东尼·德·拉·马兹西尔所著的《日本的历史和文化》卷三，巴黎，1907，第212—240页的第一章《政府》，以及第241—304页的第二章《德川时代的社会、经济情况》。

[6] 幕府命令大名修建公共设施大工程的例子，可以拿木曾川（名古屋的北面）工程举例。这项工程是在1754年幕府命令偏远的萨摩藩捐助修建的，这一花费让大名岛津氏财政一下子紧缩到举步维艰的地步。参阅大原贤次的《西乡隆盛传》，东京，1938，第16页。此外，参勤交代制是持续耗费大名财力的制度。

[7] 日语中的藩可译为英语中的"fief"或"clan"，后者更为通用。但必须强调的是，英语单词"clan"并不含有苏格兰和古日本封建社会早期的家族单位观念。在日本的封建社会时期，"藩"这一名词是指划分给大名的能行使管辖权和征收稻米的领地。

[8] 1609年，萨摩藩进攻并控制了部分琉球岛屿，设立行政中心——冲绳，默许琉球群岛的国王承认中国为宗主国（即默认琉球仍为中国的附属国）。黑板胜美，前引书，卷三，第582页。萨摩藩和琉球群岛之间走私贸易的性质和程度，请参阅竹越与三郎的《日本经济史》卷三，纽约，1930，第225—226页。琉球群岛的特殊地理位置是日本与中国摩擦的根源。英、法两国要求这些岛屿要开放外国贸易，萨摩藩十分支持这一要求，此要求令德川幕府十分尴尬。参阅竹越与三郎，前引书，卷三，第277—278页。同样可参阅堀江保藏的《日本资本主义的成立》，东京，1938，第106页，注释4。

位置又几乎全部沿海，萨摩藩的文化发展倾向于面向南方海洋的外国文化，而不是面向京都的本土封建保守文化。[9] 由于贸易资金的积累、早期以军事为目的对西方工业的大量引进[10]，以及对德川幕府的憎恨，在西南地区的其他三个藩（长州藩、肥前藩和土佐藩）的支持下，萨摩藩成为进攻德川幕府霸权政治的先锋，绝不是历史的偶然。

在德川幕府时期的封建等级中，居于将军和大名之下的是武士，他们效忠自己的领主，相应地，领主大名会给他们稻米（禄米）作为俸禄。在分权封建制的初期，大多数武士是农耕者，他们在发生战争时入伍追随领主，到了安定时期又解甲归田。随着军事方面的兵制改革——开始使用枪炮等火器，与之相应地需要坚固的防御堡垒，由此武士集中生活在城下町[*]，离开了田地，由农民去耕种。武士和农民阶级之间的分化在丰臣秀吉时期进一步加深。1587年，在丰臣秀吉实行"刀狩令"[†]后，农民叛乱的威胁减少了，但农民和佩刀武士之间的阶级差距拉大了。[11] 完全摆脱农业生产的武士从领主那里获得禄米，相应地，武士要随时听命于领主进行战斗。德川幕府建立后的长期和平消磨了武士的尚武激情，渐渐地，这些武士成为多余之人，实际上沦为

---

[9] 西博尔德在1826年访问了萨摩藩的前领主——岛津荣隆，此次会晤被拉·马兹来西尔引用，以此说明荷兰人在萨摩藩的影响力。萨摩藩大名显示出一定的荷兰语水平，并且对西方事物有热切的兴趣。萨摩藩的大名已经仿建西式船舶，修建要塞堡垒，制造大炮。参阅拉·马兹来西尔，前引书，卷四，第114—115页。

[10] 参阅本书第四章，"早期的工业"中战略行业的历史和影响部分内容。

[*] 日本称城市街道为町，以大名所居住的城为中心而发展起来的城市街道则称为城下町，大意是指围绕大名所居住的城池形成的生活聚集区，相当于城市。根据德川幕府的一国一城令，在一国（是指行政单位"国"，或大名的领地"藩"内）中，由大名居住、用作政厅的城只能保留一个，其余的城池必须全部废除。各藩的大名为了确立对家臣的支配管理，将家臣们自主修筑的城池废弃掉，让他们向大名自己修筑的城内集中。此时，城池不再仅仅是军事据点，更是政治据点，也是大名权威的象征。因此，城池成为藩内的经济中心，商人和手工业者纷纷向此聚集，这样便形成了城下町。——译注

[†] 刀狩是日本历史上的一个法令，最早由柴田胜家在越前实施，主要是没收农民手上的武器，其目的是完全做到兵农分离，实际上是为了防止庶民团结一致发动叛乱。丰臣秀吉向全国发出"刀狩令"，收缴农民手中的武器，农民的武力遭到沉重打击。——译注

[11] 室町时代发生了多次大规模以宗教名义发动的叛乱和农民暴动，因为这些叛乱，各地领主不得不解除农民的武器装备，"刀狩令"并非丰臣秀吉首创，他只是将此政策推广到全国实施而已。参阅桑瑟姆，前引书，第422—423页。

寄生阶级。德川幕府的持续统治需要武士阶层的支持,因此幕府竭尽所能宣扬"武士道",并给予武士高于其他阶级的优待。武士的地位越来越优越,同时,因为禄米被贫穷的大名削减[12],武士焦躁不安的情绪越来越浓厚,最终迫使部分武士脱离对领主的效忠,成为浪人(正如字面意思,武士成为"流浪的人",没有效忠的对象,也没有固定的职业)。许多浪人居住在城市中,学习西方语言和科学知识,成为日本向世界开放的智者和先行者。在这些向西方学习的浪人中,有许多人对步步紧逼他们的幕府心怀憎恨,因此他们后来成为明治维新最热忱的斗士。[13]

德川幕府的财政收入依靠农民,而安全依赖武士,因此非常轻视町人*(商人阶层),将町人列为社会等级的最底层。町人往往被认为没有生产用途,又在政治上摇摆不定,是只会不择手段赚钱的一类人。当时的统治者用无数的条令来限制这个阶层的人:町人的着装样式、鞋袜和伞具的使用等数以千计的细节都被写入法律,予以规范。政府甚至不允许商人使用和大名相似的名字,也不允许商人住在武士的居住区。[14]事实上,历朝封建贵族中,没有比德川幕府的道德家和立法者更厌恶营利行

---

12 关于武士阶层没落,马丁·拉明有所研究,请参阅马丁·拉明的《德川末期武士的经济地位》,源自《德国东亚地理及民族学会通报》卷二十一,上册,东京,1928,第47页。

他的研究是根据许多史料记录进行的,这些记录是一些庶民为了响应德川将军"集思广益倾听百姓呼声"的号召而上书的意见书。马丁·拉明认为这些平民的意见书比大名的意见书有更高历史价值,因为大名所上书的意见无非是讨将军喜欢的奉承之辞。在分析武士的不同等级和收入后,拉明得出如下结论:终极武士的平均收入为100石,和一个富农的收入大致相当,而所有武士的收入平均数则在35石以下,这和一位农民的经济收入持平。但是因为大名常陷入财政困难,所以武士的禄米被迫削减许多。在削减禄米时,表面是大名向武士借贷以重组藩内财政,实际上是对武士俸禄的长期削减。本田利明(在19世纪初期)写道:"当时大名已不给家臣支付全部俸禄,如此情况下,武士开始怨恨主人,如恨仇敌。"

13 幕府惧怕这些心怀不满又敢作敢为的无主武士,是有一定原因的。早在1651年,浪人由井正雪和同伙丸桥忠弥就曾经有过试图颠覆幕府的举动。参阅黑板胜美,前引书,卷三,第431页。德川末期,浪人团伙数量颇多,让所有城镇、城市(尤其是京都)都为之战栗。参阅平尾道雄,《幕末浪人的生活及保护办法》,载于史学会编的《明治维新新史研究》,东京,1936,第528—529页。

* 所谓的商人阶层,也包括遍布市于城乡的大大小小手工业者。町人起源于城下町,所以从广泛意义上来说,在城下町中生活的平民都可称之为町人,本书尤指大商人。在17世纪后期,以工、商、贸为业且财力雄厚的町人阶层,逐渐登上历史舞台。——译注

14 泷泽松代,《货币经济在日本的渗透》,纽约,1927,第103页。

16

为和以营利为生的商人了。德川幕府的行政法令甚至将著名的"斩舍御免权"写入法律。这是幕府给武士的特权，武士可自行斩杀无礼的平民、町人等而不受惩罚。[15] 除了各式各样的社会限制，因为禁止奢侈的法律和奢华害人的道德舆论，日本商人阶层日益增长的经济实力也形同虚设。虽然统治者将町人阶层置于社会等级的最底层，但随着货币经济逐渐取代自然经济或米交换经济，他们在这样的封建社会中扮演着越来越重要的角色。货币经济取代原来流通手段的过程，帮助农业和制造业提升生产力，反过来，农业和制造业的高产又促进了以货币为流通工具的商业中心和城市的发展。伴随着参勤交代制度而来的交通顺畅，极大地促进了商品的流通。城市和交通的发展是市场扩大的两个主要迹象，随着市场扩大，制造业和工业的专业化应运而生。在德川幕府时期，生产者和贩卖者是被严格分开的，加之幕府时期常颁布行政法令限制社会团体的活动，商人便组成了一些大型的垄断式批发机构（问屋*）。问屋往往有严格的组织章程，享有一些特权，这是由于它们会向幕府缴纳一笔特许经营税，名为"运上"（实际上是"感谢金"），还有以"冥加金"和"御用金"† 等名义缴纳的临时税金，实际上这些都成为强制搜刮的税费[16]。商人阶层崛起最重要的结果之一，是大名和武士对商人阶层日益依赖。随着上述经济发展而变得更加城市化的封建上层阶级，需要把收入的稻米

---

15 "家康遗训百条"奠定了德川幕府的基本行政惯例。其中，第四十五条称："庶民不得对武士无礼，不得对直系或旁系的家臣不敬，否则格杀勿论。"参阅 J. H. 格宾斯，《家康遗训百条和德川政府》，载于《日本协会会刊》卷十七，伦敦，1918—1920，第 156 页。

* 问屋是直接从生产者处得到货源，负责代销或收购后推销给二级批发商的商家。——译注

† "冥加金"是封建统治者为给予贸易特权而向商人征收的一种捐税，并没有正式的或者确定的税率。御用金是德川政府向商人征收的一种强制贷金，也是一种进献礼金。——译注

16 称为"十组问屋"的这类批发行业协会共有十组。参阅泷泽松代，前引书，第 58—59 页。德川幕府时代的商人行会越来越垄断化，因此，德川幕府在谋士水野忠邦的建议下，在 1841 年废除商人行会。但从 1851 年开始，这些商人行会通过改组，继续留到维新时期。参阅福田德三，前引书，第 157—158 页。关于商人行会的最完善记录，参阅竹越与三郎，前引书，卷三，第 1—5 页；关于工会，同样可参阅此文献，第 242—273 页。关于株仲间或行业联合会，幸田成友教授曾做过一番研究，英文版载于《亚细亚协会纪要》（斯基恩·史密斯编），第 78—116 页。

转换成货币。为此，武士（尤其是德川将军的家臣旗本*）和稻米经纪人（札差†）开始有商业往来，而大名经常在大阪和江户建造自己的仓库，并把这些仓库交给财务代理人（藏元‡）去打理。[17]商业资本阶级的经济增长对社会的影响是非常深远的。有很多当时的记录，记录了富有的商人是如何被收养入武士家中的，也同样记录了凭借婚姻或收养手段，穷困潦倒的武士是如何心甘情愿地进入商人家庭的。封建阶层融入较有实力的商人家庭，是日本历史上一个极其重要的现象，本书下一小节会做详细介绍。这里只指出如下这点便足以说明上面的话，虽然名义上商人阶层处于社会等级的底层，但商人阶层从封建制度的罗网中翻越出来，甚至在许多藩中占有政务上的领导地位。尽管如此，德川幕府因为封建思想偏见而制定了各种琐碎的管制法令，严禁对外贸易，如此行径阻碍了日本商人阶层的发展，特别是在资本积累方面，日本商人的发展远远落后于17世纪及18世纪英国与荷兰的大贸易公司。[18]日本町人的经济活动蚕食着封建制度的根基，这激起了幕府隐藏的敌意。举例来说，从没收著名的淀

---

* 旗本，禄米为1万石以下的武士，是德川幕府时期将军出场仪式上出现的直属家臣，礼遇形同大名。——译注

† 札差，为幕府的家臣团（旗本、御家人）经营稻米的特权商人。——译注

‡ 藏元，大阪地区为各藩大名承办经营稻米业务的特权商人。——译注

[17] 关于大名和武士这些商业代理人的功用和力量等详细情况，请参阅本庄荣治郎，前引书，第125—222页。关于札差，可参阅竹越与三郎，前引书，卷三，第61—85页；关于藏元，参阅同一文献第86—101页。

[18] 对日本商业资本家阶层发展的强有力抑制，在日本的工业化历史上有很大影响，因为这种抑制助长了国家补贴的风气（参阅本书第四章）。如果德川幕府时代的商贸和殖民政策一直延续下去，日本的历史发展会是另一番完全不同的模样。现在的人们往往会忘记，15世纪至16世纪的日本是一个海洋大国，它和亚洲的各沿海东岸地区都有贸易往来，远至爪哇岛和暹罗（泰国的古语称谓），还有各大国的海外殖民地。参阅竹越与三郎，前引书，卷一，第34章《日本在海外地区的扩张》，第480—503页。历史上在马来半岛、印度东部都有殖民地，参阅辻善之助，《海外交通史话》，东京1930，增补修订版，第24章《丰臣秀吉的南洋经营状况》，第410—449页；第32章《南洋的日本居留区》，例如在安南（越南地区的古语称谓）、吕宋岛（菲律宾的主要岛屿）、暹罗等地，第582—599页。最近的关于明治维新前日本对亚洲大陆贸易的研究，有秋山贤三的《日支交涉史话》一书，东京，1939。作者引用了此前被忽略的一些资料，特别是《大明实录》《朝鲜王朝实录》和《历代宝案》（琉球国古籍，记载古琉球国与周边国家来往的文书"宝案"）。这部著作详细描述了早期日本的无形中海洋帝国般状况，还记录了商业资本家的发展，如欧洲的资本家一样，靠经营海外贸易致富积累资本，但是这一阶层的发展受到德川幕府的限制。在这一问题上，这部巨著很大程度上取代了先前的史学著作。

屋三郎右卫门这样奢华的米商的财产来看，这种仇视表露无遗。[19]作为一个阶层整体来说，因为过度地参与到封建制度中，町人不会有意识地为推翻封建社会而斗争，但德川幕府的限制措施使町人阶层的大部分人不能支持封建制。当明治维新时代到来，有可能会成立一个会给町人阶层带来更大经济自由的新政府，此时，町人阶层会全心支持反对旧政权的政治斗争。不过，正如下文所述，町人阶层在这场斗争中却安于扮演一个配角而已。

农民是封建社会中领主、武士和商人地位的支柱。小规模的农业生产是德川幕府，也是各地大名的经济基础。因此，封建统治者不遗余力地鼓励农民增产丰收。然而，从消极方面来说，统治者的这番努力将农民固定在土地上，禁止农民离开农耕的村落。[20]早在1643年，德川幕府就严禁农民将土地全部卖掉，这样看来，统治者是期望保留社会中的小型独立农耕生产者。[21]禁止土地再次分割的法令也体现出统治者的这种戒备心理——除非是面积一町步（约等于2.45英亩，约为一平方千米）以上以及产量在10石以上的田地，否则土地不可再划分。[22]从积极的方面来讲，鼓励农耕生产的措施是从劝诫、改良农业技术和用行政法规限制等几个方面同时推行的。总之，是从经济和政治同时施压，双管齐下。[23]有一句很著名的话可以总结德川幕府的农业政策："施加在农民身上的重税，要重到农民求生不得求死不能的地步。"德川幕府的政策被G. B. 桑瑟姆先生的一句话简洁地表达出来，大意是政治家们十分重视农业，却不重视农学家。日本的农产品传统上是按照"四成归王，六成归民（四

---

19 泷泽，前引书，第103页。
20 到了1712年，统治者对农业人口锐减开始担忧。所以德川幕府进行了一次人口普查，目的是迫使从农村移居到城市的农民重新回到村落中。泷泽，前引书，第80页。
21 朝河贯一，《1600年以后的日本乡村政府》，载于《美国东方协会季刊》卷三十一，新港，1910—1911，第258—259页。只有水户藩例外，没有实行严禁土地买卖的法令。参阅本庄，前引书，第38—39页。
22 同前，第39页。
23 关于农业生产的发展，请参阅土屋乔雄，前引书，第153—157页。关于封建剥削的加重，参阅本庄，前引书，第225—252页。

公六民）的比例分配的，但是领主以高于五五甚至高至七三的比例进行分配，这种现象很常见。随着领主们对金钱需求的增加，对农民的剥削也更深重，甚至经常要求一部分需上交的稻米以现金的形式交纳。对于农民来说，大部分的生产成果要以税的形式交出去，丰收意味着更加沉重的赋税，而庄稼荒歉又意味着会遭受饥饿。此外，随着货币经济渗入农村地区，农民不再只依靠实物交换来获得需要的物品。对于像日本这样的集约型农业格局来说，农民需要购买农家肥和化肥，还需要农用工具，这些东西的价格随全国居民整体生活水平的提高而水涨船高，全国居民的生活水平都在提高，除了农民。[24] 很多时候，农民迫不得已求助于高利贷，以土地为担保，舍命借贷出一些钱财。这是高利贷商的绝好机会，他们并不是依靠农民收成好时的还款获利，而是依靠亚洲典型的剥削轮回式套利。[25] 一旦农民达不到高利贷商的条件，无法偿还本金和利息，农民就会被迫永远失去土地的租佃权，这些土地理论上还是属于领主的。这时，高利贷商在法律上成为这些土地的"耕种人"，有向领主缴纳赋税的义务，高利贷商允许农民继续耕种，但他们加重了农民的负担，以此获得一份净利润。[26] 如此一来，货币经济在农村的渗透，使得土地集中到少数人手中，并且提高了土地租佃率。虽然法律禁止买卖土地，但土地的转让和租用的方式仍有很多。因此，在统治者（封建领主）和被统治者（农民）简单的社会关系之间，另一种因素——高利贷地主插足进来。高利贷商是日本农村常见的人物，直到现在仍在社会历史上起着重要作用。一般来说，高利贷商是富有的农民，他们来自积累了大量地产的古

24　G. B. 桑瑟姆，前引书，第506页，特别是该页的注释。另外可参阅泷泽，前引书，第72页。
25　同前，第74—75页。
26　在合约的条件下，将租来的土地当作荒地开垦，这是商人和高利贷商成为地主最常见的方法之一。参阅松好贞夫的《德川幕府时代的新田开垦，特别是大阪川口的经营》，载于《经济史研究》卷二，第七篇，第129—156页。另可参阅同一刊物的论文《新田的研究》，东京，1936，第131—165页。

老家族，而且大多数高利贷商是既属农民又经营商业的村民。[27] 所以，在传统的沉重封建负担之外，农民又背负起新地主——高利贷阶层的重担，这一新阶层的实力日益强大，直到维新政府实施土地改革为止，高利贷地主对土地关系的改进有一定辅助作用。[28] 让我们看一下德川幕府的著名行政官员松平定信（1758—1829）列举出来的农民负担（这里对松平定信的报告做了删减）："农民收成的50%至70%要交纳出来。还有无数其他名义的税收：土地税、门税、窗税、按年龄征收的幼女税、布税、酒税、榛税、豆税、麻税……如果农民在他的茅屋里隔出一间屋子，税也就随之而来……农民身上名义的税是一石米和一缣*丝布，但由于贿赂和勒索，所交的赋税实际上有三倍多。待到庄稼收获时，官吏巡回视察，并住宿在平民家中。如果接待不周全，这些官吏不是增加税额就是强征这家的劳役。赋税往往预征很多年，其他形式的勒索和霸权要求更是不计其数。"[29]

像税费一样，徭役的形式也是五花八门的。给农民带来负担最沉重的是"助乡役"，这是一种为通信和驿递而征用马匹和平民的制度。凡是不能供应足额人马的村庄，统治者会以极高的费用作为劳役替代金。[30] 这

---

[27] 田中丘隅（1729年去世）在18世纪上半叶所著的《民间省要》中写道："到处可见生活舒适的农民，他们的富足并非全部来自农业产出，有些来自经商的利润。"这段话出自松好贞夫的一篇论文，这篇论文收录在泷本诚一编的《日本经济大典》第五卷中，东京，1928，第103—104页。

武元立平在《劝农策》中写道："大多数平民饱受贫困之苦，但也有生活相当富裕之人。他们之所以富有不是仅靠农耕，而是靠经营油、酒和其他商品以及典当业务。有些人虽然不经商，但他们放贷获取利息，因此致富。"同前，卷三十二，第675页。

[28] 下面的这段述是根据1792年至1807年上书给水户藩领主的意见书转述的，这些史料由藤田优国整理为文集。这段文字的内容举出了明确的实例证实高利贷商插足到农民和领主之间，给农民造成更为沉重的负担。"因为法律严禁买卖土地，所以贫穷的农民不得不私下恳求高利贷商购买他们的土地。财主处于更加有利的地位，和农民讨价还价，因此达成契约的条件是财主成为土地主人而不承担赋税。例如，假设一个农民想将他手中的十反（反，土地面积单位，1/10町，约等于1000平方米）中的七反卖出去，而买土地的财主虽然付这位农民七反土地的价钱，但在签署的土地契约上却写成农民只卖出三反土地而自己留了七反。结果是，贫穷的农民事实上只有三反土地，但在法律上却有七反，因此要承担七反地的租金和赋税，买主只需要缴纳三反地的税费，却得到七反地的农耕生产物。"这段记录引自泷泽，前引书，第75页。

* 古语中织得很紧密的布，是一种双经双纬的粗厚织物。——译者

[29] 这是《日本经济大典》第十三卷的节选，第336—339页，松平定信的《国本论》部分。

[30] 本庄荣治郎，前引书，第241—242页。

只是农民水深火热生活的一个方面而已,他们的生活条件在丰收的年头已经捉襟见肘,到了庄稼歉收的年头,更是苦不堪言。这也就解释了为什么保守的农民被迫去反抗更多的封建主义勒索。这种反抗分为两种形式:消极的和积极的。消极抵抗的形式,这里是指流行的溺婴和堕胎行为,这使得德川幕府立法者的管理智慧和儒家伦理大大丧失威望。[31] 另一种消极的抵抗方法是农民逃往城市,特别是在饥馑的年月,统治者试图阻止,但无济于事。[32] 积极的反抗,当然是指叛变,是难以维系生存的农民孤注一掷的选择。随着农村危机的长期持续,农民暴动也就更加频繁、激烈,往往有多地同时发生农民叛乱的情况。[33] 到了德川幕府末期,农民叛变已变成日本国内特有的顽疾。正是这些叛乱大大削弱了封建统治者的力量,才使得倒幕的政治运动有了胜利的希望。

独立的农业生产者减少,货币经济开始蓬勃发展,这些使得德川幕府和各藩领主的财务状况更加恶化,并最终把他们逼到了破产的边缘。[34] 这一过程同样让封建统治者的家臣变得贫穷,他们中的一些人抛弃领主[35],成为上文所讲的浪人、暴徒、土匪、投机商人,还有一些转变为投身倒幕运动的爱国者和学者,他们展望日本以外的国家,采用国外的经

31　关于日本人口问题方面的资料很多。英文资料中,最好的参考书也许是本庄荣治郎的著作,前引文,第 177—185 页。本庄还有一篇被翻译成英文的论文,被放到他所著的《德川幕府的米价调节》(东京,1925 年出版)一书的附录中。这篇论文的标题为《德川幕府时代的人口》。同一作者的另一篇论文《人口及德川时代的人口问题》对于西方读者更容易获得,载于《国际统计学会学报》卷二十五第二册,东京,1931,第 60—82 页。日文资料较为易获得且可靠的是《经济学辞典》卷五,第 2438 页以及后文中内容。另外,可参阅《日本人口史》一文,载于前一文献,卷四,第 2021 页以及后文内容。
32　泷泽,前引书,第 80—81 页。
　　本庄,前引书,第 236—237 页。
　　土屋乔雄,前引书,第 163—164 页。
33　学者对于农民叛乱这一问题搜集了大量资料,写有许多专著,其中包括小野武夫、黑正岩、木村靖、本庄荣治郎等。休·波顿博士所著的《日本的农民暴动》引用了大量的日本史料,也参阅过日本学者关于德川幕府时期农民暴动的广泛研究成果,此论文载于《亚细亚协会纪要》第二集卷六,1938 年 5 月。
34　泽田庄曾对德川幕府的财政收入有所研究,他还对米价波动对幕府财政紧缩这一现象做了研究,写成论文《江户幕府的财政困难》,载于《国学史》卷二十二,哈佛大学,1935 年 12 月,第 1—20 页。休·波顿将这篇论文翻译为英文,载于《哈佛大学亚洲学报》,1936 年 11 月,第 308—326 页。此篇论文阐明了货币贬值和米价上涨对幕府财政的影响,也提及大名财政破产的情况。
35　关于领主阶层财政窘困的内容,请参阅土屋乔雄,前引书,第 233—239 页。

验启发心智，渴求重兴国家。这些贫穷又骄傲的家臣发出怒吼，扩大了反对严格阶级身份制度的声音，也表达出他们对不论是大名还是将军这类统治者的忠诚已经崩溃。[36] 随着下级家臣和各藩的领主、幕府将军之间的摩擦愈加尖锐，这种摩擦最终升级为政治斗争。这些家臣从世袭的臣子降为只领取禄米的雇员，而禄米又被克扣得所剩无几，甚至无法维持基本生计，因此这些家臣确实有理由反对严格的幕藩体制，因为它挫伤了他们的志向，也危及他们的社会地位。经济的不安定腐蚀了封建主仆之间的忠诚与信任。一向被尊重的武士，现在从受人敬畏的地位被排斥出去，自然会寻求更高层次、更值得他们献身和牺牲的东西。[37] 下级家臣在倒幕运动中起到先锋作用，在维新改革初期，这一人群中涌现出多位坚定的领袖人物，他们中的许多人，在幕府失败以前就奋起反对狭隘的愚民政策和政治压迫，努力唤醒日本国民的意识。[38] 这些下级武士和浪人大声疾呼，在西方侵略者的威胁下，他们将"尊王"和"攘夷"连起来作为口号。"尊王"，清楚地表达出对幕府的不信任，而"攘夷"则成为最有效的战略性口号，因为它给公开的倒幕运动披上合法的外衣，同时又激起事端，将幕府陷于对外纠纷之中。

最后，反对幕府的政治斗争也包括一部分宫廷的贵族——公卿，这一群体有别于大名这一封建贵族。在藤原当政时期，这部分高雅的贵族在政治和文化影响力方面都盛极一时，他们的生活和志趣在紫式部的《源氏物语》和清少纳言的《枕草子》中都有详细的记载。[39] 在德川幕

---

[36] 可以参阅当时的纪实文汇《山平夜话》那段有趣的文字，同样引自本庄荣治郎，前引书，第228—229页。
[37] 武士的效忠对象从藩主转移到皇室宫廷，是武士阶层参加倒幕运动的标志，这是由藤井甚太郎总结的。请参阅《明治维新史研究》中第464页的《明治维新与武士阶级》一文。
[38] 下级武士的角色作用堪比英国都铎王朝时期的乡绅，这些英国乡绅为奠定新君主政权的行政基础，不屈不挠地履行治安法官之责。关于作为维新运动领导者的下级武士，可参阅大隈重信负责编撰的《开国五十年史》中浮田和民、大隈重信和板垣退助合著的《日本政党史》。这本书的英译版本请参阅马库斯·B.休伊什主编的《开国五十年》卷一，伦敦，1910，第143页。
[39] 这两部书已经由亚瑟·韦利翻译成优雅的英文版本。

府的统治下，公卿沦落到无财无势的地步[40]，但他们仍铭记着往昔。那时，诗词精通、书法考究比战争权术更能给人带来荣耀。同样地，幕府和军人阶层也看不起具有人道主义精神的公卿这一群体。尽管轻视，但德川幕府认识到这些宫廷贵族会心怀怨恨，所以统治者设立了带有预防意味的政策，禁止大名和这些公卿有任何接触。[41]但有一些比较活跃的公卿——岩仓具视、三条实美和德大寺实则，他们和倒幕群体中最坚决的人群，特别是萨摩藩，结成了秘密同盟。这些公卿因为不被警察监视，又与天皇本人接近，这对倒幕群体来说显然是非常重要的，因此以这些公卿为核心，凝聚了诸如萨摩、长州、土佐和肥前等对政局有异议的大名，组成倒幕团体。第一个具有政治意图的倒幕团体可以说就是这个宫廷和军事势力的同盟（公武合体*）。[42]在1862年参勤交代制度被废除，大名可以无拘束地往返京都后，这一同盟一时间颇为活跃。[43]然而，随着政治斗争愈来愈激烈，这一同盟就被丢弃了。下级武士和浪人奋力抗争，成为维新运动的领导者。在面对风云突变时，大名吓得手足无措，也同样震惊于他们的下级家臣武力之激烈，尤其是长州的大名，只好任由权

---

40 拉·马兹来西尔写到德川幕府末期公卿的境遇情况："143家公卿的收入仅有175万法郎，其中最富有的是每年七万利佛（利佛：livre, 古时的法国货币单位）的近卫家；有些公卿已沦落到不得已而削骨牌、贴伞纸、制牙签和筷子来维持生计。"拉·马兹来西尔，前引书，卷四，第126页。
  著名的公卿岩仓具视（1825—1883）贫穷到极点，他利用警察不得进入公卿宅院的特权在家中开设赌场，以这种收入来维持家用。参阅竹越与三郎的《西园寺公望传》，东京，1933，第31页。
41 默多克，前引书，卷三，第724页。大名及其代理人通过中转站联络公卿，这样的中转站多为大型的佛寺，例如京都的西本愿寺等，这佛寺自古以来就与宫廷联系密切。
* 公武合体是指宫廷和武士合为一体，是代表大名和公卿阶层为复辟皇室而努力的第一批政治联盟。——译注
42 默多克，前引书，卷三，第725页。关于大名和公卿之间的联盟，据说最初是由公卿三条实美和土佐藩大名的代理人发起的。
43 黑板胜美，前引书，卷三，第541页。

力旁落到野心勃勃的家老*或浪人手中。[44]

作为封建统治者的德川幕府，再三强调幕府与将军是效忠天皇的，因此当倒幕派提出"尊王"的口号时，幕府就陷入了自相矛盾的窘境，这实在是莫大的讽刺。幕府难以面对这种呼声，实际上也是理屈词穷，无法回应。在德川幕府当政时，天皇的地位与在镰仓、足利幕府时期的地位不同。实际上，实权由将军掌控，而天皇则被降权、软禁在森严幽闭的京都宫室之中，德川幕府如此行事的理由是：不应该用烦琐的国事玷污天皇的身心，因此天皇才把政治权力委任给他的执政将军——征夷大将军。但在情理上，天皇仍是所有权力的根本掌控人。尽管在14世纪时还有与之匹敌的王朝存在过，而且幕府的统领更新迭代、起伏往复，天皇一直处于被幽禁的状态，但天皇始终有能力激发最深厚的忠义感，这种对天皇效忠的情感从未消散。民众对天皇这种深入骨髓的效忠意念源自悠久的历史背景，这里为避免偏离主题，不做过多解释。尽管幕府将军操持实权，却不敢向终极权力的皇权挑战。幕府的权力就是天皇授予的，因此幕府所为必须基于一项前提：天皇拥有随时处理国家政务的权力。

然而实际上，德川幕府通过一系列繁文缛节的仪式成功地建立起一道不可逾越的樊篱，将天皇隔离开来，并且使宫廷不可能有同外界接触的机会，这导致天皇无法成为左右国家大事的掌控者。在德川幕府统治的两百五十年间，知识界逐渐形成了一种成熟的政治哲学。在水户藩，以德川光国[†]（1628—1700）为中心的诸多文学艺术保护者的努力下，发

---

* 家老即大名的重臣，综合打理家务和政事，有大老和中老之别，多数是世袭的。——译注

44 除了越前藩的松平春岳和土佐藩的山内容堂，大名实际上已不是各藩的政策制定人。各藩的情况与全国统治的情形一样，都广泛采用双重统治者，又可以称之为二元制政府形式。大名实际上成为无所事事受人供养的"国王"，而往往是最下级的武士成为藩的领导人，如此情形极容易滋养改革之心。莫里斯·库兰引用了一本当时的活页文选，对大名的没落阐述如下："这些大名一直被抚育在闺房之中，娇弱纤柔如孩童，他们既不用为温饱问题担忧，更不考虑一切现实生活问题。大名的家老也是如此，这样，公务就自然而然地落到下级人员身上，使得不能胜任的下级武士任意妄为。"参阅库兰的《大久保利通传》，巴黎，1904，第142页。

† 日本江户时代的大名，水户藩的第二代藩主，初代将军德川家康之孙，是《大日本史》的第一代编撰者，日本儒学代表人之一，因为曾任"黄门"（日本古代官名"中纳言"的中国式称呼），被后世尊称为"水户黄门"，又被称为"天下副将军"。——译注

展出一支史学学派，在明朝后期的流亡学者朱舜水（1600—1682）的教导和影响下，出现了一批历史学家。这位学者受德川光国邀请协助编撰《大日本史》，这本史书的主题便是拥护天皇。这本书的作者也许扩大了此书的即时影响力，因为直到1851年这本书的一部分内容才被印刷出来，而且这本书的文体对于一般武士而言未免过于古板。[45] 这本史书是同类书籍中的先驱，毫无疑问，它激发了表达同一思想的其他著作的编写。[46] 比此书更有力的宣传者是倡导复兴神道教的学者，他们常被称作国学者。这些人中最伟大的人物是本居宣长（1730—1801）。他痛斥日本人对中国事物的迷恋。中国文化在当时十分盛行，渗透进日本学问中，本居宣长提倡发扬日本本土文化。本居宣长和他的追随者们总结了大量对皇室效忠奉献的事迹，结集成册，大肆弘扬日本人的才智。不过，如果以此认为当时的领袖思想家被狭隘的、排外的民族主义所蒙蔽，认为他们低估了西方学问的价值，那就大错特错了。国学者不遗余力地宣扬效忠皇室，其实是为了削弱德川幕府的威望，其中某些思想先进的人发现，热衷于西方科学与效忠天皇并没有矛盾的地方。以荷兰语为沟通媒介，很多人学到大量西方科学和思想方面知识。[47] 最求知若渴的荷兰学研究者往往是浪人和下级武士，他们得益于摆脱了各藩的干涉和职责，可

---

45 默多克，前引书，卷三，第665页。虽然《大日本史》这本书直到1905年才编撰完成，可是本纪和列传部分的前一百卷已在1810年呈献给天皇，还剩一百四十五卷直到最后才刊登出来。参阅休·波顿的《日本的历史编纂法通览》，载于《美国历史评论》卷四十三第三号，纽约，1938年4月，第493页。

46 赖山阳（1780—1832）所著的《日本政要》，特别是《日本外史》，远比《大日本史》影响更大。赖山阳虽然只是讨论德川之前的历史，为了达到攻击现任政府的目的，却对之前的幕府，尤其是足利幕府，严厉批判，相反，大加赞颂天皇。德川幕府和读者大众都深知他的政治立场，德川幕府严格审查他的书籍，而大众对他的著作赋予极大热忱。只有德川幕府支持的学者，像林罗山、新井白石等人才被允许编写1603年以后的历史事件，即德川幕府建立后的历史。

47 日本一向严禁翻译、阅读宗教书籍以外的欧洲图书，正式将这一禁令解除的是德川吉宗（1716年至1744年在任的将军）。黑板胜美，前引书，卷三，第474页。关于德川时代的西方科学知识，请参阅N.山崎的《在海军少将佩里到达之前欧洲文明对日本生活的影响》，巴黎，1910。关于西方知识解禁后，荷兰学术的复兴，参阅同前，第95—118页。

相同主题的最新学术研究成果为C.R.博克瑟先生所写的《论17至19世纪荷兰人在日本文化及科学方面的影响》，海牙，1936。

以用全部时间潜心学习。[48]对于他们来说,掌握并精通一门外语难度巨大。他们学习过程中遇到无数障碍:自助学习的工具和方法欠缺,书籍稀少,正统派儒家学者的偏见,统治者的迫害,甚至还有仇外的狂热分子暗杀等。[49]有些有胆识的人物,如佐久间象山、渡边华山、高野长英、吉田松阴等,他们渴求学习西方知识,并将这些知识改良运用到日本国内,甚至为此奉献出生命。有些追随者活到了明治时期,同这些先辈们一样,追随者们也是浪人和下级武士。他们深切体会到德川幕府的压迫,同时又学习了世界范围内其他地区的先进知识,因此这些人特别适合在推翻幕府统治和建立新政权过程中担任领导者。

德川幕府末期的日本与鸦片战争中的中国最根本的差异就在于此。[50]在中国,封建统治者在外表看来是文人式的,通过科举制度选拔人才,这些进入官僚体制的人才大多来自士大夫家庭。从学习到官阶的这一路上,学者、官员都在小心翼翼地保护儒家正统,只有顺从儒家学说才能顺利进入官场。他们无视或者藐视西方文明的一切现象,至少在19世纪,西方文明展现给中国的,是贪婪的商业和激进武力交织的糟糕状态。中国文人的态度在1793年乾隆皇帝给英国特使马戛尔尼的著名回复中体现得很充分:"其实天朝德威远被,万国来王,种种贵重之物,梯航毕

---

48 藤井甚太郎,《明治维新和武士阶级》,载于《明治维新史》,第466页。
49 关于日本人想要掌握荷兰语会遇到的危险和阻碍,有文学作品曾生动描述过。请参阅 E. 清冈翻译的《福泽谕吉自传》,英译本,东京,1934。福泽谕吉写出了藩统治者那不可救药的保守和偏见(第45页)。大阪书生穷困的生活状态,以及学习语言中因为缺乏学习工具而需要付出的艰辛,可参阅第四章《绪方私塾学生的学习方法》。这章里提到,绪方曾经费力抄写私塾中仅有的一本杜夫氏辞典(第87—88页)。书中还提到绪方和他的学生曾抄写一本关于电力方面的教科书(第94—95页)。
50 清代的中国和维新前的日本对待外国知识的态度差异,可参阅 K.S. 拉图雷特,《日本的发展》,第4版,纽约,1938,第90页。还可参阅 G. F. 赫德森,《世界政局之远东》,牛津,1937,第3章,第36—49页中关于两国的比较。
关于明治时期日本和当时中国对工业发展采取不同的政策,这两种政策差异在 J. E. 奥查德的文章中被总结出来。《中日两国工业化发展的比较》,《政治学季刊》,哥伦比亚大学,纽约,1937年3月,第18页及后文。

集，无所不有。然从不贵奇巧，并无更需尔国制办物件。"[51]

也许不应该将中国和日本做比较，应该将清朝时期的中国一方面同德川幕府时期的日本做对比，另一方面还同明治时期的日本做比较。清朝和幕府都对带有西方（应理解为基督教相关）色彩的新知识表现出极度顽固的偏见，他们都坚定地反对任何改变社会等级的举措，这些举措会侵犯统治阶层的特权——在中国，统治阶层为士大夫；在日本，统治阶层为拥有军权的将军和大名等武士阶层。在日本，下级武士拥有武士阶层的表象，在明治维新时期（1867—1868），下级武士凭借顽强的民族主义精神和成功的领导力，救日本于危局，避免重蹈中国的覆辙。他们的做法是：将外国的工业技术和必要的制度、纲领运用到自己国家。这些技术和制度是西方国家巧用自身优越的实力，拿来应付"落后"国家的。日本武士阶层对幕府的忠诚日渐消散，执政的野心又被德川幕府设立的严格等级制度所束缚，所以下级武士有维新的意图。然而与日本武士阶层不同，中国的行政人员沉浸于旧体制和旧体制下的统治理念不能自拔，因此中国的文人统治阶层在任何深度的改革面前都踌躇不前。中国整个统治阶层无疑在尽全力修补、改善已经芜杂的行政结构，直到腐朽的制度崩塌，整个官僚阶级也深陷其中，同归于尽。但是，中国这种社会制度的剧变以及之后的制度重建几乎比日本晚了七十余年。中国打破不平等条约的桎梏太迟了，这桎梏牢牢禁锢在中国身上太久；中国摆脱社会衰败的重担太迟，挣脱外国侵略的宰割局面也为时过晚。至少从表面看来，日本和中国的历史进程差异在于：日本封建制度的瓦解，解放了由武士领导的各种潜在社会力量，武士

---

[51] 中国皇帝写给英国国王乔治三世的书信，收录在《东华录》中，也被称为满族统治政权的圣旨记录，由 E. H. 帕克翻译，发表在《19世纪杂志》第四十卷中，伦敦，1896年7月，第49页。"西洋各国及尔国夷商赴天朝贸易，悉于岙门互市，历久相沿，已非一日，天朝物产丰盈，无所不有，原不籍货物以通有无，特因天朝所产茶叶、瓷器、丝巾为西洋各国及尔国必需之物，是以加恩体恤，在岙门开设央行，俾得日用有资，并需余润。"参阅罗伯特·赫德爵士，《这些从秦国来：中国问题论集》，伦敦，1901，第60—61页。

在町人的支持下，趁着农民暴动浪潮到达顶峰的时机，在国家独立主权受到不可挽回的削弱之前，摧毁了德川幕府，建立起新政权。在中国，由于西方列强的干涉势力，以及官僚统治集团全力压制，起义和任何改革的希望都被扑灭，这导致了国家的独立和复兴不得不推迟到几十年后。[52]

不难理解，一旦接受了西方学问和科技，儒家官僚阶层在其学问和政务思想方面的垄断就结束了。西方的信仰、自然科学甚至军事学都与儒家思想相悖。1898年百日维新失败，此次失败表明士大夫阶层是担负不起改革重任的，中国只有通过一次强硬坚决的政治革命，才能实现现代化，也就是工业化，而革命的首要任务就是必须清除自满、保守的士大夫官僚阶级。日本没有类似的统治阶层或特殊身份的阶层，没有通过维护儒家学派或者国学获得利益的人群。在日本，统治者和幕僚出身于武士阶级。这一统治阶级往往向中国、朝鲜、葡萄牙、荷兰等国家学习。而此时他们看到先进西方军事科技的实例，便积极引进，不仅是为保护国家独立，也是为了保持住他们的社会威望。在当时，日本是很崇尚武士道的。因此，不同于中国，日本不会因为采纳西方科学技术而感到自身的社会等级受到威胁，尤其是对西方军事武力的效仿，对日本维新前

---

52 关于外国势力干涉中国的太平天国运动，一位西方权威人士曾写道："太平天国运动的失败并不能归咎于外国的干涉……外国势力无形中对清廷镇压农民起义予以支持，虽然农民运动势力日益壮大，但想通过暴动快速结束清王朝统治，还为时尚早。"参阅G. E. 泰勒，《太平天国运动的经济背景和社会基础》，载于《中国社会政治学评论》卷十五第四号，北京，1933年1月，第612—613页。一位英国外交官谈到清政府时曾说："清廷的软弱导致它自身的腐朽，清廷能够苟延残喘，很大程度上得力于外国势力的支持。"参阅同前书，第614页。

期的军事领袖来说至关重要，无论是幕府还是各藩都是如此。[53]

德川政府在两百余年的历史中，面临着种种严峻的问题。德川幕府末期，地震、洪灾、饥荒和火灾频发。农村的情况苦不堪言，一旦出现庄稼歉收，就不可避免地带来饥荒。1833年，日本发生前所未有的灾害。接下来的几年，饥荒连年不绝。据记载，1837年，名古屋的街道上遗留有数百具尸体无人掩埋。[54]长期的农业灾荒酿成了农民叛乱，在幕府末期，无论是次数还是暴力程度，这些叛乱都不断升级。[55]大城市的抢米和捣毁事件经常发生，最不好的兆头是，这些骚乱往往是由浪人甚至下级官吏领导的。这种趋势的最著名例子，是1837年大盐平太郎领导的大阪起

---

[53] 郭沫若是中国最卓越的社会史学家之一，他在一系列论文中阐述过中日两国采取不同路线这一引人注意的问题。他将清朝中国未能实现现代化列举如下理由：（1）中国虽然地大物博，但人口并不稠密。自古以来，人们靠旧生产方式就足以维持生计，因此对新生产方式没有迫切需求。所以适用于新生产方式的西方科学和文化便很难轻易渗透到这个自给自足的社会文明中。这是以往中国人对西方知识及科学表现出冷漠态度的原因。（2）和中国接壤的马来半岛、越南、缅甸、朝鲜和蒙古这些地区，人们生活水平很低，需求也有限，因而不能成为中国生产力的刺激因素。（3）中国文化历史悠久，内涵丰富，但这成为中国背负的沉重负担。资本主义之前的封建王朝历经朝代更迭，至少存续了有三千余年，中国人开始沉溺于丰富的传统文化之中，变为自我陶醉的自大夜郎，除了自己的卓越文化之外，对其他文明都置若罔闻。（4）在明王朝统治的时候，中国和外国有过密切的往来，如果有机会让这种联络进一步发展，中国也许会在现代化和国防两方面收益。但实际上中国却经历了满族入侵的历史性退步。满族王朝用狭义的中国传统文化来统治中国，维持科举制度达二百六十多年，这一考试是进入官场的钥匙，在此期间，中国最优秀的人才都被考试中的八股文埋没。反抗这种碾压人性的考试制度（郭沫若先生举出多个例子）的学者，也只不过掉头去钻研古文，诸如语音学、形态学、词源学之类，这些现如今成为汉学的负累。当时的大学者只不过是对中国古代文化生活的解读和分类有所贡献，却不能从古代学术中迈出步伐来。中国就这样蹉跎了三百年，这笔账不得不应该算到清政府的愚民政策上。

而另一边的日本，由于以下原因使现代化得以成功：（1）国土狭小，又缺少耕地，这种地狭人稠的紧迫感驱使日本志在海外，让日本人不满足于旧生产方式下的生活状态。（2）中国人对日本商品的需求，极大地刺激了日本的机器生产和工业化建设。（3）虽然日本本国有自己的文明，也从中国传统文化中吸取不少，但日本在文化上的包袱毕竟不如中国那般沉重，所以他们可以在文化上大举前进，而不受古代文化的牵累。（4）在革新时代，日本恰巧有一位非比寻常的英明统治者——明治天皇，并有西乡隆盛、大久保利通、木户孝允、伊藤博文这样的精明强干大臣辅佐他。当时的日本领袖人物竭诚欢迎欧洲文化，唾弃他们本国的传统文化，尤其鄙视带有儒学色彩的传统文化。参阅郭沫若，《沫若近著》（上海，1937），文章名为《中日文化的交流》，141—161页，尤其是第149—153页。

[54] 波顿，前引书，第88页。

[55] 同前，第120—121页。

义,这次起义最终以失败告终。[56]大盐平太郎是一位学者,也是一名级别较低的警官。他对统治当局面对百姓饥困却无所作为感到十分愤慨,于是起草了一份檄文,一方面为他的起义辩驳,一方面鼓动贫民参与暴动。虽然这场起义因为内部有叛徒告密而被镇压,但这次起义举国轰动,之后浪人领导的其他城市贫民和农民发动起义,便打着"追随大盐平太郎"的旗号,声称要"打倒国贼",这样的起义在日本各边远地区一时间蜂拥而起[57]。集权的统治阶层腐朽至极,镇压农民革命困难重重,这也变相鼓励那些勇敢的人去挑战德川幕府。匪徒肆意侵扰过路的行人,幕府对他们置之不理,富有的市民只好雇用私人保镖。[58]这时已有很多人敢于斥责幕府的锁国政策,他们主张与西方国家通商,并鼓励学习外国知识。大商人受到严禁对外通商的封建法令限制,又苦于经常被贫困的幕府索要御用金和强制贷款,转而指望反叛者能帮助商人们达成夙愿——进一步扩大国内的市场、找到比买地和高利贷更好的投资机会。反叛者们找到萨摩、长州、土佐和肥前这些实力雄厚的外藩做政治盟友,这些外藩团结一心,一致反对德川幕府。处于生产关系最底层的农民和处在政治活动最底层的浪人和低级武士,经常能吸引到他们上一等级的人群加入反叛阵营中,就这样直接威胁到德川政权的统治。在金钱势力越来越重要的时代,德川幕府却妄想通过倡导儒学来抵御敌人,统治者试图将人们重新绑定到森严的等级制度中,然而社会动乱和经济危机已经将捆绑的绳索腐蚀。德川幕府的领导者也充分了解到,祈求以儒家伦理来驱除社

---

56 大盐平八郎深受阳明学的影响,这一学派是由王阳明(1472—1528)传下来的儒学分支流派。这一学派并不像朱子系那样注重权力,德川幕府郑重承认和支持朱熹为代表的朱子系儒学,对看上去带有个人主义和民主思想的阳明学则持抑制的态度。

关于大盐平八郎事件的详细叙述,参阅泷泽,前引书,第107页;竹越与三郎,前引书,卷三,第175—176页及223页;默奥克,前引书,卷三,第453—456页;桑瑟姆,前引书,第499页及515页。关于大盐平八郎的檄文,参阅本庄荣治郎,前引书,第210页。

关于日文的详细叙述,请参阅黑板胜美,前引书,卷三,第510页及后文。日本最详细的叙述见大阪市参事会编纂的《大阪市史》卷二,1913,第496—508页。

57 波顿,前引书,第95页。
58 竹越与三郎,前引书,第175页。

会的灾祸,其实无用。在一些比较有远见的领导人中,已经有人开始怀疑严守锁国政策是否明智。[59] 在破产和叛乱的双重夹击下,德川幕府这时又发现自身还受到外来侵略的威胁。外国的侵略,发生于封建制度陷入最混乱的时候,恰是叛乱汹涌、政治不满处于顶峰的时候,这成为再一次证明德川幕府统治无能的关键例证。德川幕府在这个问题上一错再错,把国家置于受外国侵犯的危险境地,这使得很多有识之士和它本身的许多支持者都认为:德川幕府已经失去了统治的权利。

第二节 打破海禁

我们已经看到封建日本的各阶层是如何相继反抗德川政权的,正是德川幕府造成了国内的混乱和危难局面。现在我们把视线放到外部的威胁上,外国入侵的威胁、封建统治的腐朽和国内此起彼伏的叛乱,都是敌人用来攻击、推翻德川幕府的强有力武器。日本得天独厚的地理环境十分有助于锁国政策的执行。在亚洲国家之中,日本距离欧洲的航海强国最远。有广阔、半开发的西伯利亚草原保护,远离罗曼诺夫帝国(俄罗斯帝国)的势力;虽然注定打开日本国门的强国是美国,但在加利福尼亚州开发之前,在巴拿马运河建成前夕,美国距离东亚甚至比距离欧洲还远。然而西方商人和日本政治家都明白:日本不能依靠偶然的地理因素避免外国列强的入侵,西方强国静候在日本紧锁的国门前,蛮横地命令日本做出答复——是选择开放门户、对外交往,还是重蹈印度和中国的覆辙。早在比德尔和佩里[*]到达日本以前,日本的统治者就应该有所警觉,日本早已引起欧洲航海家和殖民者的兴趣。

---

59 例如水野忠邦和松平春岳一类的人物。关于水野忠邦,参阅默多克,前引书,卷三,第528—530页;关于松平春岳,参阅 W. E. 格里菲斯,《天皇:制度和本人》,普利斯顿,1915,第67页及后文。
* 比德尔,美国海军将领,因为1846年7月将战舰停靠在江户港口,想要与日协商开户通商,但以失败告终。佩里,美国海军将领,因为1853年率领黑船打开锁国时期的日本国门而闻名。

在把势力扩张到太平洋沿岸后，俄国就已成为始终萦绕在沉睡着的封建日本身边最不安因素。18世纪末，德川幕府已对俄国对南方的觊觎感到忧心忡忡，俄国南下势力扩展到库页岛，威胁到虾夷岛（现代称北海道）。[60] 俄国坚持试图打开日本，至少是部分开放。拉什曼（1792）、列扎诺夫、克鲁辛斯特恩（1804）以及戈洛夫宁舰长先后出航日本，虽然他们一无所获，但这些航行让日本人开始密切关注北方邻居的意图。英俄两国的摩擦因为阿富汗问题变得尖锐起来[61]，加之俄国卷入克里米亚战争（1854—1856），注意力被转移，不得不放弃在远东地区许多野心勃勃的殖民和商贸计划。俄国欲控制博斯普鲁斯地区的野心受挫后，转而回头看向东方，再度成为日本安全的威胁。[62] 1859年，在阿穆尔河[†]闻名的木里斐岳福伯爵率领舰队抵达品川，要求将宗谷海峡作为日俄两国的疆界。[63] 1861年，比利雷夫舰长占领有战略意义的对马岛，俄国的侵略行为达到顶峰。此时，英国别有用心地插足日俄两国之间，在那个还不懂得"绥靖政策"的年代，英国迫使俄国放弃了对对马岛的一切权利主张。但日本人对俄国已经有了永远的刻板印象，这一印象在随后的岁月中，深化成为不信任和敌视。[64]

60　德川幕府为了应付这种威胁，采取一些无计划的步骤：一边在千叶房总半岛构筑防御工事，一边通过殖民手段加强虾夷的防御能力。参阅辻善之助，《海外交通史话》，第768页。
　　当时一些比较机敏的思想家试图提醒德川幕府，想要提高幕府对危险的充分认识。其中一位是林子平（1754—1793）。他在所写的《海外兵谈》和《三国通览》中颂扬天皇，暗自批评了幕府忽视外在威胁。幕府以这两本书"扰乱民心"为由，在1791年将林子平逮捕。辻善之助，前引书，第769页。林子平的《三国通览》记述了朝鲜、虾夷和琉球群岛，此书在19世纪初由专家克拉普罗特译成法文。克拉普罗特先生在1805年到西伯利亚旅行的时候，他从一位居住在伊尔库茨克的日本人手中得到这部手稿，这位日本人日文名是信藏，俄文名是尼古拉斯·柯罗金。参阅克拉普罗特，《三国通览图说》序文。
　　关于俄国扩张至库页岛和千岛群岛，参阅 W. G. 阿斯顿的《俄国南下库页岛和伊图普鲁岛》，载于《亚细亚协会纪要》卷一，上卷，第78—86页。
61　阿富汗问题对于俄、英两国外交政策特别是对亚洲外交的影响，威廉·哈伯顿曾在文章中有所探讨。参阅《在阿富汗问题上的英俄关系（1837—1907）》一文，载于《伊利诺伊大学社会科学学报》卷二十一第四号，厄巴纳，伊利诺伊州，1937。
62　参阅格雷戈里·宾斯托克的《太平洋上的争夺》，伦敦，1937，第137页。
†　即黑龙江，俄语称为阿穆尔河。——译注
63　参阅副岛种臣，《明治的外交》，载于《开国五十年史》（英译本）卷一，第四章，第99页。
64　1875年，俄国的侵略野心得以满足——日本放弃对库页岛的一切权利主张，以换取千岛群岛。参阅岛田三郎，《开国五十年史》（英译本）第三章《开国事例》卷一，第86页。

相比俄国罗曼诺夫王朝的举步不前，英国和法国进入日本的决心十分坚定，最后美国也参与进来。在欧洲强国东进的路上，印度是第一个落脚点，中国是第二个，格列佛和马可波罗所抵达的海角天涯——日本是第三个，也是终点站。在19世纪中叶，在领土和贸易方面，首先吸引野心勃勃的英国的是印度，继而是中国。但在1808年至1825年间，东印度公司向中国海面急进所激起的浪花，已经溅落到日本海岸，使怡然自得的幕府统治者从美梦中惊醒。1808年，英国首次试探日本这一孤立小国的防御力量——英国军舰法厄同号强行闯入长崎港，引起日本官员和荷兰居留民的强烈反应。[65]此时，英国人发觉这是一个取代荷兰成为日本国唯一对欧贸易国的绝佳机会，因为此时的荷兰已有大部分被并入拿破仑统治的法国，而英法是敌对状态，自然而然地，英国将日本的荷兰人视作敌人。在英国夺取了爪哇岛之后，极富想象力的大英帝国建设功臣斯坦福·莱佛士爵士开始构想英国在日本的蓝图。他极力主张英国东印度公司不仅要取代荷兰在长崎的地位，还要在日本实施更雄心壮志的商贸和殖民计划，这是其他强国之前都没考虑过的。[66]1813年，夏洛特号和玛格丽特号两艘英国船驶抵长崎，此举意在察看英国取代荷兰是否可行。然而莱佛士的计划被机敏的荷兰商务代理人亨德里克·杜夫阻挠，他拒绝了遵从莱佛士的要求，不同意将荷兰的贸易特权转交给英国，进而成功地保住了荷兰人在出岛的地位。1813年的出岛，是世界上仍有荷兰国旗飘扬的最后一地。[67]1824年英国士兵掠劫鹿儿岛中湾的大隅群岛，与岛上居民发生武装冲突。此事连同之前的事端，让德川幕府十分惊恐，于是幕府于1825年4月颁布了著名的"异国船只驱逐令"，下令击退一

---

65 帕斯克·史密斯，《德川时代的日本和台湾的西方野蛮人（1603—1868）》，神户，1930，第130页。
66 斯坦福·莱佛士，《1812年至1816年写给英国东印度公司秘密委员会的日本报告书》，帕斯克·史密斯编，神户，1929，第178—183页及第210—211页。
67 武藤长藏在《英日外交简史》（东京，1936）中，用杜夫的《日本回忆录》说明了英国人的计划是如何受挫的，法厄同号船舰（第63—64页）和后来1813年间的无功而返事件（65—67页），两度受挫。

切违反日本海禁的外国船只。[68] 这一时期的幕府鼓励激烈的排外运动。后来，这种鼓励使幕府进退两难：当西方坚持要日本开放门户，而日本国内舆论却是攘夷的时候，经过再三犹豫后，幕府最终将要签订的协议递给京都的宫廷，从而严重地损害了幕府的政治威望。然而，那位有远见的莱佛士并没能使东印度公司对日本产生兴趣，这是因为此时英国的贸易野心并没有分心到遥远的日本，他们的全部力量聚焦在素有物产富饶美誉的中国。1819年，英国占领新加坡，英国对华贸易迅速扩大，尤其是在鸦片贸易上，这显示英国下一个商业据点将设置在中国的某个沿海地区。为了打破贸易障碍，英国发动鸦片战争，一举打击了满族统治的王朝，并以中国与外界的第一个不平等条约——《南京条约》来束缚住中国。英国商人忙于开拓中国这个有潜在希望的富饶市场，虽然事实并非如此。因而英国没有余力去关心日本，这个位于海上东北部的岛国，更何况那里还岩石遍地，土壤贫瘠。但中国的命运深深震动日本有识之士的心灵，他们不顾当局的审查和迫害，著书立说，为保卫国家吹响振奋人心的号角，更进一步，他们积极采纳西方工业和军事科学的内容，警醒世人。[69] 因为担心严格遵守"异国船只驱逐令"会沦落到和中国一样的命运，幕府采取了一种较为迁就的政策，于1842年颁布规章制度，准

---

68 默多克，前引书，卷三，第528页。
  黑板胜美，前引书，卷三，第521—522页。
69 对于中国的战败对当时日本政治思想家的影响，土屋乔雄曾在论文《幕府志士眼中的中国问题》中做了分析。此文载于《改造》，东京，1938年7月，第154—167页。这些思想家的观点，有些是惊人的敏锐，显示出有志之士对国际局势了如指掌。例如，会泽安（1782—1863）在其所著的《新论》一文中指出俄国是日本的主要威胁，并探讨了俄国的扩张路径以下两者中必有一条：如果中国强，俄国会取道库页岛和虾夷岛进攻日本，然后以日本为基地入侵中国；如果中国弱，俄国会渗透进中国东北部，再从那里进攻日本。佐藤信渊（1769—1850）在《宇内混同秘策》中强调：被侵略削弱的中国会是日本于同样的危险境地。他指出虽然中国敌视西方科学文化，但却大意地允许欧洲列强在国内取得经济立足点。在佐藤信渊看来，英国是最大的威胁，因此他主张日本应夺取中国的一部分领土，以此来作为防范英国东进的屏障。吉田松阴的老师佐久间象山（1811—1864）也极力主张应警惕英国，并且殷切警示当局，不得允许英国以商贸为由在日本立足。吉田松阴的学生久坂玄瑞（1840—1864），在《边陲略史备考》一书中，利用从荷兰那里得来的英国对华作战的详尽情报，做了详细的局势研究。土屋教授认为以上这些作家都指责德川幕府疏于防范，他们极力主张西方的军事科技，防止日本遭受同中国一样的失败和耻辱。这些思想家以及他们的学生，都是明治维新的思想先驱。

许外国船只在日本的指定港口补充燃料和日常饮食物品。[70] 这种政策上的朝令夕改使日益得势的排外派对幕府十分反感，甚至导致排外派和幕府之间的矛盾升级，几十年积攒的宿怨被挑起，两者形成敌对之势。排外派是由一些想采用西方技术击退西方列强的思想家组成的，此时，他们将攻击对象转换成幕府，因为幕府屈从于西方列强的施压。反对外国势力的口号"攘夷"只不过是抨击德川幕府的一种策略而已，在1868年明治维新以后，倒幕派获得执政权力，但在维新之后，如果还有人拿着"攘夷"这一口号去加害外国人，这样天真的口号拥护者就会遭受严厉的惩罚。

　　英国不愧为当时世界上最先进的资本主义国家，它已经开始为打破东亚贸易壁垒而调整战略步伐了。此时，美国作为英国在海运方面的竞争者，就船舶所载运的吨位而言，已经同英国只有分毫之差[71]，这时美国开始极度关心某些与中国签订的条约，这些条约明确地表示美国有保护远东航运利益的权利。美国海军准将佩里在他远征日本前写道："当我们看一下海上劲敌——英国在东方占据的那些属地，就会注意到英国正在陆续地设立多个有防御设施的海运港口，我们应该以此为戒，要考虑到我们有必要采取应对的措施……幸运的是，太平洋上的日本和许多其他岛国还没被染指，没有被这个不讲道理的国家捷足先登。这些岛国中的有些海岛处在商业航线上，因此它们注定对美国意义重大。我们应采取积极措施获得足够数量有特殊豁免权的港口，这件事刻不容缓。"[72] 此时美国的远东政策已经初具特点：以未来影响现在，即意在保护未来有利地位而对现在局势进行规划。[73] 为了在西太平洋沿岸寻求港口和商业据

70　黑板胜美，前引书，卷三，第522—523页。作为当时的思想领袖之一，高野长英（1804—1850）在《梦物语》一书中，夸张地叙述了英国海军力量，这给德川幕府的老臣水野忠邦留下极深的印象，进而导致水野忠邦对外国航运利益采取了一种比较妥协的态度。默考克，前引书，卷三，第529页。
71　19世纪初，拥有"飞剪船"的美国海运，在航运吨位上紧追英国之后。参阅H. B. 莫尔斯，《中国的贸易与行政》，伦敦，1920，第3版，第312页。
72　泰勒·丹尼特，《美国人在东亚》，纽约，1922，第273页。
73　阿纳托利·坎托罗维奇，《美国拼争中国纪事》，莫斯科，1935，第31页。

点，佩里等人曾试图夺取台湾、琉球和小笠原群岛。[74]1854年至1856年，法国、英国和俄国因为土耳其问题陷入克里米亚战争中，此时，英国和法国积极维持住与中国新签订的不平等条约，美国得以在1853年至1854年打开了日本的门户，强加给幕府政府种种要求，这些要求终于在1858年得以实现——美国汤森·哈里斯与幕府签订了日本同西方国家的第一份商业协议。由于幕府屈从于外国压力，还与外国发生了正常的外交关系，这激化了国内排外派的情绪。更重要的是，国外商品被允许进入日本，这加速了日本经济解体的进程。日本的对外贸易在此时突然跃进一大步：1863年时，日本的进口货物主要为原材料，大约价值4,751,631日元；到1865年，金额达到6,058,717日元，而这两个时间段对应的进口货价值分别为4,366,840日元和5,950,231日元。[75]因为日本进出口货物的关税受到条约规定限制，制造品开始泛滥于日本国内；日本国内奇特的金银比价导致了黄金大量外流[76]，在日本国内黄金与银的比价仅为1:6或1:5，而世界上金银比价为1:15。黄金外流严重干扰了日本经济，又让外国商人借此大发横财。1860年，幕府开始实行货币贬值政策，将货币的含金量减少了85%以上[77]，导致了通货膨胀，引起物价的飞涨，从而加重经

---

74 丹尼特，前引书，第272—274页。在台湾建立起美国保护的最有野心的计划，是由美国的传教士彼得·巴驾博士提出的。关于此计划的详细论述和失败的原因，见丹尼特，前引书，第284—291页。1853年，美国海军中校约翰·凯利正式占领了小笠原群岛中的母岛，直到1873年，美国才放弃该岛的一切权利。同前，第432页。

75 这是日本学者三种对出口价值评估中最低的。关于这些数字，参阅土屋乔雄，《日本经济史》，第241—242页。

76 根据英国铸币厂慎重检验的结果，日本流通的银币对金的比率为5:1，当时世界市场中银块对金的比率为15.5:1，日本的黄金比率仅为世界通行比率的三分之一。卢瑟福·阿礼国，《大君之都：旅日三年记》全两卷，卷二，伦敦，1863，第411页。

关于日本大量黄金外流，参阅竹越与三郎，前引书，卷三，第333页。

77 同前，卷三，第336页。泽田庄，前引书，第325页，指出当时的年代为1859年。

济危机。[78]由于物价猛涨，米价也发生巨幅波动，这对幕府统治阶层造成毁灭性打击，德川将军、大名及其家臣、武士等，这些人的收入是固定量的稻米。但是当稻米被换成货币，再去购买持续涨价的商品时，禄米所能换得的东西的价值实际缩减了。德川幕府的财政朝不保夕，现在还不得不承担建造防御设施、修建钢铁厂、赔付受到攻击的外国人、派遣使节出国等开支。这些开支没有其他办法应付，只能向农民征收更多的人头税，向商人进行强制贷款（强征御用金）。[79]新一轮苛捐杂税使农民更加不顾一切地发动暴乱，同时，因为有浪人、一贫如洗的农民、流浪者和乞丐的加入，反抗的队伍扩大了，这群暴民蜂拥进入城市，使动荡

---

[78] 从下列表中可以看出肥后米（肥后米是标准米）价格超出常规的暴涨。米价是由银匁计量的（60匁=1两金，在维新时期1两金=1日元）。

年份	价格（匁）	年份	价格（匁）
1854年	84.8	1861年	142.5
1855年	77.1	1862年	172.0
1856年	82.4	1863年	100.5
1857年	106.3	1864年	325.5
1858年	131.5	1865年	513.0
1859年	120.4	1866年	1300.0
1860年	203.0	1867年	590.0

上表摘自本庄荣治郎的《德川幕府的米价调节》，东京，1924，第414—415页。

其他农产品价格也急剧上涨。1860年到1867年间，大麦的价格从90匁上涨到290匁，大豆从164匁上涨到797.52匁，菜籽油从560匁上涨到2418匁，盐从2.19匁上涨到21匁。土屋乔雄，《幕末动乱的经济分析》，载于《中央公论》卷四十七，东京，1932年10月号，第83页。

[79] 德川幕府的财政状况十分窘迫，以致不得不把横须贺的铁厂抵押给法国，还延迟了向法国支付购买军械的款项，并且向美国购买"石墙"号军舰而举债。关于幕府和大名更多此类财政状况的详细内容，参阅土屋乔雄，前引书，第249—254页。

的社会局面变得更加混乱不堪。[80] 飞涨的物价加剧了下级武士的经济困难，将他们拖入赤贫的深渊，这加深了下级武士对幕府和其外交政策的仇视，进而使下级武士将自己的苦难归咎于外国的野蛮人和他们的商贸活动。[81]针对幕府高级官员的暗杀活动开始增多。1860年，从主张开放海禁的政府官员井伊直弼被暗杀起，此类暗杀事件越来越频繁。这样的危险也降临到某些商人头上，原因是这些商人试图从高利贷或者米价的巨幅波动

---

[80] 下面表格为黑正岩教授所列，此表格是他对农民叛乱研究的数据说明，列表表明在1860年以后，农民反叛的次数显著增加。

年份	叛乱的次数
1844年—1851年	14
1852年—1859年	16
1860年—1867年	39

黑正岩，《农民叛乱的研究》，东京，1928，第443—446页。书中第262页也引用列表中的数据。距今更近的研究成果来源于黑正岩的一位学生，根据新搜集的材料，他指出在这一时期，农民叛乱的次数比黑正岩教授给出的数据还多。

年份	叛乱的次数
1844年—1851年	31
1852年—1859年	40
1860年—1867年	86

沼崎英之介，《农民叛乱调查报告书》（誊写本），东京，1935年印，第4章（无页码）。

[81] 廉价的制造品突然涌入市场，对日本的封建经济解体造成了革命性影响。廉价的棉布和棉纱把日本国内的棉织品逐出市场，迫使"作坊式"（家庭生产）的制造者采用机器生产，因此大批农村手工生产劳动者被迫失业。这些农村手工生产劳动者中许多人是武士和农民的家属，这些妇女从事纺织，以补贴家用。这种情况，加上外国商品所引起的物价飞涨，成为家道中落的武士、浪人等产生仇外情绪最直接的经济原因。浪人的起义和暴乱很大程度上就是由外国商贸的革命性影响激起的。涩泽荣一子爵在《德川庆喜公传》中写道："物价急剧上涨，这给领取固定薪水的人们以沉重的打击。这些人自己所言：外夷把无用的奢侈品传入我国，夺取我们日常生活必需品，使人民贫穷，随后他们又付诸侵吞我国的野心。开此祸端源头的人，就是幕府。"摘自土屋，前引书，第252页。关于浪人的经济状况和排外活动的论述，参阅加田哲二，《维新以后的经济思想概论》，东京，1934，特别参阅《幕末的攘夷经济论》一章，第1—30页。

关于这个问题最简明的研究是土屋乔雄教授所写的《幕末动乱的经济分析》，载于《中央公论》，东京，1932年10月，第75—91页。

中捞取好处。[82]

在讨论明治维新改革之前，我们有必要回答这样一个问题：为什么日本没有沦为殖民地？或者也可以这样问，为什么日本没有沦为像当时中国那样主权受损的国家？日本面临成为一个或多个西方强国殖民地的危险，确实存在着。日本国内社会和经济的衰退程度非常深，所以人们不能理解日本为什么能摆脱重蹈中国覆辙的命运也情有可原。英法两国将它们争夺殖民地的竞赛推向东方。日本应该庆幸的是，英法两国的注意力都集中在物资更为丰饶的中国，自从1840年以后，英法两国几十年来都在忙于"镇抚"中国。特别是英国，它对1850年爆发且持续了约十五年的太平天国运动始终旁观，最终出面干涉。而对于日本来说，明治维新前夕的1860年至1865年间，这个时间段对日本极为关键。幕府在它的政敌面前全面撤退；经济灾难在长期的农业危机这般苦难积累下日益尖锐，已到极点；最终，腐朽的封建制度组织被西方商贸和思想冲击得分崩离析。[83]

拿破仑三世统治下的法国迫切希望猎取领土和荣誉。在1859年，法国从克里米亚战争中空手而归，拿破仑三世又支持撒丁王国对奥地利作战，法国赢得萨伏伊和尼斯两地。拿破仑三世效仿拿破仑大帝没有成功，此时，他在1862年至1867年征战墨西哥时遭遇毕生最惨的一次败

---

[82] 当代文献对当时京都浪人的状况有如此描述："各藩的浪人数量持续增加，进入城市的浪人都是贫困潦倒、负债累累的。但是，不仅没有人向他们追讨债务，还有人给予浪人所需的物品。"以上是平尾道雄摘自《明治维新史研究》中第530页"幕末浪人所受的保护和统治"的内容。

厄特利女士对浪人和下级武士的解读难以让人信服。"在19世纪中叶，浪人数量颇多，多数武士贫穷至极，这样下级武士和浪人作为一个阶级的革命时机已成熟，但他们的革命并非是从封建制度中求解放，而是重建他们所属的封建军事等级的反革命。"在同一页的注释中，她写道："从马兹来西尔书中（第四卷）对革命的记述，很明显，浪人袭击的首要目标是商人中的高利剥削阶层，例如，浪人杀害京都和大阪的商人，并强制降低米价。"弗雷达·厄特利，《日本的泥足巨人》，纽约，1937，第221页。抛开"革命"与"反革命"的问题不谈，看上去非常清楚的是，不论这些浪人和武士的愿望和个人抱负如何，他们所做的事情代表了明治维新的意图属于反封建的行为。诸如此类的维新运动打破封建特权制度，为新国家开辟了道路。新国家，就意味着建立一个全国性质的市场，进行对所有权进行革命式重建，总之，新国家，是一个现代化的资本主义国家。

[83] 关于西方政治思想对日本的初步影响，参阅本书第三章的注释104和第六章的注释38。

仗。(美国独立战争间接影响到法国对墨西哥地区的干预,也偶然地让美国在数年中除佩里之外都无人再对统治日本感兴趣。)当拿破仑三世从墨西哥的鏖战中拔出脚来,俾斯麦的全身铠甲又在第二帝国的版图上投下不祥的阴影,阻止了草率的拿破仑三世远征东方。然而,尽管法国被削弱,它再次将目光投向远东,虽然无法在那里使用武力强攻,却可以通过计谋获得自身的利益。里昂·罗休是法国驻日公使,他曾在尼日利亚的殖民政府中受过严格训练,他是电报外交时代以前的典型外交官——手段圆滑,足智多谋。他在旅日期间的外交特点是:和幕府保持亲密关系,并对倒幕的强藩联合抱有敌视态度,而此时的倒幕强藩长州藩和萨摩藩与英国关系更亲近。如果我们回顾1862年的生麦事件[*],当时的萨摩藩杀害了英国人理查德逊,为了报复,英国在次年炮轰鹿儿岛,这些事件,让萨摩藩与英国的友好关系看上去如此不可思议。似乎这种明枪明炮的实际武力震慑,更能让人领略欧洲军事武器的优越,对于降伏萨摩藩有意想不到的效果。要知道,作为整个封建日本战斗力最强、最傲慢的萨摩藩,要想与它建立友谊而不是对立的关系,最直接的方式便是在萨摩人最擅长的领域教授给他们有价值的东西。[84] 1863年,国际舰队炮击日本下关,此次炮击事件也对长州藩产生了相同的神奇效应。率先反对外国的各藩对西方国家的态度呈现大转弯,不论这种大转弯的态度背后有什么复杂的动机,我们都必须佩服他们实际行动中表现出来的务实和沉

---

[*] 生麦事件,又称神奈川事件,是一件发生于1862年9月14日日本武藏国橘树郡生麦村的武士砍杀外国人事件。该事件导致七艘英国军舰炮轰鹿儿岛,史称萨英战争。——编注
[84] 参阅胜田孙弥,《维新的大业与萨摩藩》一文,载于《明治维新史研究》,第621—622页。

着。[85] 所以，法国将希望寄托在幕府上，以哈利·巴夏礼为代表的英国则青睐外藩。西方观察家对法国支持幕府到怎样的程度，往往缺乏认识。例如，法国帮助日本建造横须贺铁厂，无论从技术还是财力上都予以支持。在1864年和1865年幕府征讨长州藩时，法国提供了武力支持，还为幕府出谋划策。[86] 有些历史学家甚至说，在1867年参加巴黎万国博览会的日本使节团，表面上是去参加博览会的开幕仪式，实则是日本使节德川昭武借此机会与法国缔结秘密协约。[87] 如果法国对它支援幕府后有寻求特权的希望，那在1867年至1868年幕府被推翻后，这种希望也就化为灰烬了。值得称赞的是，幕府的最后一任将军德川庆喜，没有为了维持自己的地位而沦落成为外国列强的代理人，没有成为被外国势力操控的提线木偶。[88] 不论英国对后来胜利的外藩表现出仁慈态度的最初动机是什么，在幕府统治被推翻之前，英国没有向日本的外藩提出过任何诉求。毫无疑问，法国拿破仑三世及其外交大使的殖民地计划失败了，这在一定程度上成为英国支援日本外藩的报酬。

自1850年起，直到美国南北战争结束和普法战争爆发，这个时间段

---

85 一段当时关于炮击鹿儿岛事件的记载可以证明日本同英国的这种友好关系，这段话是由萨摩藩的一位家臣所写："从生麦事件中产生的友好关系日益加深；通过长崎，英日两国的贸易繁荣依赖，1864年，鹿儿岛开办了一所名为开诚所的学校，专门传授不可思议的西洋学术。"引自武藤，前引书，第73页。也可参阅格里菲斯，前引书，第108页。

列强，尤其是英国，以巴夏礼为代表，他们才华卓著，但缺乏耐心和自制力，手段坚决，甚至可以说是粗暴，自然给这个国家留下了痛苦的痕迹，这种痛苦一直延续到明治时期。所以萨摩藩和长州藩的排外情绪一直残存到维新时期以后。这种排外情绪以极缓慢的状态消亡，这样的例子很多，其背后的原因可参阅冈义武教授的《维新后攘夷风潮的残存（下）》，载于《国家学会杂志》卷五十三第五号，东京，1939年5月，第652—688页。

86 关于英国与萨摩藩结盟，法国支援德川幕府，里昂·罗休向幕府提供军事建议的文书等内容，可参阅渡边几治郎，《日本近世外交史》，东京，1938，第6—18页。关于文书涉及的问题，参阅第9—10页。

里昂·罗休的建议不仅是面向幕府的，也是间接面向全日本的。参阅本庄荣治郎，《里昂·罗休和德川政权末期的行政改革》，载于《京都大学经济评论》卷十第一期，京都，1935，第35页及后文。更多关于法国给予幕府援助和由此引发长州藩的不满等详细内容，参阅竹越与三郎，《日本经济史》（全书十二卷，英文节选译本三卷）卷十，东京，1935，第343—347页。

87 渡边几治郎，前引书，第7—8页。
土屋乔雄，前引书，第253页。

88 黑板胜美，前引书，卷三，第575页。

的复杂国际局势如上文所述，英法两国在日本的竞争相持不下，更重要的原因是英国倾注全力于中国，这就给日本提供了一个极其必要的喘息契机，使得日本可以摆脱封建制度的束缚。封建制度已使日本在经济上衰退，并将日本置于被外国商贸和军事任意宰割的危险境地。毫不夸张地说，除了偶然的国际势力均衡因素（特别是墨西哥惨败，妨碍了法国侵吞远东的野心）之外，中国这个满目疮痍、昏昏而睡的东方雄狮，成了日本的挡箭牌，抵挡了欧洲列强商业和殖民地的贪婪侵占。相比中国市场的吸引力和利润，无论是作为外国工厂的商品市场，还是作为西方工业的原材料产地，日本的贡献都显得微不足道。况且，越过中国征服这样一个政治复杂的小岛国，并不是一件简单的事。趁着此时难得的喘息机会，日本明治维新的领导者们打倒了只会耍阴谋和挑起内讧的封建统治者，取而代之建立起一个全国的中央集权政府，并将日本开放，迎接生机勃勃的西方科学与发明的空气。依靠这批杰出政治家的远见，新政权夯实了日本作为一个强大、独立国家的基础。从而使外国认为入侵日本会是非常危险、无把握的举动。现今的观察家讨论起远东问题，常常容易忘记在19世纪时日本是与当时的缅甸和暹罗一样的弱小国家，日本也曾面临西方列强压境，而国内一无盟友，二无舰队，三无现代化军队，国库空虚，工业还停留在手工业阶段，商业微茫，贫困至极，非君主统治者——征夷大将军的政治威信扫地，叛乱、内讧和内战横行，举国狼藉。这就是明治政府继承的日本。时间紧迫，资源匮乏，正是因为如此，世人才对明治时期的领袖所取得的成就赞叹不已，不会因为在民主和自由改革方面仍然任重道远而去横加指责。如果从一个自由民主主义者的角度看，日本还有许多地方没做到位，但历史情势紧迫，换而言之，其他国家用几百年完成的功业，日本要在几十年的一代人之间完成，这就意味着日本无暇顾及自由主义制度这样的奢侈品。日本跳过了思想上的自由主义和对应政治时代的维多利亚自由主义阶段，一举从封建制度跨入资本主义制度。因此，速度是构建现代日本政府和社会的关键因素。日本需要快速建立起一个现代化国家，成立最新的国防力量抵御入侵威胁（一时有利的列强实力均衡的时机、作为屏障的中国，都不可能永远拖延外强来犯的时间），打造一支立足于这股武装力量的产业，更新教育制度以适应工业现代化的需求，这些重大改变的措施由一群专制的官僚群体制定、实施，而不能由广大人民群众通过民主的代表机构来实现。这些军事官僚比其他国民要思想先进，所以他们身后不得不拖带一大批怨声载道、还未完全觉醒的商人和农民。专制，也可以称之为家长制，是明治改革领导者为避免日本沦为殖民国家，唯一可以选择的办法。

将西方强国打开日本国门的意图，理解为蓄意欺凌弱小、动乱的国家并将其变为殖民地，不免有些夸张的成分。对于物资丰富、政治软弱的中国，这种可能性始终存在，但在德川幕府时代，日本还没有发展到受到外国凌辱、侵略的程度，若国力和军事长此以往地衰弱下去，这种受侵略的可能性则会变成必然。日本的对外贸易起着革命性的作用。与西方国家通商是导致日本封建结构倾塌的最后一根稻草。换句话说，它是日本社会从封建制向现代资本制变革的催化剂。外来的野蛮人，无意中成为日本国内狂热排外派的盟友，这些排外势力利落地斩杀德川幕府的官吏、西方科学的倡导人、可恨的外国野蛮人。武士、大名、浪人、商人和农民组成了这样一支鱼龙混杂的队伍。武士，他们蔑视商人和外国人，但在斗争中又无意间加深了与这两类人的关系；大名，参与其中，只有一个目的：以本藩控制下的政权取代德川幕府的专政统治；浪人，有些加害外国人，有些冒着生命危险学习西方语言和思想；商人，他们以财力支持革命；农民，反对当地官吏的暴政或增税，他们不关心国家的政治。这个异常庞杂的群体在黯淡了几百年后重新焕发光彩的天皇领导下，齐心协力，推翻了摇摇欲坠的德川幕府政权。新政权的首领是一位年轻的君主——明治天皇。他开明虚心，知人善任，与前任保守的孝明天皇不同，明治天皇身边围绕着当时最富创造力的有识之士。他与这些人一样，都渴望将日本改造成为一个受世人尊敬的现代化国家。

第三章

明治维新

德川幕府的统治被倒幕势力联合推翻，倒幕势力是由下级武士和浪人领导，尤其是来自西部强藩萨摩藩、长州藩、土佐藩、肥前藩的下级武士与浪人，他们联合少数公卿，依靠大阪和京都富商提供的财力支持。这一划时代变革的领导权掌握在下级武士手里，这些下级武士逐渐取代上级武士和封建领主，成为当时的政治发言人。因此，从狭义的政治角度来说，维新不仅是权力从幕府向皇室的转移，也意味着政治重心从上级武士转移到下级武士。下级武士中，一代英豪脱颖而出，他们是木户孝允、大久保利通、西乡隆盛、大村益次郎、伊藤博文、井上馨等，还有许多紧居其后的一流人物。像萨摩藩的岛津久光、长州藩的毛利元德、土佐藩的山内容堂等藩主逐渐退出历史舞台。然而，仅凭借这些下级武士、浪人的利剑和英勇，是不可能推翻幕府统治的。在推翻幕府和建立新政权方面，虽然不像武士在政治和军事上取得的功绩那样戏剧化，但町人的财务支持意义深远，尤其是大阪町人，据说大阪町人占据日本总财富的70%。根据本庄荣治郎教授的描述，在维新战争中，鸟羽、伏见、江户、会津等历次决定性的战役都是依靠町人所提供的资金才获胜的。[1] 三井家的家乘*中写道："王师军事行动所需要的资金，大部分为三井家提供。"[2]

更重要的是，新政府继承的是幕府已破产的烂摊子，本不可能从财务困境中脱身，重建国势任重而道远，但由于有了像三井、鸿池、岩崎、小野和岛田这样伟大的町人，一切才成为可能。[3] 举例来说，新政权成立不久，在1867年12月26日，新政府就通过金谷出纳所和税务局向三井组（三井洋行）发出紧急通知，请求财力资助。[4] 如此一来，作为封建时

---

[1] 本庄荣治郎，前引书，第193页。
* 家事的记录，亦指家谱。
[2] 《三井家三百年家乘》，东京，1937，第15页。当日本首都由京都迁往东京时，三井高郎（1837—1894）以政府财务主管身份随天皇前往东京。
[3] 本庄，前引书，第八章《明治初年的御用金》，第323—347页。
[4] 这份通知的原文，参阅本庄，前引书，第325页。加田哲二，《维新以后的社会经济思想概论》，东京，1934，第10—11页有这份文书的全文和注释。

代大商家之一的三井，之前是德川幕府的御用银号，后来又成为皇室的御用银号，从一开始就成为新政府的财政支柱。[5]可以说明治维新是商人阶层和下级武士联盟的政治结果，这里的下级武士是大名家庭供养的私臣或侍从，而实际上已经成为藩内政务的领导人。商人和封建统治阶层的某一部分人联合，以经济支援为条件寻求一部分封建权威的政治保护。因此，明治时期的政治措施，特别是1871年成为日本历史上转折点的"废藩置县"举措，它对现代日本的国家结构有着持久深远的影响。只有在充分理解商人和一部分封建统治者的结盟后，才能更全面地领会诸如此类措施的用意。为了从最佳角度理解这一问题，我们要回顾一下在德川时代两者之间的关系。

第一节　封建势力和商人联合的历史背景

研究日本社会史，显然我们要抛开以"阶级斗争"这种解释为依据的偏见，阶级斗争这一解释往往用于法国或英国资产阶级革命。在英法两国，大商业资产阶级被描述为英勇反抗封建贵族特权的勇士，他们反抗封建势力的最高形式——教会和国王，最终结果是法国赢得了彻底的胜利，英国取得部分胜利。但在日本，虽然破产大名最痛恨的是债主——大阪的富有债权人，但封建统治阶级和大商人的利益纠缠不清，如果伤害到其中一方，必然会伤及另一方。高傲的大名们为了解决财务燃眉之急，不得不收起自己的骄傲。倘若大名采取过激手段，拒绝偿还债务，或者为了撤销债务威胁债权人，他很快就会发现当他再次向其他

---

[5] 自1707年以来，三井家就被指定为宫廷御用银号，接济皇室的丧仪、婚礼、新建筑等开支。参阅《三井家三百年家乘》，第7页。1823年，三井家为纪伊藩的大名发行银券；1867年，三井家又为德川幕府发行银券；1868年及1871年，三井家为明治政府发行纸币。同前，第7—8页。三井家在日本的地位等同于欧洲的富格尔家族，三井在德川时代保持其金融霸主地位，长盛不衰，又在明治时代巩固自身地位，甚至在明治时代以后，经营领域更加扩大。

商人借债的时候，必定会遭到客气却坚定的拒绝。正是依靠这种团结，町人才保护了自己的整体利益。[6]因为大商人依靠向大名和武士放债为生，所以大名和武士的毁灭会不可避免地牵连商人的生存根基。[7]这里我们必须提一下，日本的商人具有相对的软弱性，与16世纪至17世纪的欧洲相比，日本商人没有通过贸易和掠夺来获得资本积累的机会。德川幕府实行闭关政策，农民生活贫困潦倒，仍维持着一种近乎自给自足的自然经济状态。货币经济虽然已经渗入农村，但发展速度非常缓慢。这些条件都限制了町人的经营，国内市场发展不成气候。如上文所述，因为参勤交代制度，城下町的武士、大名及其家臣都会在江户花上一半时间，他们便成为商人的主要顾客。因而町人也顺理成章地感觉到，他们的发达是和武士、贵族紧密关联的。正因为如此，町人从未想正面攻击封建制度，虽然他们准备配合其他反对封建的势力，在经济上支援反对幕府的政治运动。[8]

既然德川幕府的政策阻碍了对外贸易及制造业的发展，因此商人，特别是小商人，往往将贸易和高利贷的收入投到土地上。其中一种投资方法，前文曾提到过，就是通过契约承揽开垦荒地，通常的做法是以期

---

[6] 町人与行为恶劣的大名或武士断绝经济交往的方法之一，是在这些拒不还债的无赖的房屋前插上一杆旗帜。参阅本庄，前引书，第261页。本书引用参考书中下面这段文字，能帮助我们更深层地理解两者关系。"武士（因为受到商人凌辱）怒不可遏，但是他们却隐忍了商人的无礼，为了他们的藩主（因为曾经向商人借贷），武士们甚至准备放弃武士道，来博取町人的好感。"同上，第260页。

关于大名和武士之间，还有武士和町人之间的特殊关系，其重要性由堀江保藏系统阐述过。参阅堀江保藏，《日本资本主义的成立》，刊载于《京都大学经济评论》卷十一第一号，京都，1930年7月，特别是第99—100页的内容。

[7] 以上说法也不尽然，因为武士和大名需要以米换钱，这导致大名和武士的财政十分紧张，反而比他们都富有的町人获益更多。不过从最根本的方面来说，他们都指望农民提供米赋，他们的利益来源是一致的。大名为了偿还日益增加的债务，也为了兑换货币，不断对农民强征暴敛，不仅仅是为了他们自身，也是为了町人，因为大名要偿还町人的债钱。日本的经济学家高桥龟吉甚至曾说："封建制度的灭亡几乎等同于町人的自杀，尤其是对大町人来说。"高桥龟吉，《经济史上的明治维新》，载于《明治维新史的研究》，第129页。

[8] 这一问题意义重大，这里引用一位日本社会史学家对于此问题的观点："新生的町人阶级从未想过推翻武士阶级，就是因为武士阶级是他们的顾客，如果他们摧毁了顾客，哪怕是极短的时间，他们自身也会受到沉重打击。正因如此，武士的社会地位一直延续到维新时期，在此之前，武士已失去真正的权力。"泷川政次郎，《日本社会史》，东京，1935，第246—247页。

限二十年为上限的永佃权（永小作*）重新雇用佃农。[9]另一种佃租形式是质地永小作，它的意思是指租佃已经抵押的土地，这种土地已作为抵押物掌握在放债人的手里。[10]还有许多其他的土地租佃方式，这些方式都是在封建社会禁止土地流转、垄断的情形下产生的。但这里我们想要强调的是，在原本单一的封建租佃关系中，成长出一批新型的地主阶级。这批特殊的新地主阶级发觉在农业领域内，维持这种改良过的封建关系对他们更有益，并且因为其他原因，相较于农民的利益，商人这一新型地主阶级与大名的利益更相似。[11]不难想象，封建统治者对新兴地主阶级日益增长的经济力量感到反感。从当时的著作《劝农或问》中的一段话，我们可以看到新兴地主阶级力量已发展到何种程度，以及当时政界已对这个阶级开始有所警觉。

> 谈起（土地）兼并的危害，富人会以多余的资金侵吞穷人的土地，这会导致富人越来越富，穷人越来越穷。肥沃的土地完全被富人侵吞，许多人民的灾难最终会演变成国家的灾难……谁不知道人口在减少而荒地在增多？无力缴纳赋税、地租的人日益增多，因为可征税的人数

---

* 即承认永久租佃形式。与普通佃租形式相比，永小作的佃农拥有更多的租佃权益。——译注
9 小野武夫，《永小作论》，东京，1927，第87页。
10 池本象雄，《明治维新及其对日本农民的影响（1867—1930）》，巴黎，1931，第279—280页。
11 新地主阶级和封建领主之间的关系是日本社会史学界颇有争议的论题。以服部之总为代表的一派认为，新地主阶级是伙同领主一起压榨农民的，所以应当被认为是封建统治者的一部分。相反，土屋乔雄教授一派认为封建领主和新地主之间并不存在同盟关系，土屋教授试图证明商人和高利贷资金的介入，是对地主封建领主本身封建利益的一种威胁，结果是，各藩的领主往往会没收暴发户地主的土地资产（例如在对马、会津、佐贺和加贺诸藩），或者严禁土地兼并（例如在饫肥藩和仙台藩）。参阅土屋乔雄，《日本资本主义论集》，东京，1937，第3—26页的章节《新地主阶级的进一步审判》。上面提及的没收地产和禁止兼并土地的内容，参阅同一本书第9页。土屋和服部争论的矛盾核心在于新地主阶级是纯资本主义性质，还是带有半封建的资本主义，若看成是单纯的资本主义，必然是和封建利益对立的（土屋的观点）；如果新地主阶级带有半封建性质，他们可被看作是和封建统治者的领主共同享有权力（服部）。仅以门外汉的观点来看两位专业史学家的争论，笔者认为也许服部先生忽视了高利贷对封建关系所产生的腐蚀作用，高利贷的存在加速了封建制度的倾毁和解体，参阅本书第二章注释26、28，还有本章的注释13。
关于德川末期新兴地主的兴起，小野武夫先生也有所研究。参阅小野武夫，《地主的角色转移》章节，引自《维新农村社会史》，东京，1932，第285—289页。同样也可参阅小野武夫，《农村社会史考论》，东京，1935，《近代地主的发达》，第113—135页。

在减少，执政者除了强征御用金（强制贷款）之外，别无他法。而这些灾祸的源头，便是（土地）兼并。[12]

当需要和商人、高利贷商分享从农民身上榨取赋税来获利时，封建贵族阶层表现出来的嫉妒是可以理解的。然而，当出现农民试图以反抗或者逃亡来摆脱负担时，同样是之前提到的这群封建贵族阶层，他们又理所当然地与商人、高利贷商站在同一条战线上，这些商人和经营高利贷的人，虽受轻视却在经济方面实力强大。从农民角度来看，我们可以看到这样的事实，面对着新地主和封建统治者的联合压榨，农民们奋起反抗新地主阶级和封建统治者的共同盘剥。[13]随着德川时代的推移，旧封建统治者和新地主阶级这两类人群日渐靠拢，正如下文所述，两类人群的联合使得明治维新后的土地问题解决政策颇具妥协性，这种妥协影响深远。

本书分析认为，大名不得不依靠大阪的大财主取得经济援助，这一事实十分重要。经常会有这种情况，商人以高额利息贷款给有需要的大名，大名以自己的米收入为担保物，藩内财政就这样落入富有的商人手中。例如仙台藩的财政就被大阪的一位商人升屋平右卫门掌握，这一情况被当时的一位作家海保青陵（1816）所记录，他写道："升屋平右卫门已将仙台藩领主的私有财产全权管理。"[14]17世纪末，伟大的三井家族后裔三井高房写有一部著作，名为《町人考见录》，书中记录了许多大名是如何沦为日本最大五十家大富商的债务人的。[15]虽然武士阶层天生鄙视唯

12　土屋乔雄，《新地主论的再检讨》，载于《日本经济大典》卷三十二，第219—220页。
13　关于永佃权的纠纷是农民敌视新地主阶级的表现，而有关永佃权的争执是德川时代最常见的农民反叛原因之一。参阅波顿，前引书，第30—33页；本庄，前引书，第52—55页，特别可参阅此书第53页引自《民间省要》的一段富有启发性的文字。
14　本庄，前引书，第259页。在太宰春台（1680—1747）的《经济录拾遗》中我们能读到："现今大名，不论大小，都对富商卑躬屈膝，期望能向他们借钱，并依赖江户、京都等地的商人以维持生计。"引自本庄，前引书，第257页。
15　在《町人考见录》所列的负债大名之中有加贺、广岛、萨摩、仙台、肥后、鸟取、南部、尾张、纪伊、津山、长州、土佐、佐贺、米泽、福冈的各藩主。同前，第285页。

利是图的商人阶层，但商人的经济实力挫败了武士这种蔑视的锋芒，这使得破产大名那嘲笑商人的笑声显得格外空洞，甚至使他们对商人产生了敬畏之感。[16]正如小川显道在他的《尘冢谈》一书中所说的："尽管按照常理来讲，是武士阶层统治世人，商民被统治，实际上，而今却是一个町人当家的时代。"[17]认可商人经济力量的第一步，是武士家族通过领养富商子弟，从而将最富有的商人纳入统治阶级。继而贫困潦倒的武士竟也乐意通过联姻或领养关系进入町人家庭，以此来躲避经济危机。[18]有些热衷于社会地位的町人，没有什么耐心去磋商正式的婚姻或收养关系，但他们发现可以按照一定的价格向贫穷的旗本和武士家购买名义上的收养关系。[19]这种武士身份的买卖十分不堪，已经严重到大将军德川吉宗（1677—1757）不得不颁布禁令，但收效甚微。[20]商人的社会重要性从元禄（1688—1702）年间的社会风俗可见一斑。元禄年间，风尚奢靡，文学矫情，戏剧细腻，当时的绘画和书籍——浮世绘和浮世草子都以丰富的文笔描绘了京都和江户妓女的生活，还有平民的风俗日常。[21]这种町人文化对武士有一种不可抗拒的引诱力，尽管儒学的卫道士反复呼吁"町人文化让世风日坏，应该返璞归真"，但武士的习惯和趣味已经在町人文化熏陶下慢慢形成。[22]这一时期的文学作品有力地证明了武士和町人阶层

---

16 蒲生君平（1768—1813），尊王派的代表、国内改革和沿海防务的倡导者，据说他曾讲过这样的话："大阪富商一震怒，大名心中皆惧恐。"参阅本庄，前引书，第 201 页。另参阅桑瑟姆，前引书，第 512 页。
17 本庄，前引书，第 199 页。
18 同上，前引书，第 202—204 页。
19 1853 年，井上三郎卫门记录了商民被武士家族收养的费用。"收养一子，予以养子每年米收入 100 石的武士地位，价格为 50 两金。如果是紧急收养一子，每年要收 70 两到 100 两金。"同前，第 206 页。这一段记述足以证实德川吉宗禁止收养的命令已形同虚设，参阅本章第 20 条注释。
20 德川吉宗禁止买卖武士身份。黑板胜美，前引书，卷三，第 482 页。
21 G. B. 桑瑟姆（前引书，第 465 页）是如此描述元禄文化的："完全可以这么认为，在 1700 年，町民已在物质和文化上都达到非常高的水平。尽管武士还自欺欺人地认为町人出身卑微，职业低劣，趣味恶俗，但町人有非常明确的标准和严格的概念，这些标准和严格的观念使町人能区分出什么是一本好书，什么是一出好戏，什么是一幅好画，还有一点不该被人遗忘的，他们懂得什么是得体的行为。"
22 "新兴的町人阶级不仅在财富上处于上层地位，他们还心胸开阔；他们发现知识兴趣的新天地；他们努力成为全国知识界的领袖，无论是在学术上还是艺术方面，他们都不甘居人后。"泷泽，前引书，第 246 页。

的融合，尤其是武士和上层町人的融合。因此，商人得以在藩内政务和管理上占主导地位，一如他们在财政问题上的角色。[23] 町人逐渐渗透进封建统治等级中，在德川幕府末期，这种渗透在大阪商人与反对德川的各藩合作时发挥了重要作用。例如明治时代的大政治家伊藤博文，他就出身于长州藩的一个平民家庭，但这个家庭后来取得了武士身份。封建统治者和商业资本家的其他融合事例，十分容易找到。[24]

第二节　各藩的独占制及其对封建势力与商人关系的影响

藩内在贸易和制造业方面的垄断体制使得町人和大名之间建立了一种不明显但是更根深蒂固的经济联系。各藩鼓励制造出能够销往其他藩的产品，而同时因为重商主义动机的驱使、积累资本的欲望，各藩又竭尽所能防止从其他藩引入产品。各藩有权自行印发纸币，这造成了国内出现严重的货币流通混乱，还导致商人在藩外的交易遭到严重阻碍。[25] 为了除去这一障碍，商人不得不寻求与藩统治者的合作，因为几乎所有大名在大阪或其他贸易中心都设有藏屋敷（货栈），藏屋敷由藩代理人藏役人管理，其下属藏元，被委任专门负责推销藩内产品。随着农产品的产量增加、交通改善，市场逐渐扩大，地方经济被卷入全国经济之中，大阪成为全国基础产品——米和其他各藩独占产品的集散中心。经营这些产品

23　各藩事务受财政和金钱方面的影响，甚至1710年修订的《武家诸法度》（将军德川家公布的一系列规范武士阶级的法规）这样写道："现在的风气是，武士家遇到继嗣问题时，更多考虑财产的多寡，而不考虑血统亲近关系。"本庄，前引书，第204页。
24　例如小林庄次郎在《幕末史》中有这样的记载："有些人买到与力和徒士这样的下级武士身份，但他们通过努力，能够晋升到旗本的位置，尤其是德川幕府后期，更是如此。著名武士久须佐渡守祐明就是这样一个例子，他是水野忠邦担任幕府老中时非常得力的武士。佐渡守最初是在信浓，通过购买武士身份，名誉和权力兼得，最终担任勘定奉行一职。他的儿子祐隽，通常也被称为佐渡守，奉命担任大阪町的高官。"本庄，前引书，第205—206页。
25　关于幕末币制混乱的情形，参阅安德烈·安德里亚戴斯，《日本帝国的财政及其演进》，巴黎，1932，第23—24页。

的代理人是问屋,批发商联合组成了高度垄断的"十组问屋"*。[26] 通过十组问屋,大阪商人尤其是各藩控制下的地方商人经营起他们的业务。

尽管各藩都自行印发纸币,但各藩都不能排斥幕府的纸币,这是保证本藩纸币合法的依据。因为大部分主要商品都在大阪出售,交换成各式纸币,大阪的市场价格便成了地方市场的标准。每个藩为了积累货币资本都努力增加出口、降低进口,为此,各藩必须力争在大阪市场打开一条出路。因此,至少在经济方面,各藩之间彼此隔绝、孤立的状态是不可能的。这种发展的结果是,商人向封建领主寻求垄断交易权,而封建领主却试图拉拢中心市场尤其是大阪的商人和米经纪人。[27] 如此一来,藩的贸易独占权体制和全国贸易垄断迫使商人阶层(包括地方和大阪)和各藩领主靠拢在一起。[28] 这种靠拢并非出于自愿,可以想象这其中会生出多少矛盾。德川幕府统治下的社会千奇百怪,这种联合是必然的。这一联合历经关系的紧张和矛盾、暂时或局部的破裂,一直维系到明治维新时期。在经受住混乱和考验时期后,商人和封建领主的联合才赢得了

---

* 即十个联合起来的问屋,也就是德川幕府时代江户的大垄断批发贸易行会。——译注
26 德川末期关于大阪是日本贸易中心的内容,参阅菅野和太郎的著作《大阪经济史研究》,东京,1935,尤其是第一章内容。作者引用一段当时的文学作品原文:"近年来,国内金银逐渐增多,半数以上聚于大阪,所以大阪是全国最富庶和丰饶的地方。来自东、西部的藩主都到大阪来筹集资金。各藩的米谷也都聚于大阪,而且红毛人(欧洲人)经过中国将药材和砂糖等物资贩运到大阪,然后这些东西会被转售到全国各地。因此,多数的金银都聚集在大阪。"这段话出自1802年山片蟠桃所写的《梦之代》,引自《大阪经济研究史》,第10页。
27 竹越与三郎,前引书,卷三,第65页、第86—92页及第96页。
28 以上总结藩内专卖制的内容,是基于堀江保藏教授关于此问题透彻的研究成果《我国近世的专卖制度》,东京,1935。特别参阅第7—15页。在附录中(第269—276页),堀江教授用列表的形式列出了各藩的名称、各藩的米收入、各藩拟实行专卖的主要商品、专卖的方式、主要商品的市场及专卖的期限。

持久的合法性和社会认可。[29]

第三节　资本主义输入各藩

各藩大名的收入不断减少，支出急剧增加。作为一个统治阶层，大名在负债的困境中越陷越深，他们发现挽救自己经济处境的唯一出路是经营垄断专卖甚至经营小型工业企业。太宰春台（1680—1747）在18世纪中期就已注意到，在大多数藩纷纷陷入窘迫的财政危机时，实行垄断专卖制的各藩的财政状况相对比较平稳。[30] 垄断专卖制早在德川初期就已存在，只是到了后期才兴盛起来的。产物改所，是当时主办专卖和重要实业的政府机关，最初是为奖励农业生产而创立的，但后来却变成将地方市场实行垄断控制的便利工具。[31]

在萨摩藩，我们可以看到垄断制造业成功发展的实例，关于各藩垄断生产和专卖的例子可见以下：鸟取、宇和岛、山口的蜡专卖，米泽的陶器，松江的铁，津和野、宇和岛、山口和滨田的纸。[32] 最著名的是尾张的瓷器，中滨的绉纱纺织品，土佐的纸，加贺的漆器和彩瓷，上野和

---

[29] G.C.艾伦教授对此做以下评述："在封建制度下，现代意义的银行业尚未出现。那时，每位大名的领地实际上是一个独立的经济体；这个社会是建立在武力而不是商业基础上的，工业规模微小，市场也十分有限。在这种情形下，社会不需要缜密严谨的金融组织。但早些时候起，一些商家就开始开展类似银行的业务，他们在人口稠密的重要城市设立分支店，将现金从一个地方运送到另一个地方。封建领主大名常任命这些商人作为财政代理人，代替大名征收贡米，并在为数不多的交易市场，例如大阪，将米转卖获得现金。许多现代日本的大银行如三井、鸿池等，都是这些商人银行家的后身。值得注意的是，大阪有一种名为'钱座'的组织，这一组织以大名的谷物收入为担保借钱给大名，许多藩的领主在城市中安排代表，方便和这一组织交易往来。"G.C.艾伦，《现代日本和它的问题》，纽约，1927，第148—149页。
[30] 本庄荣治郎，《德川末期经济思想的检讨》，载于《京都大学经济评论》卷十三第二号，京都，1938年10月，第26页。
[31] 本庄荣治郎，《日本社会经济史》，第133—134页，以及竹越与三郎，前引书，卷三，第141—147页。
[32] 堀江保藏教授为鸟取、宇和岛、山口三个藩的蜡专卖特设立三章专门讲解，鸟取藩在第165—174页，宇和岛藩在第175—189页，山口藩在第190—216页。其他的专卖可参阅前面的注释28中提及的引用文献列表。

下野的丝织品，这些都是在藩领主的扶植下为自身利益而发展的。[33] 有些封建领主从事煤炭的开采和经营，尤其是日本南部，早在享保年间（1716—1735）筑前藩的大名立花氏就为了逐利而开设三池煤矿。[34] 这样，在封建领主的政治保护下，同时在商人资本的财政援助（并非控制）下，德川幕府末期产生了一种小型的生产体系，既不是手工业，也不是行会性质的，而是带有资本主义性质的。[35] 但我们不应该夸大封建领主运用专卖和垄断生产增加收入的程度。只有在领主充分接纳商人和资本家精神的各藩，还有那些最富裕的藩，这些地方町人的意见才被普遍采纳[36]，只有这样的地方领主才实行专卖独占和垄断手工业这样的政策。大多数的藩领主采用简单易行的办法来推迟财务困境，他们直接卖米换钱，同时千方百计地提高赋税。[37] 特别是还以"借贷"的名义削减家臣、武士的禄

---

33 福田，前引书，第158页。例如缫丝、纺纱等以家庭包工为形式的其他行业组织，常在各藩的保护下开始产生。参阅土屋乔雄，《日本经济史》，第180页。土屋教授以造铁、大炮制造和玻璃生产为实例，讲解幕末各藩的制造业。同上，第182页。这些当然是出于军事武力用途而不是利润目的来经营的，在明治初期，政府出于同样的动机努力发展重工业。

34 土屋教授用多个实例描写了幕府和各藩进行原始采矿业运作的情况，前引书，第174页。劳伦斯·奥利芬特在《1857年、1858年、1859年埃尔金伯爵出使中国及日本纪实》，纽约，1860，第33页提及一处肥前藩经营得十分出色的煤矿。他听一位荷兰侨民说，萨摩藩领主的矿业每年带来两百箱银子的收益。这位荷兰侨民还谈及那里有玻璃工厂和雇了800名工人的兵工厂。同前，第338页。萨摩藩创办采矿业，是为了适应军事工业的发展步伐。参阅竹越与三郎，前引书，卷三，第293页。

35 有关"日本封建时期的资本主义萌芽"这一问题的西方学术资料，可参阅K. A. 魏特夫先生的文章《中国经济史的基础和阶段》，载于《社会研究杂志》卷四上卷，巴黎，1935年1月，注释1，第58页。

36 当时最具代表性的思想家是本多利明（1744—1821），著有《西域物语》。这篇文章表明西方列国之所以富强，基本上是依靠对外贸易、航运以及最重要的制造业，这一见解和当时的儒学教义完全不同。他主张日本应采取同样的发展方针，应开疆拓土，将北至阿拉斯加，南至马来半岛的周边岛屿尽数占领。这篇文章刊载于《日本经济大典》卷二十，第211—286页。

佐久间象山（1811—1864）的观点也表现出对西方思想和历史的深刻认识。他劝说他所在的松代藩和幕府，应该采用西洋技术，特别是在军事领域。后来，他获罪入狱，最后遭攘夷派浪人暗杀。在佐久间象山的众多门徒中，有著名的爱国者吉田松阴。关于佐久间象山对吉田松阴的影响，参阅贺瑞斯·柯尔曼所译的《吉田松阴传》，原作者德富苏峰，英译本载于《亚细亚协会纪要》卷四十五上卷，东京，1917年9月，第149—155页。

37 关于大名为了减轻财政的窘困，而加重农民的赋税重担的状况，参阅泷泽，前引书，第92—93页。

米。[38]这样做的结果是,一方面农民阶级被迫更加顽强地反抗,一方面武士对领主的忠义之心被消磨殆尽。总之,这些做法进一步摧残了封建制度的经济和政治根基。为了了解明治维新,我们必须意识到:武士阶级经济地位的不断恶化、忠义武士沦为贫苦浪人,是武士阶级从忠于幕府和藩政府转化为倒幕运动主力的主要因素。[39]

第四节 封建商人联盟与明治维新

我们看到,有两个相互关联的过程伴随着封建社会的倾颓:(1)町人凭借经济力量,以收养或购买的方式跻身武士阶层。町人中的一部分还从武士阶层的低层等级晋升为上级武士,他们是最具发展眼光的时代先驱。在德川末期的动荡时刻,这些先进的商人阶层成为倒幕势力的领头人。(2)封建统治者(幕府和各藩领主)都濒临破产,他们极度渴望提升收入。主要是出于军事目的,封建统治者们采用了资本主义的生产方式,所以在很大程度上,封建统治者带有资本家的色彩。[40]武士常常在町人家中寻求庇护,有些寄居在商人家中的武士成为维新后第一批工业的创立者。我们可以看到,在维新之前原本的旧封建等级界限已经模糊、被打破,这种不对等的等级,一边是封建统治阶级,他们是倒幕势力的领导者,另一边是实力强大的商人,他们融入高级的政府官员中,而且新取得了象征权威的标志——武士的双佩剑。于是在德川幕府时期便出现一种预兆——日元和剑相联合,这种预兆不仅是明治时期的特征,也

---

38 大名为削减开支,经常扣发家臣武士的一部分禄米,这种做法称为"半支"制度(即支付"一半的俸禄")。这种方法名义上是向武士借一部分俸禄,但这只是削减俸禄的一个委婉说法而已,因为这部分禄米从未归还给武士。太宰春台在《经济录拾遗》中写道:"近来诸侯,无论大小,皆感国用不足。贫困之慎,借用家臣俸禄之事,少则十分之一,多则十之五六。"本庄,前引书,第216页。另可参阅本章注释12。
39 藤井甚太郎,《明治维新和武士阶级》,载于《明治维新史研究》,第462页。
40 这种阶级之间的交错融合由G. B. 桑瑟姆精辟阐述,参阅G. B. 桑瑟姆,前引书,第512—513页。

是当今日本的特点。幕府末期这种阶级间的融合表明身份等级制度已趋于崩溃，这种严格的等级制度是原先德川幕府统治者精心创立起来的。然而，如果说这一融合是有意反对封建制，又言过其实了。这一联合的确是反对德川幕府的，还成为反德川霸权政治的一种政治运动，但这并不意味着他们有任何彻底推翻封建制的意图。相反，在很大程度上，这种联合可以说是一种政治运动，目的是摆脱德川末期那种保守和昏聩的腐朽统治，同时又要在不给社会结构造成大变动的前提下完成至关重要的改革。所以，我们可以这样认为，明治维新并不意味着完全抛弃维新前的贸易、工业和外交政策，维新更像是一项彻底的室内清扫工作，为德川末期数年内出现的、发展迅猛又高效的资本主义势力扫清障碍。[41] 室内的尘垢就是德川幕府的身份等级制度，它表面奢华但实质已发生霉变，这种陈旧糟粕必须要丢弃，而且在清理尘垢的过程中，必须要将门窗打开，让西方科技和文化之风吹入室内，使久经闭塞的空气焕然一新。幕末的革命形势是以此起彼伏的农民暴动为代表的，可以说，农民暴动是反封建运动的原动力。农民反叛确实缺乏明确的革命目标，但农民暴动却明显地撼动了旧政权的根基，同时，外有西方列强的侵略隐患，内有下级武士和浪人的政治运动，这些不断升级的反叛行动都表达出同一个诉求：建立一个新政权，若不是社会的状况恶化到腐朽不堪、混乱无序的地步，这些反叛也不会发生。下级武士，尤其是身处武士地位的町人，他们往往是倒幕运动中最有前瞻意识的领导者，这些下级武士与少数年轻的公卿，是明治维新中始终处于先锋位置的战士。

41　明治维新前，日本当局对工商业发展漠不关心，这种观点是错误的。由于种种现实压力，幕府和各藩往往不得不进行多项改革。幕府接受了许多像里昂·罗休这样的外国人建议，在军事工业、海运和对外贸易等多个方面，都有相当可观的进展。参阅本庄，前引书，第十章《幕府末期的新经济政策》，第292—322页。

第五节　在藩政改革运动中现代官僚阶级诞生：以长州藩为例

现在可以恰当地分析一下明治维新，以说明町人和下级武士联合的政治情况。町人与一部分封建统治阶层联合，显而易见，下级武士成为先进封建统治阶层的实际领导者。这些武士没有被等级制度的偏见蒙蔽双眼，积极引导藩政日益趋向于发展商贸。这种趋向需要积累货币资本以创办工业，尤其是军工业，总之，就是将大名的经济基础转移到商业资本上。[42] 各藩的实际执政人一般是世袭的武士，或者是町人出身后晋升为武士头衔的人。他们弃用道德约束，运用大量的经济手段来增加各藩已经空虚的财政收入，为反对德川幕府的斗争筹集资金。在这些把持各藩政务的先进官僚中，最开明的一部分甚至提倡采用西洋的军事科学技术，这自然遭到藩内其他守旧迂腐派的盲目反对。如以长州藩为例分析上述情况，我们就能够更好地理解官僚和军事人员各党派在现代日本所拥有的独特地位。长州藩是坚定地反对德川幕府的一个藩，同时也是后来明治政府最重要的管理机构之一。

长州在商业贸易和对外交通两方面占据优势，在政策和行事上也是

---

[42] 有一段从太宰春台的《经济录拾遗》中摘录的原话可以清楚地解释文中内容。参阅本庄，前引书，第132—133页。这段文字十分重要，这里转引其中一部分内容。"如今所有高级武士和大名，事事都需要用到钱币，这点和商人一样。所以，这些大名和高级武士处心积虑地要赚得更多的金银。他们把赚钱列为每天的首要任务。赚钱最直接的方法便是做生意。在有些藩，早已通过买卖的方式来获得应用之财，这样可以弥补封土狭小的不足。例如，对马藩的大名，他是一位小封地的领主，他的藩只能有刚多于2万石的米收入。但是，他甚至比拥有20万石米的藩主更富裕，因为他靠做生意赚钱——他低价购入朝鲜的人参和其他货物，再高价卖出这些货物。松前藩的大名，其封地是产出只有7000石米的小藩，但由于出售本藩的土特产和虾夷（北海道古时称谓）的物品，松前藩大名比拥有5万石米收入的藩主还要富足。再比如，津和野的大名，虽然他的封地只有4万石米收入，但他的财富却与15万石米收入的大名相当，这是因为他通过制造和售卖纸板获得高额利润。滨田大名效仿津和野大名，鼓励藩内制造纸板。这项举措让只有5万石米收入的滨田大名，拥有了可匹敌10万石米收入大名的财富。萨摩藩，原本就是大藩，它又以独占琉球货物买卖的缘故，富甲海内。中国的商品也经由琉球而输入萨摩藩，再由萨摩藩转而贩卖到日本各地。自从对马、松前、萨摩的大名垄断了外国货物的进口，然后转售到其他藩，他们就比其他拥有类似领地大小的大名富裕得多。而津和野和滨田的大名，则以出售各自藩内的土特产而变富。新宫大名的封地只有3万石米收入，但他通过贩卖熊野地区的海、陆物产而获利，其财富可与拥有10万石米收入的藩主相比。"

反对德川幕府的事例中最先进的藩。幕府末期，长州藩名义上的领导是两位毛利家领主，一位是毛利元德（1839—1896），另一位是其养父毛利敬亲（1871年去世）。他们两人因为1864年夏季的禁门之变不得不引咎辞职，血腥的禁门之变是长州藩在京都斗争的最高潮。在这次政变中，长州的浪人和武士试图劫走天皇本人，意图如他们所言，是为了清君侧，使天皇摆脱德川幕府这群逆臣的控制。我们无须详细地列举错综复杂的藩政问题，只要注意到这一点就够了：长州藩分裂成两派，一派是保守的俗论党，另一派是激进的开明党。开明党虽然在开始时历经失败，但最终获得了藩内的反封建胜利，清除了保守党的领导人。开明党随即掌握了长州藩的实际领导权，有权决定对幕府和宫廷的政策。开明党还重组了军事体制，以便抵抗1864年德川将军要发动的征讨。就在此事之前的不久，长州藩还是"攘夷"呼声最高的地方，长州藩所属的下关遭到了英、法、荷、美四国联合舰队的猛烈炮轰。这次炮轰事件成为长州藩的政策上，甚至是日本历史上的一个转折点。当时执掌长州藩政权的党派为开明党，他们迅速和外国的列强握手言和，他们并没有对现实政治这样粗暴的教训抱有怨言，此时，他们集中一切力量去和幕府抗争。[43]

在这千钧一发之际，一位年轻的武士在长州藩的政务中脱颖而出——高杉晋作（1839—1867），他或许可称得上是当时日本最杰出的

43　尽管长州有强烈的排外情绪，当权的政党（开明党）是以激进的年轻武士为代表的，但其中的伊藤俊辅（后来的伊藤博文公爵）和井上馨刚刚从欧洲留学归来，他们两个人竭力提倡与西方各国保持友好交往。因此，在下关遭受炮击后，长州藩的领导者们放弃了排斥外国人的方针，转而像萨摩藩一样潜心学习西方科学和技术。参阅本书第二章注释85。关于长州藩和反德川幕府斗争的细节，参阅竹越与三郎，前引书，卷三，第355—364页。另可参阅《明治维新史研究》中渡边世祐的《维新变革与长州藩》，第625—683页。

军事天才。[44] 尽管他因患肺病在明治维新前夕便英年早逝，但与他交往的好友都成为明治时代的伟大人物：大村益次郎（1869）和广泽真臣（1871），他们两人皆为明治政府的大臣，也都惨遭暗杀；品川弥二郎、木户孝允（1878）、伊藤博文、井上馨、山田显义和山县狂介（后来的山县有朋公爵）等。

高杉晋作以非凡的谋略战胜了幕府将军的军队，他率军在1864年至1865年的战役中获胜，让威望所剩无几的幕府彻底颜面扫地。他在这次战役中所用的是奇兵队，这是一支由高杉晋作和他的部下招募、训练的义勇兵队伍。这支奇兵队的革命热情在于：它的各级军官和士兵皆来自非武士阶级的社会等级，这支队伍由富农、小市民和形形色色的浪人组成。历史学家拉·马兹来西尔（La Mazelière）如此描述高杉晋作和他的奇兵队："然而同时在长门爆发了一次叛乱，叛乱领袖为高杉晋作。高杉晋作是开明党的一位人士，早在数年前他就动员武士、浪人和一般平民组成奇兵，这些游击队似的奇兵队中，兵员都领取军饷，所有着装、武器和训练方式都效仿欧洲军队。"（原文为意大利文。）[45]

由于击退了德川将军的封建军队，这支奇兵队证明了在日本国内并不是只有武士有知兵善战的能力，这一观点推翻了之前的历史和传统。以此意义来讲，奇兵队是1873年实行普遍征兵制的先驱。[46] 其次，奇兵

---

44 长州藩的许多年轻武士都是吉田松阴（1830—1859）的弟子，而吉田松阴则沿袭了长州藩内村田清风的激进观点。这种激进论掺杂种种保守论调，经常是以极度的排外和扩张为表象，同时在对外交往、经济改革上，尤其是军事改革方面又有非比寻常的远见。这种激进和保守的融合留存在吉田松阴的精神继承者们身上，特别是日本陆军的"青年将校"团体，但现在又有许多其他相互矛盾的因素交织到原本相对单纯的融合物中了。关于吉田松阴的生平和其思想，参阅亨里奇·杜默林，《吉田松阴（1830—1859）：有助于了解明治维新精神渊源》的文章，载于《日本纪念刊》卷一第二号，东京，1938年7月，第58—85页。另可参阅贺瑞斯·柯尔曼，前引书，《亚细亚协会纪要》卷四十五上卷，1917年9月，第119—188页。
45 拉·马兹来西尔，前引书，卷四，第308页。
46 大村益次郎是高杉晋作的好友之一。大村益次郎后来出任明治政府的兵部大辅，倡导效仿法国军制。因为大村益次郎主张废除武士在军事上的封建特权，提倡现代的征兵制，这极大激怒了反对新军制的武士阶层，最后，他被立激武士所暗杀。山县有朋是高杉晋作和大村益次郎的战友，他最终实现了两位老师的兵制规划。关于大村益次郎对山县有朋的影响，参阅小川乡太郎，《日本征兵制》，纽约，1921，第7—8页。

队给商人、富农等各级平民以施展才华的机会,从而争取到了这些人的忠诚和为购买现代化武器而迫切需要的经济援助。[47] 奇兵队也树立了现代日本军事官阶的首个典范。长州奇兵队彰显了军事改革的效果,这更有助于世人理解日本军事官僚的功用和历史。这支长州平民部队,由贫穷武士、浪人、农民和町人组成,有町人的充分财力作后盾,被下级武士中的年轻武士领导,是明治政府和当时日本社会各阶层交错掺杂、相互影响的微型缩影。事实上,维新之前在长州藩内的党派斗争——开明党与俗论党的斗争,是全国规模斗争的一次演习,象征西化、现代化的新兴势力起身对抗保守、孤立的老派思想。长州藩开明党的胜利,是1867年至1868年及以后数年内同样势力在全国政治舞台取得胜利的先声。[48] 合力推翻德川幕府的几大强藩,也正是采用藩专卖制度取得商业和重要实业长足发展的各藩,这些地方的西方资本也最为实力雄厚。在这些藩中,萨摩、长州、土佐和肥前因为上述的重商政策而积蓄了坚实的经济力量。重要的实业包括手工产品、制糖、烟草和米的专卖。在萨摩藩,

---

47 一些富有的商人积极支持奇兵队,后来当长州藩在明治政府中居主导地位时,这些商人又与政界圈子联系密切。白柳秀湖,《日本富豪发生学》,东京,1931。这本书讲述了诸多这种商人和政界人士关系,但此书体裁近似新闻形式,因此无法被公认为权威著作,但书中内容描述生动,富有趣味。有一位叫野村三千三(他以商号"山城屋和助"知名)的商人和山县(后来的山县有朋公爵)交往密切,这在此书第18—23页中有所记录。另一位富有的商人藤田传三郎,其父来自长州藩,藤田传三郎以酿造清酒起家,后来进入高杉晋作的私塾学习,与高杉晋作成为密友,后来藤田传三郎慷慨地资助奇兵队,同前,第23—27页。

48 高杉晋作虽然在维新之前就早逝,但他最亲密的同伴大村益次郎(参见本章前文注释46)在明治政府担任兵部大辅这样的高职位。大村年长高杉晋作十四五岁,曾师从西学名家绪方洪庵,学习荷兰文。大村益次郎虽然在长州藩内的地位比高杉晋作高,不过这位年轻的武士无论在名望和才识上都超越了他的前辈。高杉晋作居住在江户时,他学会了火炮技术,并掌握了西洋军事理论的精髓,成为战场上无人匹敌的谋略家。奇兵队的辉煌胜利,让长州藩在新政府中地位显赫,因此长州藩有识之士都位列高职,如山县有朋、大村益次郎、广泽真臣、井上馨、伊藤博文和前原一诚等。参阅白柳秀湖,前引书,第22—23页。

读者若有兴趣了解更多奇兵队的故事,可参阅竹越与三郎,前引书,卷三,第364—370页;默多克,前引书,卷三,第748—750页。也可参阅象山口谦(化名)著,萨道义译,《自1853年佩里海军准将出访日本至夺取北海道之间的日本史》,横滨,1873,第58—60页。以及参阅格宾斯,《日本的进步》,牛津,1911,第161—165页。另外,有一本编纂成四卷的奇兵队文献集,由日本史籍协会编辑整理,取材于奇兵队中卓越人物的日记和信函。此文献名为《奇兵队日记》。奇兵队的起源在此文献中的第一卷第二部中,第79页及后文。

比较盈利的实业有开矿、纺织工厂和商品专卖。[49] 在土佐藩，两替屋*和货币兑换处比比皆是，货币经济已经渗透入封建社会各个缝隙。[50] 除此之外，土佐藩还以造纸和各种农产品著名，农产品有靛蓝染料、木蜡树等。此外，土佐地区还以严格的专卖制度而闻名。[51] 长州藩所辖领地横跨下关海峡，而下关海峡是朝鲜、中国与大阪的海运必经之地，因此长州藩得以凭借商贸垄断和交通独占积累大量财富。肥前的佐贺藩是有田陶器制造业的中心[52]，同时，佐贺藩也是在荷兰人指导下进行枪支制造的先行者（1842），同样也是使用反射炉的领头羊（1850）。[53]

在这些藩中，勤王党日益表现出反对幕府的情绪，并最终主导了藩内政权。与反幕府风潮一同席卷各藩的还有藩政上的激进式改革，改革的目标是效仿长州藩。这些藩内，年轻的武士和藩的御用人（一般是藩内财政助理或顾问）推行改革，这些人成为藩内官僚，他们能干、公正、专横、忠于皇室，而且带有浓厚的军人习气。藩内改革标志着藩内的陈旧领导、迷信传统、狭隘视野的失败。同时，藩内改革也将具有同一倾向的各藩团结成一体，这代表着中央集权的第一步已经迈出，而实行中央集权是明治政府的最大成就之一。

49　萨摩藩也是造船业的先驱者。在1845年，萨摩藩的领主秘密（因为此时幕府仍对建造航运船舶实行禁令）建造了两三艘西式海船。参阅茂木惣兵卫、维尔·雷德曼，《远东问题》，伦敦，1935，第44页。

*　货币兑换机构。——译注

50　T. B. 格林南，《土佐的封建土地占有制》，载于《亚细亚协会纪要》卷二十第一部，东京，第247页。

51　堀江保藏，《我国近世的专卖制度》，第24页、第54页及第275页。

52　同上，第11页。

53　桑瑟姆将这种藩政的倾向总结如下："各藩大名债台高筑，于是都寻求各种方式赚钱、省钱。许多大名鼓励藩内发展工业，例如棉纺织、生产特种丝织品等，逐渐地，许多武士阶层的人们都开始领悟：他们只有采用商人的方法，才能摆脱商人的债权束缚。"前引书，第512页。各藩的垄断专卖风气如此盛行，以至于作为旁观者的外国人都一目了然。S. 卫三畏是入驻中国的先驱传教士之一，他作为翻译陪同佩里前去日本，他曾写道："富人所占比例也许很小，社会上的财富大部分由贵族或垄断阶层占有，大众工业的建成多半是利益驱使。"理查德·希尔德雷思，《日本的今昔》，波士顿，1855，第561页附录《日本的物产》中卫三畏的注释。

关于军工方面工业化情况，奥查德写道："起初新式工业之所以引起各藩大名的注意，是因为他们想把增强国防的希望寄托在工业上。"约翰·E. 奥查德，《日本的经济地位》，纽约，1930，第92页。

从经济角度来看，这些藩内改革在拯救藩内财政免于破产的同时，进一步加强了垄断专卖，而不是降低、削弱了专卖行为，所以这给农民和手工业者带来更加沉重的负担。[54] 这些藩内改革，与解放农民负担相去甚远，相反，为了给制造业商品提供国内市场，垄断商通过专卖制或将贡米换成货币的方式来维持高物价，同时又征新税，加重了农民的苦难。因此，在这些富足的倒幕各藩内，纵然商业资本实力雄厚、工业化生产也已初具规模，但在这些地区农民发生的叛乱最为激烈、持久，这绝不是偶然的。[55] 为了镇压叛乱，大名只好向武士求救，而对武士而言，虽然经济上愈加困难，但他们还是认为和统治阶层的关系更近，与反抗的农民关系远些。[56] 如果认为一些先进的大名因为从早期的重农政策转变为重商政策而使其财富增加，并一举成为现代企业家，或者认为大名领地上的农业因此变为独立的农业劳动者，那就大错特错了。这种重商倾向表现出两种现象值得我们注意：一是资本家阶层因发展受到阻碍而向一部分封建统治阶层靠拢；二是一种从封建经济向资本主义经济转变的社会转变是以土地关系上最低限度的变革来完成的。各藩的改革实现了，但既不是人民反抗推动的，也不是人民选举代表参与主导的，而是由少数

---

54 从1868年至1873年过渡时期各县地税的增减数据，我们可以推论出文中的事实，这些数据是地税法案修订前的统计数据。因为在过渡时期内，征税方法和税率实际上都原封不动，所以我们可以放心地说，在这一时期，无论什么地方的税率，不论宏到何种程度，都和幕府末期相同。关于这个问题的统计表中，有以下各项：县名、县内旧藩的数量、旧制度下社会各县内的税费小结、地税法案修订后税率或增或减的数值。当我们仔细查看旧日各大外藩所属的各县时，我们会对以下方面格外留意：在山口县（长州藩过去管辖的六个藩中）内，旧制度下的地税极为严重，地税改革后减少了118,970日元。在高知县（之前是土佐藩的领地），税制在各辖地比较一致，但税率很高，地税改革后减少了390,879日元。在鹿儿岛（包括萨摩藩的七个藩），各辖地税率不一，但整体税率偏高，地税改革后减少了283,093日元。这一统计表中的比较数据令人惊异：经过1873年的地税改革，在多数县中，明治政府的地税（包含地方税）并没有比旧体制的税率明显降低，这里的旧体制税率是指德川幕府时期以及在1873年之前的明治初期地税税率。以上数据来自我妻东策，《明治前期农政史的诸问题》，东京，1936，第57—60页的一张表格中。关于维新后的税费问题，参阅本书第五章。
55 关于反对藩专卖制度的农民起义和市民叛乱的情形，频繁出现在记录德川时代的著作中。参阅波顿，前引书，第25—26页。1811年至1812年，在九州地区爆发了一场反对"官商勾结、扩张势力"的暴动。同前，第19页。叛乱农民提出最寻常的要求：取消独占专卖制。同前，第71—72页、第75—76页及第179页。
56 千百年来，农民对骑在他们头上作威作福的武士深恶痛绝，所以"打倒武士"这个口号在农民叛乱中十分常见。参阅桑瑟姆，前引书，第510页。参阅本庄，前引书，第51页。

军事官僚一手打造的。这些人沿袭了专断、独裁的政治倾向，他们具有远见卓识地认识到在外国威胁的面前，必须实行彻底的军事和经济改革，还必须建立一个专制的中央集权的政府，这是在面对持续的社会动荡时能够迅速、果断地采取措施的唯一手段。这些军事官僚的立场驱使他们采取"铁腕当国"的信条，换句话来说，他们奉行开明的专制主义。因此，从最开始，甚至明治维新的过渡时期，日本都没经历过自由主义时代。唯一能够将分散的封建势力集中到一起的，是天皇，而能完成维新大任的机构便是四大外藩的藩内官僚，诸如出自长州藩的木户孝允（也被称作桂小五郎）、井上馨、前原一诚和广泽真臣；萨摩藩的大久保利通、西乡隆盛、黑田清隆和寺岛宗则；土佐藩的板垣退助、后藤象二郎和佐佐木高行；肥前藩的大隈重信、江藤新平和大木乔任。肩负维新使命的，还有少数公卿，其中以岩仓具视和三条实美最为著名。这里我们有必要回到本章开头谈到的观点：明治改革的政治领导权掌握在下级武士手中，但这场维新变革的背后经济推手，则是三井、住友、鸿池、小野和安田这样大商人那日益递增的财力。[57]

第六节 明治初年的农民运动（1868—1877）

读者不禁要问，占人口大多数的农民阶级在维新变革中处于何种地位呢？尽管明治维新意味着从封建制到现代资本主义的划时代变革，其中政治方面的革新首先也是最重要的目标是为萌生于封建社会的资本主义幼芽扫除主要障碍，但若认为完全成熟的工业化社会会紧随政治改革的成功而出现，那便是对历史的误解。自然资源贫乏、资本积累又薄弱

---

[57] 关于明治维新时，武士的领导和町人的财力支持，参阅堀江保藏，《日本现代资本主义兴起的概要》，载于《京都大学经济评论》卷九第一号，1930年7月，第99—101页。另可参阅加田哲二，前引书，第10—12页。

的日本在孤立和封建愚钝中沉溺太久，觉醒太迟，所以建立起中央集权的国家之后，需要经历较长的过渡期才能创办起政府扶植的工业，并建立起以工业为基础的国防军备，修订关税，还有最重要的，解决武士失业和农民不满这类社会问题。这场政治革命清除了封建荆棘，为现代工业化社会奠定了基础。然而这场革命却不像法国那样，不是城市中普通平民和失地农民进行社会起义而取得的胜利果实，而是以武士和御家人[*]为代表的外样大名——这一封建统治阶层和富有的城市商人之间妥协的结果。这里不是要低估农民暴动对打破德川封建束缚的影响，但是和法国的农民起义不同，日本的农民起义没能完全斩断封建羁绊。所以在明治维新之后，农民的处境并没有多大改观。在明治维新中，各社会阶层的处境被一位日本作家绝妙地总结出来："从明治维新前期农村和农民的社会经济情况来看，下级武士是参加革命的实行人。其次，在武士背后的是以经济支援者身份来协助武士的町人，人口占大多数的农民却被置身于革命之外。"[58]

日本的农民阶级，在面对维新变革中瞬息万变、层出不穷的戏剧性事件时显得不知所措，并没有从新政权中享受到任何实质利益。事实上，农民暴动比以前更激烈了，大概是因为他们的希望落空了，原本寄希望于旧政权推翻后他们的贡赋和债务能够有所减轻。新政府曾向农民允诺，会将所有官地（不包括寺庙的）分发给农民。[59] 但农民很快就发现，贡米的负担并没有减轻[60]，分配官地也只是奢望。摆脱旧政权桎梏的希望化为泡影，同时，新政权的宗旨和改革又高深莫测，农民阶级失望到极点，再次走上反叛之路，这样的农民暴动已成为明治维新头十年的

---

[*] 即大名或旗本的管事或顾问。——译注
[58] 池本象雄，前引书，第209页。
[59] 这是1868年太政官公布的一道布告中主要内容。布告的原文被大渡顺二引用，参阅《官属林地的问题》，载于《改造》，东京，1936年1月，第2节，第52页。
[60] 参阅黑正岩教授，《明治初年百姓一揆》，载于《明治维新经济史研究》，本庄荣治郎编，东京，1930，第717页。

特征。就激烈和频繁的程度而言,农民暴动在1873年达到顶峰,此后逐渐减少,到1877年至1878年间,农民叛乱变成小规模、无足轻重的骚乱而已。因此,1877年成为分析明治初年农民反抗运动意义的明显分界线。黑正岩教授指出,在德川幕府统治的265年间,农民起义次数不足600起,而明治初年的前十年(1868—1878),农民起义的次数却高达190起。[61]明治初年的农民暴动最引人注意的特征是,参与暴动的农民是由两种矛盾的力量驱使的:一种是革命的,即反封建的力量,目的是根除土地上的封建特权以及行使封建特权的人;另一种是反动的,这样说是因为许多起义源于思想保守的农民,本能地反对新政府所持革新之举。[62]

的确,初看之下,许多反抗的活动似乎只是对现代化社会的诸多方面表示不满。在政府宣布实行改革的公告后,例如改革历法、废止结发、解禁基督教、解放秽多*、接种疫苗、设立公共学校、实施征兵制、丈量土地、调查户数等,便会出现民众的骚乱和滋事。农民往往被无稽的谣言所煽动,诸如调查户数是为诱拐妇女做准备;1873年的征兵令中"血税"一词被断章取义地理解为:一旦参加军队,就会被杀死,然后抽血

---

[61] 黑正岩,前引书,第707页。
[62] 藤井甚太郎和森谷秀亮合著的《明治时代史》被公认为优秀的明治时代史籍,编入《综合日本史大系》卷十二,东京,1934,第524页。文中明确指出这些农民起义不具任何革命性意义,所谓革命性是指有推翻当政统治者的意图。除非有任何形式的诉求和口号记载,否则凭空推测这些农民叛乱活动的政治意图显然没有意义。我们也许可以放心地说,这些暴怒的农民或许没有明确的政治目标,但他们均减少封建贡赋的斗争,在一定程度上促成了1873年至1877年间的税制改革,的确反映了人民反抗封建剥削的其中一方面。这些农民起义目的是推翻当政的统治者,随即建立与德川幕府一样但名字不同的政府代替原政府,从这点来说,农民起义又站到革命的对立面。拉·芬底起义(La Vendée)就是欧洲地区此种类型的农民起义。但黑正岩教授在评价农民起义时,所持观点与藤井甚太郎和森谷秀亮两位教授的不同。黑正岩教授认为,某些武士(并非农民)发觉在新的社会环境中没有他们的地位,因为武士们向往回到武士阶层是掌权精锐的旧政体中。黑正岩,前引书,第712—713页。某些武士企图利用农民起义实现自身的野心,如果这种类型的起义成功,无疑会阻止新政权的进步步伐,因此,这种类型的起义可以认定为反革命,至少是反动的。关于武士们试图领导农民运动以达到自身意图,在文献中有确切说明,参阅吉川秀造的《明治政府的士族授产》,载于《明治维新史研究》,第580页。

另可参阅格里菲斯,前引书,第182—183页。
* 秽多是旧社会中日本被隔离的游民阶层。——译注

运往海外,去给红地毯做染料;电话线和电报线是用来输送血液的;儿童被成群地聚集到新学校中,也是为了要抽他们的血。[63]但细究起来我们就会发现,这些老妪式的荒诞谣言,还有歪曲政府为实现现代化而执行的优良政策,不过都是引燃暴乱的火花而已,无论如何,这动乱的火焰会溅落到最富有的高利贷商、侵占村民土地的村长、旧封建领主那蛮横官吏的身上。在推行新历法时,人们的愤怒情绪很容易被激发,因为他们担心高利贷商会趁改革的机会巧取豪夺,而这种担心也情有可原。[64]人们对于教育制度的反感,大概是因为政府创办学校难免要增加地方税。征兵制,意味着农耕的劳动力会变少。征兵制虽然允许农民也可以配备武器,这让农民感到荣幸,但却让武士引以为辱,因为武士常常将自己定位为农民起义的领导,以对抗胆敢侵犯武士专有军事特权的政府。反对土地测量的原因就更显而易见了,4000万日元的总税收中,有3500万日元来自土地持有人。[65]旧藩主将治理藩内的权力转让给由中央政府任命的县官,与其他方面的改革措施一样,农民带着复杂的情绪被迫接受这种改革。倘若原来的领主有仁善的声誉,农民们就会强烈反对领主离开,抵触由不知底细的新人执政。[66]但如果是在藩内受到憎恨的领主,其离去则会成为人们欢欣和解脱的时刻,甚至旧领主的宅邸会遭受农民们的袭击。[67]其他直接的骚乱例如反对废止流放秽多、反对基督教解禁、反对接种牛痘疫苗等,显然是人们因沉浸于千百年来的迷信、旧封建社会的盲

---

63 黑正岩,前引书,第709—710页,第719—720页。
64 关于历法改革引起的骚乱,参阅池本,前引书,第223页。还可参阅藤井甚太郎,《日本宪法制定史》,东京,1929,第180页。
65 拉·马兹来西尔,前引书,卷五,第118页。
66 黑正岩,前引书,第718页及第724页注释6。
67 W. E. 格里菲斯的一段亲眼所见的记事,栩栩如生,参阅拉·马兹来西尔,前引书,卷五,第98—100页。在1871年,日本备后地区的农民以"恢复备后的地方官员"为借口,"袭击了村长和富人的家宅"。波顿,前引书,第127页。

在冈山地区,农民要求旧藩公(即大名)复位和减轻租税。参阅格雷戈里·威林金,《现代日本的政治和经济组织》,东京,1908,第14页。这些农民叛乱有一个共同的特征,不论当时农民直接反对的是什么,例如撤换仁善的藩主、解放秽多、废止佛教、实施征兵令或是创办公立学校等,总会同时夹带其他各种各样的怨言,其中反复出现的要求便是"减轻我们的租税"。

从、佛教教义而表现出的顽固的偏见。[68]

黑正岩教授认为，这一时期农民叛乱的根本原因，必须要与偶然和意外的因素区别开来，虽然这些因素是紧密关联的。[69]即使仅仅粗略地回顾1877年之前的农民叛乱，我们也能看到，它是反动与革命、迷信与阶级利益的精明估计的奇特混合物。农民起义的主要斗争目标是高利贷商人、米经纪人、村长或代表领主的蛮横官吏，总之，反对一切封建压迫的化身。但不可否认的是，农民起义也有其阴暗面，原属于封建势力中的许多武士，因为没能从明治政府谋得资金或者官职，转而希望回到武士掌控政权的旧社会。武士们足够了解农民的心理，因此武士们借助农民起义去实现反对政府的活动。[70]这十年间，农民运动的共同点是：顽强地反抗地租、高利贷和过度征税。反封建暴动从明治维新之前一直持续到维新以后的根本原因，可以总结为如下：农民所承担的封建租税重担，甚至在1869年明治政府实行"版籍奉还"政策后，即使没增加，也保持不变，这就导致了在1877年地税改革前农民起义日益增多。在地税改革将税费负担降低以后，农民便不再付诸暴力抵抗。[71]关于农民的状况，明治政府表现出要改善的态度，但实际上，在

---

68 如净土真宗的许多佛教虔诚教派，都反对新政府的"反宗教政策"。会津藩（明治维新后收到最严苛待遇的德川系藩）的武士在农民之间散步新政府强烈反对佛教的谣言。这样，他们就把佛教问题扩大变成一个重大的政治问题，试图以此鼓动农民去反抗新政府，从而恢复旧政。1873年，在越前发生了最大规模的宗教性质叛乱。农业歉收或遇到某种自然灾害，很容易被人们解释为新政府反宗教政策而受到上天的惩罚。黑正岩，前引书，第721—722页。
69 黑正岩，前引书，第708页。
70 并不是所有武士都在等待推翻新政府的时机。绝大多数和最活跃的武士都是新政府的忠实拥护者，他们也竭力为生不逢时的同藩人谋求职位。尽管黑正岩教授告诉我们，武士们自觉地领导农民运动反抗政府，但他又指出，这样的农民和武士的联盟注定是失败的，因为这两个阶级的利益互不相容。黑正岩，前引书，第712—713页。实际上，1874年江藤新平领导愤懑武士发动反抗政府的起义，1875年前原一诚领导的起义爆发于长州。最终，1877年西乡隆盛领导的萨摩大乱使武士暴动达到顶峰。所有这些暴乱都是纯粹的反动行为，始终由武士支持。因此，武士的发展路径绝不是单一的、同化的：少数武士成为新政府的实际领导者；另一些武士参与到商业和金融行业中，其中很多人获得成功；有一些武士在政府机构中谋得下级官吏的职位；还有一些担任警探和军队将校军官；大多数武士成为新兴专业阶层的一员，成为教师、律师、政治评论家、文人等。还有很大部分的武士阶层沦落为贫穷的农民、工匠，甚至是苦力。
71 地税问题和1877年以后的农民运动将分别在本书第五章和第六章讨论。明治政府延缓实行减税的理由，参阅 J. H. 格宾斯，《现代日本的形成》，伦敦，1922，第101—104页。

维新后的最初数年间，明治政府并没有过问。事实上，我们也许可以这样讲，在封建制度下，虽然农民缴纳租贡的负担沉重，但这已成为长久以来的传统，而且有一定的灵活性（如果遇到歉收的年头，领主可以不收全租）；但是，在明治初年，土地征税的税率同封建社会末期的税率相同——约为产出的60%至70%，这样的高税率在全国范围内被定为法律，而且不论年景收成好坏，一律严格按照法律征税。[72] 新政府只是将原来的租税纳入法律条文中，并统一执行，并没有进一步革新的措施，这点可以从维新初年（1868年8月）太政官发布的征税行政公告中体现出来："一切仍须按照诸藩租法旧例办理。"[73]（这当然是1873年之前过渡时期的临时办法，1873年维新政府修订了土地税事项。）有些历史学家甚至认为，在维新后，耕作者的净收入甚至比德川

72　法律将封建高租贡比率确定为税率，引发了明治初年最激烈的农民暴动。最引人注目的要数松平氏的高崎藩（现今群马县内）的农民起义。在这个藩里，在明治维新前的二十多年间，农民要交的租贡高达收成的80%。明治政府将如此高的税率定入法律，并且实施，酿成了1869年高崎藩及其附近的一系列农民暴动。土屋乔雄和小野道雄合著，《明治初年农民骚乱录》，东京，1931，第42—43页。
　　1870年11月在兵库县爆发了同样要求减轻封建租贡的农民起义（同前，第309页）；1871年大分（第576页），同年的三重（第271页），都发生叛乱；1872年秋田县爆发了规模最大的农民反抗（第93页）。
73　引自平野义太郎，《日本资本主义社会的机构》，东京，1934，第274页。另参阅小野道雄，《明治维新农村社会史》，第25—30页，特别是第26页。

时代的还少。[74] 攻击经营土地获利的高利贷商和富商，同样是农民反封建的另一方面，不过这种不加掩饰的阶级仇恨却往往披上宗教或迷信的外衣。[75]

比较富足的几大倒幕强藩加强了对垄断事业的控制，还创办了一些小型工业企业，以此来改组他们自己领地的经济和财政。同样在这些藩内，剥削农民的情况比之前更严重，而且比起其他靠自然经济营生的落后藩，这些藩的农民起义要更广泛。[76] 正如藩政改革的情形一样，明治维新是由精明的武士集团自上而下实行的，作为开明官僚阶层的武士，主要根据下表中的土地税为物质基础，从而进行改革。[77]

---

[74] 关于农民净收入减少的情况，下列表格能充分说明。（平野义太郎，前引书，第28页）

生产物的份额	德川时代	地租改革时期	1876年减税时期
国家	37（37）	34	30
地主	28（20）	34	38
佃农	35（43）	32	32
合计	100	100	100

当然，明治时代国家收取的份额即为封建领主的份额。作者对封建时期的生产物分配的估计是以小野武夫的分析作为基础，《德川时代的农家经济》，第183页。上表括号中的数字是基于小林平左卫门的《德川时代农民的租税和佃租》一文，载于《农业经济研究》卷四第三号。

还有一张表格说明了明治初年这一分配问题，不仅进一步证实了上面表格中的分配比例失衡，还指明在明治时期，全国范围内地主在农产品的分配中逐年的分配份额。

生产物的份额	1873年地税改革的年份	1874—1876年平均数	1877年减税后的年份	1878—1883年平均数
国家	34%	13%	18%	10%
地主	34%	55%	50%	58%
佃户	32%	32%	32%	32%

土屋乔雄、冈崎三郎，《日本资本主义发达史概说》，东京，1937，第68页。

[75] 所以，在1873年福井的宗教骚乱中，人们趁乱将记录土地所有权的文件烧毁，还把高利贷商和富商的家宅洗劫一空。参阅土屋、小野，《明治初年农民骚乱录》，第243页。这就是本章第68条注释所提到的那些骚乱。

[76] 参阅本章注释55。

[77] 以上这些统计数字出自高桥龟吉、山田秀雄和中桥基金编写的《明治大正时代农村经济的变迁》，东京，1926，第151页。

日本税收比较表

（按五年平均数，以百分比计）

年份	土地税	营业税	消费税（国产税）	遗产税	关税	其他	总计
1875年—1879年	80.5%	3.1%	7.9%	—	4.3%	4.2%	100%
1880年—1884年	65.6%	4.4%	21.8%	—	4.4%	3.8%	100%
1885年—1889年	69.4%	3.8%	20.2%	0.7%	5.2%	1.4%	100%

* 此统计并非由作者本人完成。

由此可知，特别是在过渡时期，农民不但没有从最典型的封建束缚中解脱出来，反而要额外负担新政府的大部分开支。此时日本大体上仍是农业国家，财政紧缺导致政府在很大程度上依赖从富商那里借的款项。当我们认识到当时的这些国情，就会很自然地理解政府为何会指望将地税视为财政收入的主要来源，此时地税已经集中到政府手中，政府还统一了税率标准。这时，过去的重担再次压到了农民肩上。德川统治带来的封建束缚限制了商业资本的积累，为了实现现代化国家的事业，新政府无奈将农民阶级列为财政收入的主要来源。与此相反的是，英、法这样的国家的资本积累，是通过对外贸易和早期的殖民地掠夺完成的。[78]正因如此，这些国家的农民阶级没有日本农民肩负的这些重担。[79]除了封建租税这一关键问题之外，农民还受到高利贷商的压榨，并且在现代警察队伍没有创建之前，农民要受五人组的控制。五人组是农村的最低行政单位，是一种由村长监督、强调对集体负责的压迫制度，成立的目的是

---

78 本多利明（或称本多俊明），是德川时代最早意识到应该废除锁国政策、进行对外通商的日本思想家之一，他以敏锐的洞察力看到锁国政策是以给农民人口施加更大压力为代价的。这位思想家虽然没有任何西方政治经济学的知识背景，但他反复提出的许多观点正是西方重商主义所倡导的。本多利明曾在18世纪末写道："日本……农民日益贫苦，于是成为大势所趋。"引自本庄荣治郎，《幕末时期的日本海外贸易》，载自《京都大学经济评论》，1939年4月，卷十四第二期，第4页。另参阅本书第四章，注释11。

79 关于此问题的明确论述和数据证明，参阅堀江保藏，《日本现代资本主义兴起的概要》，特别是第105页。另参阅土屋和冈崎，前引书，第49页。

方便巡逻、讨债、征税等。[80]某些附属于封建制度中地主与佃农关系的严格措施，在维新之后仍然存在，比较明显的措施有镰止、立毛刈、取方禁止（这些名目都指地主禁止欠租的佃农收割庄稼，在这种情况下地主会雇工收割佃农的农作物。）以及小作株的收回（这里指地主有权不租给农民土地，这是为地主强索地租而开辟的特权）。[81]

在最初的过渡时期，农民不得已扛起双重负担——政府仍未摧毁的旧制度负担，还有要在旧制度上筹建中央集权式新政权的负担。正是这双重负担的压迫，导致在维新后的最初几年中，农民反抗旷日激烈。如果我们牢记这一点，便能更好地理解这些农民暴动的矛盾属性，或许还对我们理解现代日本农村问题有一些启发。尽管1876年实行减轻地税的政策和中央集权政权的强化措施平息了明治初年的风暴，可是在上面所讲的独特国情下，日本农民没有经历过1789年的法国大革命，就从封建旧制度过渡到了新制度，这在日本农民身上打下不可磨灭的烙印。日本农民运动的两面性在1868年至1876年间体现得尤为明显，此后虽然不那么明显，但农民运动依然表现出革命与反动两个方面。外国记者常用"激进的"这样模糊的词汇来形容农民出身的日本军人的"反资本家"意识，读者无法确定这种激进属于左倾还是右倾的（当然，大多数作者都是指右倾，即极端民族主义的法西斯）。在小规模农业、高额地租和没有完全丧失封建色彩的地主关系的情况下，日本农民根本不知自由、平等、友爱这类醉人又动听的词汇为何物，而是易受家长式专断和排外主义思想的影响，而这样的思想却不容易撼动法国农民的内心。1789年的法国农民，同样被束缚在地主的奴役之下，缺乏独立性，大体上也很保守，但与此相比，日本农民缺

80　小野武夫，《日本村落史概论》，东京，1936，第373页。虽然正式的名称有所变化，但这些职位的职能往往是一样的。例如关于村长的一些旧称呼，如庄屋、名主、年寄等都被废止，取而代之的是1872年5月所定下的"户长"和"副户长"。但这些村长一如旧社会的村族首领，是村落一带的富商、富农和高利贷商，假公济私的情况非常普遍。参见岩崎卯一，《日本政治史上的推动力量（1867—1920）》，纽约，1921，第101页。关于村政方面的变革，参阅麦克拉伦，《日本公文集》，载于《亚细亚协会纪要》卷四十二上卷，1914，第255页。另参阅小野武夫，《明治维新农村社会史论》，第155—157页。
81　平野义太郎，前引书，第277页。

少土地，不堪高额地租和苛捐杂税的压迫，从而表现出来的暴力激烈程度，足以震撼法国农民。我们不妨回想一下19世纪的西班牙农民，他们为了宣泄对收租地主的仇恨，纵火烧毁了教会，还袭击了贵族的府邸，这些西班牙农民的疯狂举动，源于他们所迷信的断章取义的基督教义，并幼稚地相信在神通广大的圣徒保佑下，他们会无往不胜。

第七节　明治维新的领导者——下级武士

在前一章和本章上文的内容中已经隐约提到了下级武士的历史角色。在大阪和京都大商人经济资助下，下级武士成为明治维新的实际领导人。现在我们有必要探讨一下武士领导阶层的复杂属性。

上文已经说明了在倒幕的几大藩中，下级武士是如何掌握藩政实权的，这些下级家臣在改革藩政，调整藩内经济政策的方向，并和其他藩的武士联合，共同为维新而奋斗。维新之后，这些下级武士虽然没有占据新政府中的最高职位，却依然以家臣或顾问的身份把持朝政，就像幕府时代在藩内侍奉饱食终日的藩领主那样。关于这点，我们引用一位洞悉明治历史的史学评论家的原话比较适合："由于传统二元制统治，当天皇为统治元首时，天皇无法亲掌国政，当时他的宫廷左右也没有一人有足够的能力替他分忧。各藩名义上的领袖——大名，关于这点的情形也类似天皇。这些大名身体羸弱，视野狭窄，的确有少数精力充沛的领主，但他们缺乏政治家的才干。萨摩藩领主岛津既保守又妄自尊大，不能期待他有什么作为，因此伟大的西乡隆盛，名义上仅仅是岛津的侍从，实际上却是藩内实际的领导者。所以，唯一有资格指导新政府的人物便是武士，他们虽然没有占据高位，但却操持实权。"[82]

82　麦克拉伦，《日本公文集》，序言，第29页。

然而，若以为政府职位中有大量武士群体，那就大错特错了，只有一小部分武士在新政府谋得职位，成为公职人员或行政主管。在1870年，日本总人口约3,430万人，本来的武士或卒*的家庭有408,823户，人数有1,892,449[83]，占总人口数的5%至6%。与法国大革命时期的贵族占总人口数的比例一对比，这一数据十分耐人寻味。被历史学家称为法国贵族的人数，包括贵族和神职人员在内，共有27万人，贵族家庭有25,000户至30,000户，人数约占14万，神职人员约有13万，贵族特权阶层（27万）占人口总数2600万[84]的比例为1%至2%，单纯贵族占人口数量比重为0.5%至0.6%。需要注意的是，这一对比中，我们将法国神职人员归入特权阶层内，而日本的僧侣则未被计入统治阶层。日本僧侣，除沙弥和尼姑以外，在1884年有神道教神官16,092人，佛教僧官75,563人。[85]这些数据帮助我们加深理解以下情况，与大革命时期的法国相比，明治维新后没落贵族的势力规模是怎样的。

武士地位在德川末期已是朝不保夕，到维新之后，武士更是沦落到堪称悲惨的境地[86]。在封建社会末期，武士虽然是非农业生产阶层，但至少他们用武力来为领主服务，有一定的收入，如今维新变革却让封建家臣们走投无路。尽管大部分维新的领袖都出身于下级武士，但这一阶层脱离了除小手工业之外的所有行业——武士家庭通常从事漆器、纸、织麻、灯笼等之类的手工业[87]，所以武士阶层无法适应任何新的生产方式。

---

* 卒（sotsu），下级武士。后来，当下级武士变为平民而其余编入士族或军人阶层之后，此名称被废止。——译注

[83] 文中对人口的预算是基于石井了一的文献记载，参阅石井了一，《日本的人口压力及经济生活》，伦敦，1937，第9页。1872年1月人口数来自《人口史》这一文章，数值为33,110,706，文章载于《日本经济辞典》，第862页。武士的户数与总人数来自藤井和森古两人的研究成果，载于《综合日本史大系》卷十二，第348页。在1872年同年，大名的人数为268人。

[84] 参阅伊波利特·泰纳，《现代法国的起源》卷一《古代制度》，巴黎，1878，第6版，第17页。在第529—530页中，泰纳对他如何得出这些估计数值予以说明。

[85] 日本僧侣的数量摘自《日本帝国统计摘要》，第2期，东京，1888，第69页。

[86] 1869年，政府解除了大名供养武士的义务，但保留武士的俸禄，改由政府降低标准后从财政中支发。拉·马兹来西尔，前引书，卷五，第124—125页。

[87] 土屋乔雄，《日本经济史》，第239页。

代替旧封建生产制度从事新型生产方式的，自然是大町人阶层。然而，这些町人在产业经营上并不成熟，在政治把握上也经验不足，只好仰仗国家创办工业，依靠旧封建统治人员，尤其是武士，来操持政务，处理国事。[88] 武士们并不像商人和农民（虽然这两者的地位形势完全不同）那样在新社会上有明确的立足之地，因此大多数武士无法形成独立的有别于其他人群的阶层。他们无论如何都得适应这种社会变革，有些改行从事中央或地方的公职人员、官僚、小商人、资本家、职业军人、农民、手工艺者、工业工人、政治评论家、神职人员、教师等工作。封建武士陷入现代社会的困境，成为一项重大问题，所以许多被剥夺生计来源的武士向往回到旧制度，这一心态不难理解。因为明治政府的要员大多出身于武士阶层，这些官员的首要任务便是为这些时运不济的武士同僚谋得一职，让同伴出任政府公职人员、县市行政官员、低级公务员、典狱官、侦探和警察等。结果是，整个国家机关都有武士势力的渗透；我们可以毫不夸张地仅举一个实例来说，现代日本的警察制度在创办之初，几乎所有的警员都来自原来的武士。板垣退助（后被封为伯爵）曾在一则奏章中偶然提及武士的地位："我国警吏之类的人，大多出身于封建统治阶层。"[89]

有一小部分人，例如涩泽荣一，多亏他们的个人才干和机遇，也或许是由于他们通过收养关系纳入町人家庭，得以成为实业家或金融家；

---

88 与法国大革命时期的法国资产阶级相比，日本的商业阶层还不成熟，其表现之一为：法国大革命尚有三级议会，在大革命的初期起关键作用，然而日本甚至连这样带有局限性的政治代议机构都没有。除了鸟羽藩的议民（人民代表大会）之外，日本就没有任何这类的政治机构了。明治政府成立初，在众多的行政建议中，鸟羽藩极力建议效仿本藩的行政组织，成立全国代表大会。该藩这一行政组织由藩议院和民议院组成，藩议院中设有议长、副议长和议院干事。值得关注的是，这一组织包括设有议民长的民议院又或者称为人民大会。这个大会的藩议院大概是武士和人民代表组成的，而民议院或许大多来自富商和富农阶层。鸟羽藩是最小藩中的一个，不过它临近京都，深受货币经济的影响，因此与其他藩内的商人相比，这个藩内的商人阶层会取得格外强势的政治地位。上面所述鸟羽藩的行政制度来自尾佐竹猛的《五条御誓问附政体书籍官吏公选》，载于市岛谦吉编的《明治戊辰》，东京，1928，第100页。
89 参阅板垣退助的上奏书，吉野作造主编，《明治文化全集》卷三，东京，1930，指原保造编，《正史篇》，第477页。关于宪兵队和警队中武士力量的详细叙述，参阅本书第四章注释29。

一些来自倒幕主力藩的武士足够幸运地被招募进御亲兵。此时的政府同样竭力安置、帮助这些武士。从1869年开始，新政府采取了一系列救济措施，例如给予武士小本借贷的权利，让他们得以成为小商人或成立小作坊，不过最普遍的办法是力劝他们去新型工业中做工头、经理，甚至是工人。政府也同样鼓励失业武士去垦荒，尤其是去北海道垦荒，如此一来，武士变成独立的农耕者。可惜这些举措都没什么效果。[90]

在新社会中，武士的地位各不相同，因此他们的影响常会发生冲突。首先，在被遣散的武士队伍中，许多人都期望在倒幕运动中的活跃表现会换取更好的机遇——成为军人或领袖，展现自身的才华，因此这些人经常把"举贤任能"的口号挂在嘴边。他们眼看着其他藩的武士出任政府显要职位，也惊愕地目睹现代化发展的迅速、旧式服装的废止、佩刀的禁止、各阶层法律上的平等以及实施普遍的征兵制等，这一切变化都意在摧毁武士的等级特权。这些大事件发生迅速，同时武士本身遭遇着让人辗转难安的经济困境，这两点共同激起武士们的愤懑情绪。有些绝望的武士和浪人，只从德川政权的压制统治中继承了世仇和暗杀的传统，因而他们就以恐怖手段作为规劝政府的唯一方法。[91]虽然暗杀和骚乱这样

90　吉川秀造，《明治政府的士族授产》，收录于《明治维新经济史研究》，第580页及下页。甚至在1869年实施版籍奉还政策之后，各藩主依然管辖旧日领地。不过这时，他们已获得政府任命的行政官员身份。然而武士问题尚未得以认真解决（参阅本书本章注释86）。在1871年，中央政府实行废藩置县时，武士问题才被严肃对待。政府在市、县行政机构中尽可能多地录用武士。吉川秀造，第590页。为了促进武士问题和其他问题的解决，政府于1871年12月公布了公民自由选择职业的法律。同前，第590页。这项法律意味着武士终结了作为独立阶层或特权阶层的存在。1872年，政府又实行自愿的家禄奉还政策。同前，第592页。政府启动将武士迁居北海道的计划，但没有执行多久便被搁置。同前，第594页。这样的士族归农计划大多无疾而终，举例来说，冈山县有144名武士从事开垦工作，但几乎没有一个坚持从事农耕的人。同前，第594—595页。1876年，政府实行强制的家禄奉还时，贫困潦倒的武士数量非常多。同前，第595页。1877年萨摩藩武士叛乱之后，日本通货膨胀形势严峻，武士们在贸易和金融方面毫无经验，其微薄年金所能兑换的货币又寥寥无几，因此除了极少数武士境况尚可之外，大多数武士都贫苦不堪。但最有魄力和年金额较高的武士们，成功地变身为首席企业家，在缫丝、纺织、茶叶和火柴制造等方面成为先驱者。同前，第624—625页。

91　明治初年的一些最杰出人物被这些武士暗杀。比较著名的被害人有大村益次郎，他因奇兵队而闻名，是明治政府的兵部大辅，在1869年被本藩的武士暗杀；横井小楠，明治政府的参议，同在1869年因自由主义政见而被暗杀；广泽真臣，明治政府的参议，于1871年2月被暗杀。1874年，岩仓具视遭袭击；1878年，大久保利通被刺杀，被视为萨摩武士反叛的尾声。上述被害者一部分来自明治初年被武士暗害的著名人士名单，参阅藤井甚太郎，《明治维新史讲话》，东京，1929，第269—270页。

的政治恐怖手段不能每次都达到他们的直接目的，但自此时起，暗杀袭击就成为日本政治活动中一种虽不受欢迎但人人皆知的手段。暗杀袭击曾是封建制度下唯一抗议的办法，于是这种办法也顺理成章地被带进新社会。而在新社会中，大部分官员是以前的武士，因此他们认为此传统不必加以否定和压制。[92]

第八节　因"征韩论"而引起的分裂

若以为武士全都是疯狂的恐怖分子，对于大多数武士来说，这是极不公平的误判。我们知道，日本的最大国家责任由四大强藩——萨摩、长州、土佐、肥前的武士承担。但在政府统治圈内，在日本发展路径的选择上逐渐出现了分歧：是沿着西方国家发展路线从事国内建设和实现现代化，还是选择立即实行武力扩张。政界中最有远见的人士，如大久保利通、木户孝允、岩仓具视等人赞成国内建设，而由三种政治阶层组成的一大群体人却倾向于对外扩张。这种分歧在是否要出征讨伐朝鲜的问题上出现激烈争论。被称为"隐世之国"的朝鲜，在1871年曾拒绝日本外交使节的要求。第二年，日本外务省副大臣花房义质率两艘军舰将几名遭遇海难的朝鲜人送还时，朝鲜政府接纳了本国国民，却出言侮辱了送还朝鲜国民归国的日本人。日本政界被这一事件激怒，提出"征韩论"（为严惩朝鲜而出兵征讨）的各党派于是鼓动政府立即出兵朝鲜。在政府内，有三支反对派支持"征韩论"：第一，是武士反对派，代表人是极右派的领导人西乡隆盛，还有后来秉持自由主义的板垣退助；第二，

---

[92] 一位细心观察明治生活和社会的法国记者卢多维克·诺多（Ludovic Naudeau），在总结了明治前二十年左右的重大政治暗杀事件之后，描述了有关此类暗杀的共性：对武力的崇拜使得世人不仅为这些凶手开脱罪名，还美化了罪行。他提到"历史谈话会"，这是一个拥护恐怖手段为宗旨的团体，他们送信给遭受袭击的幸存者，询问这些受害人是否爱国。参阅卢多维克·诺多，《现代日本》，巴黎，无出版年份，第八章，尤其是第89页。

是国权论派，以外务省的副岛种臣为代表；第三，是自由党改革派，以江藤新平、大木乔任和后藤象二郎为代表。第一派是主张扩张最顽强、最彻底的斗士。这一派人认为讨伐朝鲜可以缓解士族的不满情绪，可以作为解决国内问题的手段。1871年，日本实行废藩置县，1873年针对武士的自愿"家禄奉还"政策实施后，西乡隆盛最关心的便是日渐解体的武士阶层，西乡隆盛可以堪称是武士中的巴亚尔*。1867年至1868年间，在倒幕运动中受西乡隆盛动员、指挥的士兵，是这一派的骨干力量。第二派的势力来自外务省，他们的目的无须赘言，是为了挽回外交上的颜面。第三派的立场，初看起来似乎是矛盾的——以自由党的身份煽起发动扩张势力的战争。第三派是政府中的反对派，因为政府主要被萨摩藩和长州藩掌控，而产生大多数自由党改进派的土佐藩和肥前藩势力则比较薄弱。对第三派的人来说，远征朝鲜提供了一个打破萨摩和长州联合独占政府官职的机会，也正是因为他们目的是攻击被强藩独占的政府，他们才被称为自由派（参阅本书第六章第九节《自由党反对派的立场》）。1873年，日本政府领导人与欧洲、美国达成和平协议，这里不对此次访欧访美的外交细节做详细描述，我们需要注意的是"征韩论"引起的具有历史价值的问题。首先，以西乡隆盛为代表的旧武士阶层无论如何都要迫使政府采取军事行动，这样，武士的军事经验可以使他们再次回到军事领袖的地位，如此就可以解决武士阶层的社会困境。第二派的立宪主义或第三派的自由主义只不过是一副面具，他们仅仅是为了恐吓藩阀政府（由大久保利通领导的强藩控制政府），迫使强藩将政府官职分享给更多的贵族或武士阶层而已。换句话说，在面具背后的是和西乡隆盛极其相似的面孔。[93] 二者唯一的区别是：西乡隆盛出身于有优势地位的藩，

---

* 巴亚尔骑士（1473—1524）原名皮埃尔·泰拉伊，法国骑士。——译注

[93] 明治改革遭受双重攻击，先是极右翼势力（萨摩叛乱），在右翼失败后，又有极左翼势力（宪政运动），这一清情形被详细阐述，参阅 O. 泰宁、H. 尧汉，《日本的军国主义和法西斯主义》，纽约，1934，第一章，第25—35页。"同时，很多武士参加了宪政运动，他们认为这一运动是逼迫政府采取更加积极外交政策的方法。"同前，第31页。

因此他对打破强藩联合和实施社会改革并无兴趣；如果享受较少特权的那些藩能在政府高层职位中占得一席之地，我们不用怀疑就能知道，他们的动机同西乡隆盛的目的差不了多少。这段话引出了阻碍政党自然发展的一大问题，这些政党代表日本国内各阶层的利益。各党派往往是为了少数不满现状的藩阀政客的利益，有意为难政府而暂时聚集在一起的。日本宪政元老尾崎行雄曾针对这种特点说过一段极有说服力的话："东洋素有朋党的观念，而无公党的观念。政党是以议论国事和行其所见为唯一目的的人民团体。但是政党一移植到东洋，则立即沾染了朋党的性质，并非为追求国家利益而唯追求私利或个人利益是务，鉴于政党与藩阀相交结，或利用铁道港口的建设……以为扩充政党势力的手段等情形，即是明证。加之，封建时代的风俗习惯已深入人心，以致政党的观念一入国人脑海，立刻就按照封建观念去发芽和成长了。因此，政党……实际上已成为个人关系和个人情感的事物，党魁和党员之间的关系也正如封建领主和家臣间所在的关系一样了。"[94]这一点再次部分说明了建设新日本如此神速的原因——封建势力在政治方面的力量，并由此可推断，这体现了武士强硬的势力给政治带来的影响，使日本的政治带有军阀和官僚的特色。

第九节　与政府持续对立终酿成内战

尽管大久保利通、岩仓具视、木户孝允和井上馨掌握下的政府顺利地渡过了朝鲜问题的风波，但在随即出现的台湾问题上他们不得不屈服。1874年，日本政府极不情愿地批准西乡隆盛的弟弟西乡从道率军攻占台湾，这次征讨名义上是为了报复台湾土著杀害琉球渔民，日方声称琉球

94　尾崎行雄，《日本民主主义的呼声》，横滨，1918，第93页。

渔民是日本臣民，此次远征充分表现出武士反对派的真正实力。虽然在朝鲜问题上武士派一度失败，不过在危险性较小的征战计划上，该派系的计划被准许了。[95]然而这次远征没能成功熄灭武士们不断蔓延的愤懑之火。为抗议政府的对朝政策，西乡隆盛辞去参议的官职后，回到原籍鹿儿岛，像希腊史诗中的勇士阿喀琉斯一样隐居在幕舍中，对东京政府的一切请求都置若罔闻。但西乡隆盛不过是生闷气，没有完全避世隐居，他创办学校（原名为私学校），为萨摩藩的武士传授军事科学。[96]在征讨朝鲜的问题解决后（1876年8月15日），强制性的奉还家禄问题接踵而来，此政策让许多武士失去了固定收入，从而增加了武士们的不满。萨摩藩领主岛津久光对现代化持顽固的保守性反对态度，他非但没有约束武士的激进情绪，反而辞官返回萨摩，此后除了短暂的外出，他一直蛰居，在那里度过余生。第一次士族叛乱并不是爆发于萨摩，而是1874年1月由江藤新平领导的肥前起义，接下来是前原一诚领导的长州起义。虽然江藤新平和前原一诚两个人，尤其是前者，被认为是相对开明的，但他们的斗争口号却表达了士族要求复辟旧制度的希望。他们的口号是"对朝作战，恢复诸侯，驱逐外夷"。[97]最终，1877年萨摩的大叛乱引爆了武士长久以来抑郁不满的情绪，经过史诗般惨烈的血腥斗争之后，西乡隆盛丧生，叛乱被镇压下去。这是对新秩序产生一系列威胁的最后一次，是解体的武士阶层想把日本倒回封建制，至少要回到各藩自理藩政的诸

---

95 关于远征台湾，有一件非常重要的事情发生：远征军统帅西乡从道违反政府的命令，私自率领舰队出发。在1874年4月，英美两国政府为日本征讨台湾的计划向日本政府抗议。继副岛种臣之后接任外相的寺岛担心远征会带来不良后果，于是派大久保利通赶往长崎制止远征军出发。西乡从道拒不从命，并提出自行承担一切责任。在远征成功后（远征台湾已是既成事实），西乡从道返回日本，而去中国料理善后事宜的工作就交给了大久保利通，大久保以出色的手腕和控制力完成了这一外交使命。我们可以看出，在明治早期，某些军事领袖就有不听指令急于出兵的倾向。参阅赤木英道，《日本外交史（1542—1936）》，东京，1936，第71—72页。另可参阅有贺长雄，《外交篇》，载于斯泰德编的《日本治理下的日本——纵览最高当权者》，伦敦，1904，第168页。
96 更多关于西乡隆盛创办私人学校的内容，参阅芒西，《萨摩的叛乱》，伦敦，1879，第85—86页。另可参阅拉·马兹来西尔，前引书，卷五，第155—156页。
97 参阅芒西，前引书，第63页。

藩联合统治时代的最后一次有力尝试。[98]很多旧历史学家把维新解释为萨摩、长州、土佐、肥前四藩的联合统治取代德川幕府的专制统治。[99]但萨摩藩的叛乱说明,任何人都不该再抱有这样的想法或者野心。

这些反叛的目标是恢复改良后的封建制度,所以其性质是反动的。那么读者不禁会问,反对政府的民主思想和左翼思想,如果还有的话,又从哪里体现呢?虽然没有举起鲜明的旗帜,但这种民主或反封建的反对派的初始阶段,表现在农民和城市贫民的起义中,正如上文所述,他们的反抗意味着试图自下而上彻底扫除旧制度,然后推广新制度。士族反对派的封建性质明显地体现在他们帮助政府镇压农民起义,除了在1874年至1877年间武士们在农民运动中往往利用农民的不满来实现武士自身的目的。[100]在回顾士族在封建社会中的地位以及武士们在新制度下所从事的官僚、警察和职业军人等工作时,我们就会发现这种情形丝毫不让人意外。无论是在旧社会还是在新社会中,武士都以统治者而不是被统治者的立场来看待

---

98 令西方人十分不能理解的是,西乡隆盛是挑起内乱的煽动者,却在现今的日本被奉为忠贞的典范。曾经西乡隆盛对皇室无比忠诚,虽然他坚称自己只是为了肃清奸臣,但西乡隆盛的抉择一方面可以理解为武士不满的后果,另一方面也可以理解为典型封建割据思想的主导,封建割据思想下对本藩的效忠与对中央政府的效忠,发生巨大冲突。有一点十分耐人寻味,那就是萨摩藩的大名岛津对他的家臣大久保利通始终抱持着怀疑和敌视的态度,对另一家臣西乡隆盛十分亲善。大久保是中央政府的坚定倡导者,而西乡则是怀有旧式主从情怀对领主忠贞的武士。西乡隆盛和他的藩主所期待的维新,大概是在天皇的支持下成立一个以萨摩藩为政治中心的多藩联邦政权。联邦政权是明治维新初期非常盛行的政治倾向,此倾向在一封信中被明确地记载下来。1867年11月10日,在一位名为野村的日本人写给法国人蒙布朗伯爵的法文书信中,有如下内容:"我给你写这封信,是希望在向您通知胜利的第一批信件中能有我的一封。虽然准备工作花费了许多时间,但所拟的框架是严格按照您的来信和方案进行的。目前,日本在天皇统领下实施诸藩联合,已经不是空想。天皇陛下已经邀请全部大名来京都举行藩主会议。此会议要决定与全部大名切身相关的重大事项。关于外国人的问题,会以天皇的名义按照之前幕府的决定批准实行……天皇陛下会发布诏书,公布实施会议的决议。"这封信载于莫里斯·库兰的《德川时代的日本诸藩》,《吉美博物馆演讲集》卷十五,巴黎,1903—1905,第76—77页。
99 A. M. 普利的《十字路口前的日本》,伦敦,1917,第38页。书中引用了多条日本文献内容来说明这一话题。"一个藩阀政府接替德川幕府。"(涩泽荣一男爵)"确立尊崇天皇,是各藩领主为实现政治野心的第一步,这些领主之前受德川幕府专制统治而不得志。"(副岛种臣伯爵)"德川氏被西乡、木户和大久保取代,只是名字换了而已。"(芳贺)

一位日本作家曾以同样的观点描述明治维新:"日本封建制度被摧毁之后……在原来的基础上,一个保留幕府精神的官僚政府建立起来。因此,把新日本的政治和社会制度看作是德川幕府制度的另一种表现形式,也不过分。"摘自 G. C. 艾伦,前引书,第64页。
100 麦克拉伦,《日本明治时代政治史(1867—1912)》,纽约,1916,第96页。

农民。在1867年地税改革以后，国家机构力量增强，农民的反抗继而失败，日本国内出现自由民主运动，随即在1881年成立了有组织的政治机构——自由党。[101]此为后话，现在，我们有必要转到这一主题：新政权下，旧封建领主处于何种地位，他们面对新形势的态度又如何。

第十节　明治政府的反封建政策：新政府对封建诸侯和地主阶级的态度

新政府所面临的抉择是：维持封建制度，将统治权从德川幕府转移给另一个藩或者几大藩的联合[102]；或者建立一个中央集权国家。商业资本家、作为新政府领导人的下级武士和旧藩的官僚是新政府的支柱，他们因眼界狭窄而使得野心被扼杀、忠诚度受挫，这些情况都促使新政府选择第二条路，而这条路通向现代化、独立自主式的新型国家。新政府

---

101 想要判断哪个人或哪个团体是日本的真正民主派，我们必须仔细留意在明治维新之前、期间和之后的各个时间段中，不同阶级和团体的目标以及所扮演的角色。尾佐竹猛博士身为日本最杰出的宪政历史学家之一，他认为最初的民主运动（或者可称之为民主倾向）是很好分辨的，在德川幕府时代后期，一些重要大名政治野心不断扩大，在审议会议中赢得一席之地，帮助幕府制度国家政策。他进一步阐述，这种政治野心在1853年至1854年间实现了一部分，此时德川幕府向大名征询关于外交问题的意见，这可以看作是民主思想对封建专政制度的一次胜利。参阅尾佐竹猛，《维新前后的立宪思想》卷一，东京，1929，第14—17页。（此处注释与本章注释104都是引用柳川所写的博士论文《日本国家论》第251页注释内容，博士后论文，加利福尼亚大学）这种观念和明治维新时期大名的历史角色似乎不太协调。通常我们会对历史上出现过的类似事情持怀疑态度，这里不妨将上述事实与英国《大宪章》的产生与结果做一番比较。现在大多数历史学家都认为，英国贵族反对国王约翰，并最终于1215年签署《大宪章》，并不是公认意义上的代议政府或立宪政府的胜利，而是封建贵族的胜利，是王权周边势力的胜利。《大宪章》中最著名的条款：保证任何自由民在被处罚前，必须依照国家法律经过同级贵族合法地进行审判。这一条款自然将大多数的人民排除在外，只强调了贵族的特权。
　　在日本也是如此，1853年至1854年间，德川幕府对大名的让步，表现出幕府的外交政策明显是软弱的，德川将军缺乏力挽狂澜的魄力；同时，大名参议政务是将要进行的明治维新怎样进行改革的预兆——的确是在天皇的旗帜下，各藩的外样大名联合起来，其中有些外样大名支持以藩联邦的政权取代德川幕府的专政统治。日本早期的民主主义运动，不论以何种政治名义去进行，都是通常被称为"民权运动"的思潮运动，日本的民权运动萌发与改革之后不久，并在1880年左右成为一支有组织的政治力量，他们要求限制藩阀政府，并提出要创立民选议会。这一问题将在第五章的注释1和其他地方加以讨论。
102 参见本章注释98和注释99。

自成立之日起便坚决地着手根除旧政权的思想。我们要摒弃明治维新的表象，洞察其实质，即政策之下的意图。例如，即使新政府试图在大化革新（公元646年，日本孝德天皇效仿唐朝律令制度颁布《改新之诏》，实行大化革新）的基础上确立宪法律令，这是对反封建治国哲学的一种探索。[103] 这一举措并不让人意外，在日本，除了中国以外的其他国家的政治理念尚未对日本产生影响[104]，或者当我们回想一下法国大革命时期的"崇古"思潮，除了罗马共和国的那些英雄之外，最热忱的共和党人和雅各宾派也想不出其他更好的楷模来体现他们的思想了。从明治维新的纲领性文件来说，1868年3月14日明治天皇颁布的《五条誓文》[105] 采用了民众熟悉、易于接受的语言表达方式，此文书表达全国民众一致的反封建诉求，把咨询民意、为国民的利益处理国政、奖励学习外国知识等都写入正式的定国文书中。《五条誓文》*中，所有的条目，尤其是第一条，使得饱受封建压迫、派系斗争和愚民政策之苦的人民燃起极大希望。维新战争期间的口号，表现出"外藩"对德川政权的仇视，这些维新的外藩中至少有一部分是抱着取代德川政权的打算。但社会的巨大力量被释放，这是大名无法遏制的，这些社会力量的掌控者是下级武士和公卿，他们曾掀起政治革命的浪潮，此时则竭力阻止封建领主（他们的

---

103 H. S. 奎格利，《日本政府和政治》，纽约和伦敦，1932，第4页。
104 有关西方政治思想对日本的早期影响，这里不作探讨，如读者有兴趣，不妨读一读如下简单列举的几部最早被译成日语的政治书籍。在维新前的书籍中，1827年清池林宗翻译了一本有关英国议会的荷兰语书籍。参阅尾佐竹猛，《维新前后的立宪思想》卷一，第18页。惠顿的《万国公论》中文版由汤森·哈里斯引入日本，并于1865年译成日语在京都出版。同前，第40—41页。1868年，有几部关于西洋法律制度的书籍出版，这几本书是根据日本留学生的任课教授——卫斯林·雷登教授的讲义编写的。《明治文化全集》卷八，解题或参考书目提要，第2页。一些真正重要的西方专著，最初被翻译成日语的文献是1871年出版的穆勒作品《论自由》。第二年，伯伦知理的《国家学论》节译本问世。1873年，托克维尔的《美国民主制度》部分内容被翻译成日语，1875年，孟德斯鸠的著作译出。到了1877年，有大量的日译本的西方政治专著涌现出来，其中包括卢梭、孟德斯鸠、德·托克维尔、穆勒、斯宾塞、冯·莫尔、伯伦知理等人的著作。同前，卷八，第587页。关于这个问题的详细资料，参阅本书第六章的注释38。
105 这些历史文件见奎格利，前引书，附录1，第333页。
* 《五条誓文》具体内容为：一、广兴会议，万机决于公论；二、上下一心，大展经纶；三、官武一途，以至庶民，各遂其志，务使人心不倦；四、破旧来之陋习，基天地之公道；五、求知识于世界，大振皇基。——译注

经济和社会基础与德川幕府毫无差异）重建一个只是更换了统治者的封建王朝。1869年，武士和公卿倡导"版籍奉还"政策（交还土地册籍），这是夺走大名政治权力的第一步。但这只是侧面攻击，而不是正面交锋，因为除货币铸造和外交事项外，其他管理权仍在各藩领主手中。岛津和其他大名的行动表现出他们内心的惊慌。[106] 政府的首脑们在进一步的重大行动前，曾分别拜访最重要的大名。岩仓具视和大久保利通带着天皇给萨摩藩神社的御赐宝剑，前往鹿儿岛。木户孝允前往山口（长州藩），大久保利通和木户孝允拜访高知（土佐藩）。[107] 更重要的是，中央政府已建立起一支虽人数不多但忠诚可靠的常备军，这支军队的兵员来自萨摩藩。1871年，新政府实行"废藩置县"，是对封建藩主政治愿望最致命的一击。[108]

于是，我们又面临一个新的问题：为什么这些封建领主不为自身权力受损而抵抗呢？他们为何不像在1867年至1868年间德川幕府被完全消灭时那样奋起反抗？这个问题很难回答，但为加深对明治政权的理解，却很有必要解释一下。一般的观点是，封建领主主动放弃特权是一种忠诚的姿态。对于某些藩主来说，这种观点确实是对的，不过对于绝大多数的封建领主，他们并无此意。对于已表示效忠新政府的封建领主们，大多数是受精明强干的藩内官僚影响，诸如长州藩的木户孝允、土佐藩的板垣退助等，他们十分诚恳地向这些藩主晓之以理：无论是从个人利益（威望、名誉和高官厚禄）的狭义角度上讲，还是从国家利益的广义角度上，都应该顺应新政权。不论各藩领主的希望和抱负是什么，即使最顽固的封建割据和特权维护者，也能够看出大势之中的不祥征兆，他们根本不可能在中央集权政府管辖的日本领土上保留有地方割据势力。藩内最有远见、最具才干的家臣都倾心新政府，由衷地拥护它的政策，

---

106 芒西曾总结这个封建主的反动思想，前引书，第100页。
107 《明治政治史》，《明治文化全集》卷二，第92页。
108 麦克拉伦，《日本公文集》，第32—33页。

而那些心怀不满的武士构不成与中央政府军队抗衡的有效军力，因为中央政府军队是从旧藩部队中挑选出来的精锐。更何况政府既有舆论的支持，又获得广泛的响应，政府早已为废藩置县做足了准备。[109] 倘若这些藩主们面对这些不利条件仍揭竿而起，进行起义，毫无疑问，政府会调动军队——一支从各阶级征募而来的军队，英勇作战，一举挫败任何藩主的叛乱计谋，就如同在1877年对付萨摩藩士族那样。但最终使各藩领主甘心臣服的决定性因素，是政府用公债换取藩主的之前收入，以此使大藩领主保有持续的经济实力。与法国大革命时期的法国贵族相比，1868年至1873年间日本封建贵族的命运可谓是大行径庭。法国贵族的地产被没收充公（无偿的），被没收的土地一律拍卖给地主和独立耕作者。因此，多数法国贵族投身到反革命阵营，而新兴的农业阶级成为新政权最忠实的拥护者。在日本，封建领主不再是向农民索取年贡的大地主，由于领主们的产业被折算为年金，他们变成了大财主。他们将这些新得到的货币资产投资到银行、股票、工业或者地产上，从而跻身金融寡头之列。这一步政策具有戏剧性，但并不出乎我们的意料。在折发公债之前，新政府便竭尽全力，不惜一边从宽让步，一边蚕食封建领主的特权和统辖基础，保证封建势力强大的藩主若不能诚心归顺新政府，至少会保持中立。为达到此目的，早在1869年新政府就承诺支给大名正常收入的半数钱财。考虑到米收获量的丰歉不一、农民反叛问题、藩内公共设施建设的开销大、需按俸禄支付武士等因素，这一政策是极其开明宽大的，因为原来由大名承受的风险和责任，现在全由政府代替承担。当然，这样的处置并非长久之计，因为它给政府平添了一笔沉重的财政负担，而且这种处置将各藩的土地仍留在封建领主手中（1869年的交还土地册籍并不意味着领主放弃藩内的政治权力），而封建领主还从中央政府领取固

---

[109] 拉·马兹来西尔曾如此写道政府动员舆论的情形："政府领袖们不顾一切困难，一直不停地为废藩置县这一改革做舆论的准备；1871年6月，他们为此创办了《新闻杂志》，这本刊物中刊登的都是具有煽动力的文章，在内容和形式上都是极富革命性的。"拉·马兹来西尔，前引书，卷五，第95页。

定的年金，这种情况和明治领导者努力去建造现代化国家的初衷背道而驰。于是，就有了1873年双方最终达成的折中方案——新政府颁布了自愿奉还家禄的公告。几经修订后，1876年新政府确定了最终的资本偿还计划——"金禄公债"，公债利率和还本期限如下表所示[110]：

秩禄公债的种类及偿还年限表

5厘息公债		6厘息公债		7厘息公债	
金额（日元）	偿还年限	金额（日元）	偿还年限	金额（日元）	偿还年限
7万以上	5	900至1000	7.75	75至100	11.5
6万至7万	5.25	800至900	8	50至75	12
5万至6万	5.5	700至800	8.25	40至50	12.5
4万至5万	5.75	600至700	8.5	30至40	13
3万至4万	6	500至600	8.75	25至30	13.5
2万至3万	6.25	450至500	9	25以下	14
1万至2万	6.5	400至450	9.25		

根据上表，公债到期时，抵代金由公债计算，共达190,801,905日元，具体分配情况如下：

	金额（日元）	利率
武士（1874年—1876）年	16,565,000	8%
大名（1877年）	31,412,405	5%
大名和武士（1877年）	25,003,705	6%
大名和武士（1877年）	108,242,785	7%
神道教神官	334,050	8%
武士	9,244,005	10%
合计	190,801,950	

此外，另有20,108,501日元是以现金支付的，因此抵代金总额高达

---

110 亨利·迪莫拉尔，《日本的政治、经济和社会》，巴黎，1905，第84页。

210,910,457 日元。[111]

毋庸置疑，这个满足封建领主要求的最终解决办法，使得大领主得以获得足够多的金钱，并跻身金融寡头之列，而一些小领主和大多数武士，得到的资金不够多，不足以使他们跃升至中产阶级。最激烈的士族暴动——萨摩藩武士叛乱就发生在1876年8月公布强制性的家禄奉还政策之后，这似乎不仅仅是巧合。[112]然而家禄奉还政策成功地瓦解了半独立领主的经济基础，同时又保证了旧封建领主对新政权的归顺。这是商人、财阀与封建贵族、地主特殊联盟的最终确立，这一联盟自德川幕府时期就已可寻觅踪迹。可见，日本废除封建制度并不是什么奇迹，与历史发展规律也并不矛盾，而恰恰是某些往往不引人注意的、深层次、真实存在的社会力量共同作用的结果。从狭义上来讲，这项改革可以用麦克拉伦的话总结为："新政府一边在封建贵族的面前炫耀军威，另一边以金钱利益引诱大名。封建制度就这样在威逼利诱之下走向灭亡。"[113]然而，明治改革并没有止步于此。针对封建制度新政府发动一系列猛烈的攻击，在1870年至1873年间，反封建改革的势头迅猛：承认各阶级（士、农、工、商）在法律上平等；废除封建服饰和等级界限；废止佛教为国教；改革历法；解放秽多；加速引进西方思想与技术、取消买卖及分割土地的封建禁令；准许自由选择农作物；准许自由选择职业。尽管有这些富于革命性、无比重要的反封建措施，然而面对日益高涨的农民反抗压力，武士和藩阀官僚控制下的政府认识到，只有和斗争的一方达成和解，也

---

111 同前，第85页。
112 两位日本经济史学家间接将武士的叛乱和金禄公债、自愿的家禄奉还（1873）、强制的家禄奉还（1876）联系起来。关于武士们的仇恨情绪，他们举出了这些例子：1874年岩仓具视受到袭击，同一年在佐贺藩发生叛乱，1876年的熊本城"神风连之乱"（神风连：一个秘密的暗杀团体）、"萩之乱"和"秋月之乱"（萩之乱牵连到原长州奇兵队的一位领袖——前原一诚），思桵桥事件以及最后1877年的萨摩大叛乱。土屋、冈崎，前引书，第32页。
113 麦克拉伦，前引书，第82页。"秩禄处分对武士当然是不利的。"
"就武士而言，年金制度远远称不上有什么财政优势。他们此时名义上的收入和实际收入是相符的，他们本来的收入就极其有限，再有任何的缩减，会使他们陷入艰难困境。"同前，第81—82页。秩禄处分的官方条例英译文，参阅《日本公文集》，第557—560页。

87

就是对封建势力妥协，才能够集中所有精力应付另一方，即镇压反叛农民。政府从一条战线上解脱，便可集中全力去解决农民问题。不过政府解决农民问题的办法并不是单纯的用武力镇压，而是加强国家机构，改革开放，实施利于农民的政策（特别是1876年的减税政策），进一步巩固与地主阶级的关系，使地主阶级成为政府统治农村的政治基石。这一倾向从法令的逻辑顺序上都清晰地表现出来。大名的家禄奉还，象征着旧统治阶级和主要依靠商人和地主支持的新政府之间达成政治妥协，同时也意味着深远的社会进步，在这一进步过程中，高利贷商人、地主、商人、金融家、旧日大名的利益相互融合、渗透、巩固，成为浑然天成、不可分割的整体，原先各自阶层的属性变得难以区分。从明治政府的改革动机中我们不难看出，明治政府完全抛弃了德川幕府的社会政策，勇往直前地开辟资本主义道路。1872年的法律，清除了土地永久卖出的禁令；规定政府买进公用土地的政策；规定人们可以自由选择职业；规定人们可以自由选种农作物等，都证明了土地所有权革命性的胜利。地租改为全国统一的税金，以货币缴纳，从而形成了一种新的税务关系，也就是政府与被统治者之间形成制度化货币关系，取代了旧社会无规律地按照收获量抽征地租的方式。当然，所有这些措施最终保证了政府能够有效地保护新地主阶层的土地所有权。

此政策的另外一方面，是政府保证了地主和高利贷商在1868年维新之前的债务关系。秩禄公债对被大名拖欠大量债务的大阪的放债人至关重要。政府发行公债，为被废除的大名偿还欠町人的坏账（但明治政府却拒不承认欠幕府的债务）。明治政府承担了地方债务，这给政府增加了4100万日元的债务，这笔债务是以公债的形式来抵付的。[114]这些公债不仅保证了町

---

114 安德里德斯，前引书，第36页。他引用《欧洲经济学家》编辑的一段话来说明这种债务处理方法："藩的债务处理方法有许多种。明治政府声明，不予承认1843年以前的一切债务。自1844年至1867年间，总额达10,972,725日元的债务，明治政府将其转为旧公债，定为50年内分年拨还。但1868年至1871年过渡期间，数额达12,422,825的藩债，则转化为新公债，以每年4%的利息，定为25年还清。新公债在1896年以后完全还清。"同前，第36页。

人的坏账债务能收回，还提供公债持有人用于投资工业项目或土地的资金。这一举措的结果是，将最大的地主和高利贷商转变为股东和银行家。最显著的例子便是市岛次郎，他是新潟城的大地主兼高利贷商，于1873年在新潟创办第四国立银行。这家银行的股东大多数是在地方政务上发挥主导作用的大地主。[115]我们可以看到，早在明治初年就出现了地主、银行和政府的相互勾结的现象，这也是现代日本政治、社会结构的突出特色。

明治政府的第二项大任务，是统一国内市场。这意味着撤除各藩设置的关税壁垒和通行税，统一货币和银行制度，这是因为在1867年，日本国内流通有1694种由不同银行发行的纸币。此外，政府还准许了自由贸易和职业选择，废除对农作物的限制。所有改革措施都是为了发展国内市场，同时促使日本商人参与到国际市场中。

最后的任务是在政治上统一全国。这一任务是通过版籍奉还（1869年实行的政策，即大名向天皇归还领土版图和辖内臣民户籍）和废藩置县（1871年实行的政策，废除藩制，设置府县作为行政机构）来完成的，这些措施结束了日本的封建制度。在旧制度中，有自治权的大名对其管辖的领地和领地上的居民有绝对的控制权，大名通常以各种法定的或者法外的手段进行统治：强制徭役、禁止农民逃亡、限制职业选择、限制农作物种类以及种种掠夺农产品的办法，等等。但明治政府的改革并没有从根本上摧毁封建贵族势力。受惠于金禄公债政策，又得益于重用亲友的官场习气，原来的封建贵族阶层开始复苏，并繁荣起来。这种转变比较明显的是，明治政府任命原先的封建贵族担任政府高级官职，封建贵族在一段隐匿的状态（当时他们和公卿一并被归为"华族"）之后，在1884年又以贵族身份现身。1889年之后，他们又身居参议院，持有宪法赋予的重大权力。虽然领主对土地的封建权力被削减，大部分土地归自耕农民和新地主阶层所有，但这些领主可以用1876年获得的资金去认购政府土地，而且能以惊人的低

---

115 平野义太郎，前引书，第268页。

廉价格购买到，从而变为"特字号"的新地主。[116] 有一些旧日领主成为新社会的企业股东和实业家。1880年，这些封建贵族在国立银行持有相当高比例的股份，这可以作为昔日贵族在现代日本操持经济大权的一个标志。下表列出了1880年国立银行的股权在社会各阶层中的分配情况[117]：

1880年国立银行股权分配状况表		
社会地位	股份额（日元）	百分比
华族	18,571,750	44.102%
士族	13,417,550	31.862%
平民：农	1,451,950	3.448%
平民：工	50,175	0.119%
平民：商	6,252,725	14.848%
其他	2,366,950	5.621%
合计	42,111,100	100%

---

[116] 在最富有的领主中，萨摩藩的岛津忠义和长州藩的毛利元德的公债分别为1,322,000日元和1,167,000日元。同前，第257页。如蜂须贺、锅岛和黑田等旧封建领主在北海道购置了占大片土地的大农场，同前，第258页。

[117] 参阅堀江保藏的文章，载于《京都大学经济评论》卷十一，1930年7月，第104页。士族所占比例高是因为他们人数众多。士族每人的平均所得数额较低，不够一年以上的生活费用。所以和大名不同，只有极少数的武士能领到足够的资本转变成为资本家、实业家和大地主。下表是发行公债时各县武士所持有的金额，以及十年后这些武士手中还留有的资金剩余额。

县别	发行公债时的金额（1874年）（单位：万日元）	1884年（单位：万日元）
京都	239	66
爱知	651	247
长野	220	66
岩手	94	7
秋田	270	25
石川	812	163
富山	113	37
鸟取	334	34
冈山	167	74
广岛	215	35
和歌山	107	78
福冈	840	119
合计	4,062	951

参阅土屋乔雄和冈崎三郎，前引书，第33页。
从表中可看到，各县武士手中只剩有23%左右的本金。

明治政府保证町人的债务权不受破坏，同时对大名实施秩禄公债，如果把这两项政策视为想要获得这两个阶层的支持而做出妥协和贿赂的手段，那就误会了维新的明治政府。这里需要强调一下，虽然在新政府的公务人员中武士占大多数，但新政权仍由富有的资产阶级和地主阶级出资掌控和支持的；除了少数的大名之外，各藩领主深知与新政府达成友好关系对自身更有利，而且他们和町人以往的关系也使得这种妥协成为非常自然的事情。明治政府通过保证债权和年金的资本化的方式设立的国债基金，对于突破封建制度在资本积累和使用方面的束缚起到了革命性的作用，而这种束缚正是幕府时代限制资本主义发展的首要障碍。资本化的年金是政府想达到短期内付清年金的目的，以避免旧贵族的俸禄支出成为政府的长期负担。出于此目的，时任明治政府大藏卿的大隈重信创立了公债，明治政府于1876年8月由国有银行发行公债债券，总额达1.74亿日元。如此一来，原来持有人需要经过很长时间才能支取的年金钱财，现在可以按照折扣后的价格领取到大笔款项。这样一来，这一笔资金很容易变为用于投资的资本金，从而一举将封建的不动资产转变为易于流转的动产，还将之前半独立的封闭环境与金融枢纽连接起来，并通过银行这一纽带将这些半独立的区域牵引到全国经济范围内。[118]

---

118 "1871年明治政府实行废藩置县，其后果是，政府不得不承担所有旧藩的债务。将这些债务转换成公债采用了当时作者（涩泽荣一）的意见。1873年，大藏省决定发行两种公债，即'旧公债'和'新公债'，第二年，凡是士族中愿意放弃常禄的，将会获得八年公债的本金。1874年之后，士族的所有常禄被取消，改发金禄公债。但为解决士族俸禄问题发行公债的总数额达1.74亿日元，因为数额巨大，需要当局极为谨慎地权衡。另外的顾虑是，华族和士族习惯了以常禄为生，如果他们轻易地把公债卖出，就会失去生活来源，如果真出现这种情形，他们极有可能做破坏社会治安的事。"参阅涩泽荣一，《银行志》，载于《开国五十年史》卷一，第501—502页。

第十一节　结论：对日本建成现代化国家有重要影响的诸因素

　　上述明治维新的社会和政治要点，奠定了日本建成现代化国家的基础。这项改革是在武士官僚的卓越领导下进行的，他们甚至遭受来自本阶层同僚的强烈反对。改革之初，他们明智地选择国内改革（这项任务因为幕府政权迂腐顽固而变得艰难百倍），而不是对外征战。在实业工业和现代化的陆军、海军建成之前，在没有获得世界大国地位的时候，一步走错，后患无穷。在1872年至1873年征讨朝鲜的紧要时刻，大久保利通、岩仓具视和木户孝允等人展现出的政治才干，值得国民的最高赞誉。

　　另外，武士官僚阶级不仅要在资源有限的条件下工作，还要顶住外国威胁的压力。自19世纪中期开始，外国威胁的阴影便笼罩在日本国土上，武力侵略或是更加险恶的国外资本入侵，在明治初年各大港口城市外国资本就已经根深蒂固了。外国的威胁并非假想，在前一章中已对此有所详细讲述。1899年以前，日本国内存在治外法权。除此之外，在1910年之前，日本的关税还无法完全自主，这些便是日本受外方列强威胁的证明。武士官僚像尼米希[*]一样，必须一手持剑一手持铁铲进行建设。由于迫切希望获得国家独立并永远摆脱外国侵略的威胁，他们不得不暂时牺牲社会和政治的改革，集中全力提高军事国防。德川幕府的历史遗留，使得社会变革无法通过民主改革或者人民群众的革命方式自下而上实施，只能通过专制的自上而下的变革来完成。新的国家结构是在昔日政权的废墟上自上而下建立起来的。而且就政府的财政收入而言，这项建设事业的负担，落在了农村耕种人身上。货币资本的积累和集中，也都是以牺牲农民为代价的。因为以上这些情况，明治政府别无他法，只得延缓已风靡全日本的反封建风潮。

---

[*] 圣经中的人物，曾领导民众重建耶路撒冷城墙，因为有外族敌人想破坏城墙入侵，尼希米不得不一边重建被烧毁的旧城，一边提防新建好的城墙不会被外族损毁。——译注

在日本，推动改革的是一个专制国家，但它并不是完全缺乏灵活性的脆弱机构。只有通过这样一个专制的政权形式，才能圆满完成现代化建设这一浩大工程，而不用经受因为在全国尝试使用民主方法进行改革所导致的社会动荡。民主思想在日本这样一个封建孤立的封闭国家出现得过于突然，强行推行民主思想也会导致改革进程过于缓慢。维新以来那些划时代的变革，都是由最能干、最有自我牺牲精神的藩阀军事官僚组成的政府完成的，这些军事官僚充分并灵活地运用不断加强起来的专制权力。回顾明治初年的艰难岁月，不论我们对"军事"和"官僚"这些词汇是怎样理解的，不容置疑的是：在日本建设现代化国家的过程中，这些军事官僚是进步的先驱，是现代化的先锋。用一位日本作家的话来说："将这些官僚贬低为具有破坏性的反动分子，是极不公正的。他们的所为十分有益。在过渡时期，总要有人掌舵把握方向，而他们是经验丰富的驾驶员。不过现在，过渡时期已经结束了。"[119]

---

[119] 岩崎，《日本政治上的推动力》，纽约，1921，第52页。关于军事官僚后来所扮演的角色，参阅本书第四章第十节《重要工业和官僚阶级》以及第六章第九节《自由党反对派的立场和日本政府内的"军政问题"》。

第四章

早期的工业化

日本若想在全国范围内实现工业化，必须满足两项前提，即资本和劳动力的充分供应。从广义上来说，这两个先决条件可以被简要地归纳为：（1）商品生产、流通、劳动力分工等方面达到相当高的水平；（2）生产者手中有一定程度的资本积累；（3）存在大量的自由劳动力——这里的自由是指不受生产资料所有权约束，可以随时投入劳动力市场中。若要了解日本工业化的显著特点，也许我们应该先追溯一下日本工业资本主义兴起的三个先决条件。

本书无意对现代日本的经济发展进行系统、详尽的研究，如果对这三项条件逐一进行缜密的历史考察，会偏离本书的主题。所以，本书仅以一两事件来说明第一个先决条件就已足够；第二个条件，对形成日本资本主义更为重要，因此，本书会进行详细阐述；至于第三个条件，创造劳动力市场，将作为土地改革的后果之一，在下一章讨论。

第一节　商品的生产和流通

在竹越与三郎、本庄荣治郎、土屋乔雄、黑正岩和泷泽松代等学者的专著中，关于商业和手工制造业（有别于机器制造业）在德川幕府时期达到较高水平的资料十分丰富。虽然稻米仍然是物品间交换的标准，但是货币已经成为重要的流通手段，尤其是在乡镇和城市中。大量的商业活动之所以能够进行，是因为有了以市场交易为目的而进行的生产活动，也就是超过生产者本身需要的生产活动，这是农业生产力稳步上升和劳动力分工不断发展的自然结果。武士聚居的城下町迅速发展，加之与参勤交代制度相关的交通和商业活动日渐兴隆，相应地刺激了人们对商品的需求。至于对商品的需求大到何种程度，可以从江户的人口推测一二。在18世纪末，江户也许是世界上最大的城市，拥有大约130万至

140万的人口。[1] 即使在1665年的大阪，人口也大约有268,760。[2] 京都是日本成熟的手工艺品交易的密集之地，在1691年，一位观察力敏锐的旅行家恩格尔贝特·肯普弗曾认为京都是日本最大的制造业中心，同时还有各种繁盛的工商业[3]。

第二节 劳动力分工

亚当·斯密提出劳动力分工是生产力提高的主要原因，而这段时间内，日本的劳动力分工已经相当发达，在原材料生产和商品制造之间已经有了明确的界限。[4] 在手工技艺方面，专业化趋势十分显著，如果要建造一间房屋，须获得各手艺行会的服务，如木匠、锯木匠、油漆工、水管工、盖屋匠、砌砖匠、泥水匠、石匠和铺席匠等。[5] 当时的行会因为排他性，逐渐成为生产力的束缚，急需被废除（维新后行会被当机立断地废除）；但这一时期对劳动力分工重要的是，商品生产者和销售者截然分开，前者组成手艺行会，后者组成垄断批发商，如十组问屋和株仲间，

---

[1] 土屋乔雄，《日本经济史》，第193页。他给出当时西方世界最大的城市——伦敦的人口数据：1700年，人口数量为50万至70万；1801年，人口数量为86.5万。泷泽松代，前引书，第52页，甚至给出了江户更高的人口数。1723年，泷泽引用了当时的一条记载，江户的人口数为526,317（不包括武士），到了1787年，人口数量激增至2,285,300。这些数字偏高，似乎和竹越与三郎的估算相去甚远，而竹越与土屋的数值是比较接近的，竹越估算18世纪末的人口数为1,367,880。竹越与三郎，前引书，卷三，第133页。幸田成友教授曾做简要的概述，参阅《德川时代的日本经济史资料》中关于德川时代城市人口的描述，斯基恩·史密斯编，《亚细亚协会纪要》第二集卷十四，东京，1937年6月，第35—36页。

[2] 泷泽松代，前引书，第53页。关于德川时代的日本其他城市人口，参阅土屋乔雄，前引书，第193页。

[3] 恩格尔贝特·肯普弗，《日本史（1690—1692）》，J. G. 舒吉尔，英译本，格拉斯哥，1906。参阅《京都的描述》卷三，第20—22页。

[4] 更多关于德川时代制造业的专业化和劳动力分工，参阅土屋乔雄，前引书，第175—184页。

[5] 威廉·斯珀尔，《1853年以前的日本商业流通》，载于《美国政治经济季刊》卷四十六第五号，芝加哥，1938年10月，第663页。

后者也可称为行业联合会。[6]

这种劳动力分工伴随着地区专业化的发展，逐渐取代了古老的藩内自给自足的生产方式，不过即使在很遥远的古时，也没有达到过完全自给自足状态。山片蟠桃在1820年时写道："全国各地，有些地方稻米富饶，有些地方豆菽丰盛，有些地方布匹很多，还有些地方有丰富的纸张、木材等。所以，大多数地区只大批量生产一种或两种商品，不制造其他商品。"[7]

然而，劳动力分工被广泛流行的家庭作坊式工作所限制，这种生产方式由商业资本控制，涉及瓷器、漆器、丝绸、棉布、铜器、竹木制品、草席、清酒、酱油等内容的多个制造行业。为市场生产商品的人员大部分出自农民或是贫穷武士的家庭，他们以此补贴微薄的家庭收入。在下一章中，我们将看到外国的廉价商品是如何入侵日本的，尤其是棉纱的引入，摧毁了数以万计的以原始手工业为主的家庭式手工作坊，从而加速了劳动力分工，建立了国内市场。

第三节　资本积累

关于第二个先决条件，即生产者的资本积累，根据本书上文的例证可知，商人和高利贷商是封建末期资本积累的主角，而连接这两者关系的大阪札差（米经纪商和代理人）的地位，尤为重要。商业资本受到德

---

[6] 关于德川时代的工会，参阅前引书，卷三，第26章，第242—273页。以及泷泽，前引书，第63—64页。关于十组问屋，参阅竹越，前引书，卷二，第498—566页。以及泷泽，前引书，第58—60，104—105页。关于株仲间，参阅史密斯编，《亚细亚协会纪要》第二集卷十四，1937年6月版，第78—116页所刊载的《德川时代的日本》。日文中权威的关于商人行会的著作，当属《问屋沿革小史》，参阅泷本诚一和向井鹿松合著的《日本产业资料大系》卷八，东京，1927，第769—789页。这部分内容强调了大阪和江户的差异：大阪是日本的中心市场和货物集散地，而江户是主要的消费中心。这部分内容还列举了德川时代日本问屋的名称，并说明了它们是如何取得交易的垄断特权的——问屋的商人向藩政府或者幕府交纳冥加金。

[7] 引自斯珀尔，前引书，第663页。

川幕府禁止流通政令的严重限制，商人只能按照规定进行有限的国内贸易，而有限的国内贸易组织开展仍受封建经济的种种限制。诸多限制中，农业与工业（家庭作坊式工业）受到的影响最大，从而造成了国内市场狭小。

德川时代日本出现的商业资本是由少数大商人和享有特权的放债者积累的，如三井家、小野家和鸿池家。元禄时代（1688—1702），幕府没收了大阪米商冈本三郎右卫门（世人称淀屋常安）的家产，我们可以从庞大的财产清单大致推算出大商人所积累的商业资本数量。[8] 如果我们从御用金（向商人征收的强制贷款）的数额来判断的话，就会发现在幕府和强藩领主的保护下，一些富商已经成功积累了一大笔可观的资本。[9] 但是这些商人没有机会去探寻海外市场，无法靠掠夺殖民地和贸易获取高额利润。相反，在重商主义下的西方世界，欧洲许多大公司就是以此来致富的。日本商人迫于幕府和藩政府的政策，只得安心经营极其有限的国内市场，他们凭借米市场的投机获利，但整体而言，与欧洲贸易大国相比，这种中规中矩的经营方式阻滞了资本积累的速度。还可以说，德川时代的政策严重限制了日本的重商主义，抑制日本商业无法达到全盛的阶段，即最赚钱、最具商业特点的阶段，这一阶段中，可以通过海外殖民地和本国之间的垄断贸易，以殖民地为代价，让本国营利，积累财富。在日本，重商主义的一般形式也具有垄断特点，正如上一章所言，这种垄断与藩政改革紧密相连。这种重商主义的形式与世界范围内的重商主义是一致的，都是以城乡结合为特点，例如欧洲原始重商主义便以

---

[8] 没收的财产共有：金屏风 50 对，宝石模型船 3 艘，373 块地毯，10050 斤水金，大宝石 273 块，小宝石无数，两匣黄金，大判（日本古代金币名称）3000 枚，小判 12 万两，银 8.5 万贯目，铜币 7.5 万贯，150 艘船，730 间仓库，17 间宝石库，80 栋谷仓，80 栋豆仓，大阪住所 28 套，其他地方房屋 64 套，一份与大名相同的禄米，米 332 石，还有杉树林 150 町步。参阅泷泽，前引书，第 103 页。另一份展现商人富裕程度的著作，不仅在货币方面丰富，在书中列有富商的名字，和他们持有的财产总额。参阅竹越，前引书，卷二，第 360—362 页。

[9] 关于御用金的数目，参阅本庄，前引书，第 328、331、333、336、342—343 页。我们应该区别看待政府征收的税额，而实际上这些大商人实际支付的税金数额与税额并不相同。

城（母国）乡（殖民地）之间进行垄断式贸易为特点。[10] 如欧洲的殖民贸易体系，日本商人的垄断专卖同样依靠幕府或藩政府的干预和保护，因为是资本原始积累的必经历程，同样地，日本商人在资本积累过程中还有追求金银和"畏避商品"的特征。[11]

第四节　欧洲重商主义和日本重商主义的比较

德川时代之前的日本，对外贸易、海盗行为，甚至是像山田长政（1578—1633）在暹罗所为的殖民事业，还有丰臣秀吉远征朝鲜都表明：日本的重商主义政策，与当时欧洲国家尤其是英国的贸易、海盗与殖民活动的目的是一致的。长期的闭关自守不仅限制了日本的经济发展，而且无论从绝对还是相对角度来看都抑制了经济的发展。正如奥查德客观的观察：18世纪的日本不应该和18世纪的英国相比，因为此时的英国即将迎来伟大的工业革命。日本应该与同样是农业占主导地位、国内各地普遍存在家庭手工业的16世纪的都铎王朝时期的英国相提并论。[12] 即使这样，如此对比也抬高了德川时期日本的地位，因为都铎王朝时期的英国已经奠定了海外贸易（就16世纪大贸易公司而言）的基础，也在亨

10　莫里斯·多布，《政治经济学和资本主义》，伦敦1937，第232页，注释2。"商人行会的种种独占性质规约，往往是受当地政府的某种政策支持，在四周乡野形成一种'殖民主义'，以致产生剥削这类关系……"

11　德国大重商主义者约翰·约阿希姆·贝歇尔将这种典型的"畏避商品"特征描述为："卖出商品给别人总比买进别人的商品要好，因为卖出一定有利可图，而买进则必然有损失。"引自伊莱·赫克舍，《重商主义》卷二，伦敦，1935，第116页。关于重商主义的"畏避商品"思想以及它的演化——欧洲和日本的重商主义都以追求金银为目标等内容的分析，参阅同一本书，卷二，第117—118页。

德川时代倡导与西方交往的先驱之一本多利明，在18世纪末的著作中表达出他对重商主义理论有极为丰富的认识，他是在没有接触到欧洲重商主义著作这种直接知识的前提下，总结出来的。他一句话道出了重商主义的真谛："对外贸易无异于一种一方榨取另一方财富的战争。"引自本庄荣治郎，《幕府末期的日本海外贸易》，《京都大学经济评论》卷十四，京都，1939年4月，第5页。另可参阅本书第三章，注释78。

12　约翰·奥查德，《日本的经济地位》，纽约，1930年版，第71—72页。

利七世的统治下夯实了海军扩张侵略的根基，甚至开始攻城略地，掠夺殖民地（1497年发现芬兰岛，并声称该岛属于英国），并在顺利地击败海上霸主西班牙之后，攫取了通往印度和美洲地区的通商要道实际控制权。简要地说，明治维新要从丰臣秀吉遗留的征服路径开启日本的崛起序幕。但由于250年的闭关锁国已经给日本经济和社会蒙上了深深的阴影，阻碍了国家的发展，明治时代的日本不得不与德川政府所遗留的积弱做斗争。不过，明治维新并不仅仅是延续丰臣秀吉贸易扩张的策略，其原因简单来说是，19世纪的日本在外国资本主义的威胁下，要获取国家的独立生存权利。与有先进机器设备和军备的西方国家进行竞争的过程中，日本的经济独立甚至政治独立都危在旦夕；被不平等条约辖制了关税半个世纪之久，日本就是在这种弊端的限制中参与到这场竞争中来的。明治政府的经济政策是一种融合了旧式重商主义、国家保护主义和新式垄断的混合物。德川时代的日本就存在着的重商主义独占制和新型垄断有机结合到一起，因此，有特权的金融商人家族现在成为享有特权的银行和实业掌控人。所以，日本的经济史学家永井博士称：明治时代的政治领导人是最后一批重商主义者，而美国学术权威H. G. 莫尔顿博士却认为：明治时代的领袖是第一批国民经济的设计师。[13] 换言之，我们可以这样说，以贸易垄断为表现的重商主义依赖专制政权（如16世纪至17世

---

13 这是T. 永井和H. G. 莫尔顿对此的看法。尽管国家计划的概念和独占并不是同义词，但是与反对任何形式国家干预的古典曼彻斯特自由主义政策相比，我们也许可以把国家给予少数财阀补助金和特殊照顾的政策视为"计划性的"。石井，《日本的人口压力和经济生活》，伦敦，1937，第20页。

另一位日本学者曾经指出，明治初年为重商主义时代。本位田祥男教授，《日本资本主义的崩溃》，载于《日本工业化》（世界经济文件集），卷四十六第一号，耶拿，1937年7月，第29页。

由官僚政治家实行的这种重商主义独占制，为求迅速发展，确实有实行绝对专制的必要，这和日本的"自由资本主义"并不对立，因为后者从来没有机会成长起来。旧独占制（重商主义）和新独占制（金融资本主义）的异同，参阅多布，前引书，第七章，第226—272页。

另一位日本作家猪谷善一曾写道："从明治初年到1877年间实行极端重商主义的大久保利通，可与法国的科尔贝相比。"引自堀江保藏，《日本资本主义的成立》，东京，1938，第252页。

关于明治政府如何在全国范围内沿袭封建末期先进诸藩的重商主义政策，蜡山政道曾对此做以说明。参阅蜡山政道，《当代日本的问题》，载于《夏威夷大学文萃》第25号，火鲁奴奴，1935年1月，第14页。

纪法国和英国的情形那样），是支撑资本主义顺利发展的拐杖。待自身发展壮大后，欧洲的资本主义便抛弃了这根拐杖——绝对的国家权力，资本主义发觉专制政权已成为一种障碍，于是转而反对它，摧毁它。在日本，不成熟的资产阶级无法丢开这根拐杖，在明治时期，当权者甚至比幕府时代还要依赖专制统治。

明治政府的领袖急于通过一代人的努力就完成其他国家耗时百年或千年才完成的历史进程，这种急于求成的心理遭到现实的考验——日本落后的封建技术和最先进国家的工业技术之间存在巨大鸿沟。如果日本想要跨过这个鸿沟，而不是像先前的国家那样在深邃的沟谷艰难前行，改革者们需要时间去训练一大批熟练的工人，并积蓄巨额资本。在明治初年，日本仍然缺乏熟练的劳动力，至于资本，只有极少数富豪拥有足够的资金去创建工业领域企业，自日本资本主义萌生开始，就偶然间助长了享有特权垄断专卖或资本高度集中这一资本条件。正如上文所言，这些为数不多的与政府关系十分密切的商业巨子，在面对从企业筹建开始就要投入巨额财富又没有确定把握会成功的情况时，流露出了犹豫之情。日本原始技术和最完善的西方生产技术之间存在巨大差距，这使得工业领域私有资本的产生与发展困难重重。虽然工业投资有尚未开发的广阔空间，但富商却不愿去做开拓者；所以政府靠着向这同一群富商征求的御用金（强制贷款），连同以土地税为主的有限税收，自行发展工业。因此，早期的日本资本主义可以说是在温室环境下成长起来的，即在国家的保护和帮助下发展壮大的。大型私有资本宁愿留在贸易、银行和信贷领域，特别是政府的公债[14]这一安全又获利丰厚的方面；而小型资本没有脱离农村的动力，在农村，贸易、高利贷，特别是高额地租——

---

14 明治初年的御用金利率是月息1.5%，以地税为担保。本庄荣治郎，前引书，第335—336页。本庄荣治郎还在此书中给出了御用金的本金和利息一览表，同前，第336页。

平均地租高达佃农收入的60%[15]，阻碍了资本从农村向工业领域流动。

第五节　日本银行资本的优势地位

为了促进流通和信贷，集中可用资本，在政府的劝告和保护下，各大金融家族组织了通商会社（商业公司）和为替会社（汇兑公司），由商法司短暂监管，后来改由通商司（1869年成立的商业管理机构）监管。[16] 从最初的经营信贷和银行业务获利开始，到扩展至其他领域的投资，日本的私有资本便从政府承担下旧债务这一政策打下好基础。旧封建贵族的金融实力——由家禄奉还和折发公债转化、增强的财政实力，与私有资本融合，始终青睐银行业为投资的首选。时至今日，银行资本也远比工业资本占优势。银行业资本的优势地位，可见下表[17]：

甲午战争之前各有限公司的核定资本（单位：千日元）

行业	1877年底	1883年底	1893年底
农业	0	1,053	2,542
商业	454	35,904	57,616
制造业	0	14,725	68,259
铁路	0	12,080	57,945
银行业	24,981	75,375	111,635
合计	25,435	139,137	297,997

15　"的确，耕地的情况非常令人不满意，因为根据1887年的调查，全国稻米的产出，十成中，地主拿走六成，而佃户只能得到四成，至于山地的比例，是地主得55%，而佃户得到45%……人口增长的程度远超过耕地面积的扩大幅度……使得地租因为佃户竞争而不断上涨……在极端的情况下，佃户所得的生产物仅仅能偿付所施肥料的成本。"路易斯安那商品展览会日本帝国代表团编印，《二十世纪初期的日本》，东京，1904，第90页。

16　关于详细情形，参阅《开国五十年史》卷一中载涩泽荣一编写的《银行志》，第487—488页。这些大财阀和政府的密切关系，在明治时代不但继续保持着，而且更加紧密。涩泽荣一写道："小野和岛田两家在幕府和各藩财政上发挥极重要的作用，他们甚至在维新以后还和政府、民众有极密切的联系。"同前，第496页。

17　S. 上原，《日本的工业和贸易》，伦敦，1936，第271页。另可参阅《国际统计学会会刊》卷二十五第二册所载的道斋一郎的《明治维新以来经济发展在统计上的观察》。作者道斋一郎写道："1884年公司的总数是2392家，其中1094家是银行。"同前，第223页。

银行资本的增长远远超过工业资本，到了19世纪末期，银行资本已经是资本集中的典型代表，并且就这样持续巩固金融寡头或称财阀的地位。[18] 在日本，不同于资本积累，资本集中的过程在政府的补贴政策和人为鼓励下加速进行着。日本的资本集中速度受以下因素影响：（1）资本积累的总体水平比较低；（2）创办当时西方国家那样规模的工业企业需要大量资本；（3）从工业化开始，日本就采取合股公司制度进行资本运营（1869年成立为替会社）；（4）与外国先进的竞争也需要资本高度集中。日本工业产品进入国内和国际市场时会遇到其他资本主义国家的同类产品竞争，这些行业在工业革命的进程中成立托拉斯[*]和卡特尔[†]组织，特别是19世纪80年代的纺织业。当然，日本的资本集中那种通过大资本吞并小资本的倾向，尤其是发生经济危机时，在世界范围内很普遍。这也是诸如三井、三菱、住友、安田等财阀最近几年为增强实力所使用的最具特色的方法。1927年，三井集团兼并铃木公司就是一个明显的实例。不过正如艾伦教授指出的那样，这些财阀坚不可摧的地位，并非只是出于它们的规模或者与政府的密切关系，而是因为他们一边占据金融高地，另一边还握有工业和商贸的有利条件，这几个方面的条件给了这些财阀巨大的竞争优势。[19] 他们实力的根据地仍然是金融，而早在明治初年，金融的基础就被坚实地奠定下来。

日本的银行和信贷资本很大程度上依赖国家的支持，相应地，政府又利用这些资本去创建需要大量资本投资的工业部门。而在此时，小型资本与家庭手工业联系过于紧密，只能在资金不足和高利率的不利环境

18　石井，前引书，第26页。

*　托拉斯，垄断组织的一种高级形式。通常是指生产同类商品或者在生产上有密切联系的企业，为了获取高额利润，从生产到销售全面合并，从而形成新的垄断联合。托拉斯的参加者虽然是独立企业，但在法律和产销上均失去独立性，由托拉斯董事会集中掌握全部业务和财务活动。——译注

†　卡特尔是指生产同类商品的企业，为了获取高额利润，在划分市场、规定商品产量、确定商品价格等一个或多个方面达成协议而形成的垄断联合。卡特尔的各成员企业在生产、销售、财务和法律上均保持自身的独立。——译注

19　G. C. 艾伦，《日本经济支配权的集中》，载于《经济季刊》，伦敦，1937年6月，第271—284页。

下勉强经营。小公司往往在建造工厂和购置设备阶段就花光了资金,然后只好向银行贷款才能开始营业。19世纪末的银行贷款利率高达10%、12%、15%甚至18%,而存款的利率只有7%到8%。小公司无法偿还如此高利率的债务,便在贷款的第一年年末将公司抵押给银行。[20] 长此以往,中小资本家只能从事大资本家的利益以外的那些行业,诸如小型的具有日本文化特点的瓷器、丝绸、漆器、草席、清酒、酱油等行业,这些小型行业所需要的设备资本较少,而且没有其他外国商品的竞争。但时间久了,这些小型工业也逐渐落入银行和信贷资本手中,这种趋势一直持续到今天。[21]

在大多数国家的资本主义形成阶段中,通常银行资本与工业资本是有明确界限的,但在日本,工业资本并不是独立发展的;日本的工业化由国家创立、发展,政府将发展后的工业以超乎想象的低价转让给私有企业,这类私有企业大多数是大银行家族的代表。在这一过程中,并没有产生新的工业资产阶级,所发生的一切只是增强了银行和高利贷资本

---

[20] 迪莫拉尔,前引书,第151页。"在同样情况下,难怪大部分企业的盈利都被利息抵充了,公司一年因亏损而负的债务,如下述棉纺织厂为例:

年份	公司总数	盈余数量	亏损数量
1893年	40	29	11
1894年	45	28	17
1895年	47	41	6
1896年	63	41	22
1897年	74	33	41
1898年	72	42	30
1899年	70	30	40
1900年	70	27	43
1901年	70	25	45

这里值得注意的是,资金不足的情形在纯日本式的工业中尤其显著。"同前,第151—152页。
[21] "财阀势力扩张到远超他们直接或间接控制的公司以外。这种扩张是通过几种手段来实现的……第一,通过对国内信贷机构的控制,在较大程度上左右对债务人的贷款政策。第二,他们通过自己贸易公司的经营,通过运作,他们将卖给他们货物的上游企业还有许多小公司、地区代理商和其他商人都整合进自己范围内。" G. C. 艾伦,同前引文,《经济季刊》,第278页。

（包括比较富有的贵族资本家在内）的实力，并将这些资本部分转化为工业资本。这种扼制独立工业资本家产生的做法，反映了日本资本主义的不成熟、温室成长的特点。和强大的资本主义国家相比，日本资本主义自带有严重的脆弱性。这里我们有必要再强调一遍，农业的高额地租促使私有资本投放到土地上，而不是投资到风险较大而利润又低的工业企业，了解到这点，或许对我们理解日本资本的投资方向有所帮助。

第六节　外国资本在早期日本工业化中发挥的作用

我们已经提到过在幕府末期混乱时期外国对日本的威胁，不过与军事侵略相比，外国资本悄悄地渗透到日本经济的各个关键环节，实则更加阴险恐怖，像中国那样，这种经济渗透的方法很容易抑制或者完全断送日本的自主发展。尽管受幕府时期缔结的不平等条约影响，日本在长达半个世纪的时间内都无法做到关税自主，未来的经济发展深受阻碍，但明治政府的领袖们却竭尽全力避免进入外国资本的陷阱。所以尽管国内资本匮乏，日本政府仍抵御住诱惑，没有接受外国巨额贷款，倘若接受这种贷款，日本的国家经济独立将很难保证。

从维新到19世纪末，日本只有两笔外债。第一笔是1870年为建造第一条国内铁路——从横滨到东京的铁路，从伦敦的银行以9%的浮动利率贷款100万英镑（准确来说是91.3万英镑）；第二笔是1873年从伦敦银行以7%利率贷款240万英镑，这笔贷款是为了帮助政府解决家禄抵代金和工业资本的现金需求问题。[22] 第一笔债务于1881年还清，第二笔债务于1897年还清，除了同年（1897）伦敦的一家垄断公司通过和日本银

22　关于外债的详细内容节选自阪谷芳郎的《外国资本的输入》一文，载于《国民之友》英文版卷二第九号，东京，1897年9月，第399页。另一位作家所按日元计的公债数字如下：第一次公债计488万日元，第二次公债计1171.2万日元。木下英太郎（Kinshita Eitarō），《日本商业的今昔》，纽约，1902，第119页。

行签订契约认购了4300万日元的国债,再没有其他外国资本输入日本。考虑到明治初年建设资金的紧缺[23],我们不禁要问:为什么他们没有求助于外国资本呢?当时任大藏省(国家财政部门)次官、后来成为政府财政领导人的阪谷芳郎,在1897年的文章中给出了最权威的解答。[24] 他给出四项理由。

第一,不兑换纸币*的贬值。尽管政府试图取消发行不兑换纸币,但不兑换纸币的数量仍在攀升,在1877年已经到了十分危险的地步,当时政府为了满足镇压萨摩藩起义的巨大资金需求,不得不增发纸币,结果,第二年纸币大幅度贬值,波动频繁。此外,多于出口的大量进口造成金银外流。1886年开始,日本政府开始收兑纸币,直到银价和纸币的差额消除才停止。这种情况下的日本对外国投资来说,毫无吸引力。

第二,货币本位不同。外国是金本位制,而日本在1871年至1878年间是银本位制,之后的1878年至1899年是银本位和金本位并存,到了1899年10月以后,货币实行金本位。因此,金银间价格比率变化使得外国资本对投资日本心存谨慎。

第三,不平等条约制度并没有准许外国人在日本国内经商,而治外法权又让日本与外国人之间的交易和金融关系极度复杂,阻碍了资本的自由输入。

第四,也是起决定作用的一个原因是,政府和民众都担心日本觉醒

---

23 维新后政府的财政状况从下列几项数字可以得到启示:

年份	政府收入(日元)	政府支出(日元)
1868年	3,665,000	30,505,000
1869年	4,666,000	20,786,000

赤字大部分是以大商人的御用金来弥补的。《国民之友》英文版卷二第二十号,东京,1897年9月,第406页,埃夫拉尔,《日本财政状况一瞥》。1868年至1871年御用金及太政官纸币之类的临时收入明细表,见本庄,前引书,第333页。

24 前引《国民之友》中阪谷芳郎的论文,第399—403页。

* 不兑换纸币是由政府发行的不能兑换成黄金或白银的纸币,其购买力源于政府的权威和信誉。——译注

为时已晚，如果依赖外国资本会给国家带来危险。阪谷芳郎特别提到埃及和土耳其的不幸遭遇，这两个国家对输入的外国资本管理不当，招致外国对国家事务的干涉。这些洞悉古今内外大事的明治政治家，决心不重蹈这些国家的覆辙。这四项不引进外资的理由，其中几项被潜在的外国投资者察觉，最后一项理由则是被日本的政治家领会。但是到了19世纪末，时过境迁，这四条理由都已经站不住脚，日本政府也不再惧怕外国资本。不过到了此时（1897），日本为筹建公路发行的两亿日元公债，大部分被日本资本家认购，他们已经有足够强大的实力去吸纳消化这些金边债券了。

关于外债是如何深刻引起国民自发的过激情绪，从井上胜子爵说到发展铁路的这段话可以看出："更确切地说，人们普遍不喜欢铁路，是因为它会加税，从而最终加重他们的负担。甚至许多政府官员也站到反对建设铁路的阵营，有些官员声称'向外国贷款就是卖国'，他们甚至不了解外国贷款是什么。"[25]

明治政治家对外国资本采取慎重态度，其结果是强化了日本资本主义的某些特征：由财阀支持的国家企业占据主导地位，工业化进程减缓，平民特别是农村地区的人民的税务负担更加沉重。

第七节　战略行业的历史和影响

虽然这个话题会让我们暂时离开资本积累这一主题，在逻辑顺序上来讲也应该放在劳动力市场问题之后，但战略行业的相关问题能够很好地说明日本工业化的特质，即垄断和国家控制的特性。所谓战略性，或者是因为这些行业和海军、陆军的军备有关，或者是在与外国产品竞争

25　井上胜子爵，《铁道志》，《开国五十年史》卷一，第18章，第431页。

的出口工业领域占有重要地位，需要政府的补助和保护。

将中国视为前车之鉴，日本对外国威胁时时心怀戒备，在明治维新后的几年动荡岁月中，农民的不满和武士的反叛给新政权增加了执政困难，于是明治政府全力投身于军队和警察制度的统一和现代化事业中。幕末，这些防范内忧外患的武装力量在偶然间被建立起来，在对外关系的影响下，德川幕府启用法国式的新式装备，萨摩藩获得了英国式装备，纪伊藩取得了德国式装备，其他藩则沿用荷兰式的军备。[26] 推翻幕府的藩阀联合是按照法国军备扩充和改编军队的[27]，而深受萨摩藩影响的海军一开始就采用了英式海军装备。[28] 这支军队最初完全由士族兵组成，1873年的征兵制实施扩充了人员数量，这支军队成为此后日本常备军的核心力量。同时，警察系统被迅速统一、发展，在危机四伏的过渡时期，它对维护法律、秩序有重要意义，几年后与自由主义的斗争中，警察体制也是政权绝对可靠的保障。[29] 若没有现代工业和交通系统的完善，这些在明治维新后改组的武装力量只不过是一副骨架而已，毫无用处。由于在幕末和明治初年，国防是首要任务，最睿智的人士从那时就开始关心如何兴办贸易和工业这类问题，并不是为了个人私利，而是为了筹谋我们常称之为"战略性行业"的工业，这是建设现代军队和海军的必要条件，而建立现代化的军队是当时的核心要务。在重要事务的逻辑顺序上，明治政府领导人的想法大概是顺着如下思路进行的："为了避免中国那样的命运，我们最需要什么？现代化的海陆军队。那么这支现代化武装力

---

26 山县有朋公爵，《陆军史》，《开国五十年史》卷一，第201页。
27 同前，第202页。
28 海军大将山本权兵卫伯爵，《海军史》，《开国五十年史》卷一，第224页。
29 大浦兼武男爵，《警察制度》，《开国五十年史》卷一，第41—42页。"维新之际，全国陷于混乱境地……许多地方遭到暴动袭击，杀伤抢掠，使人民经常处于惊恐之中。于是，警察之设施，最为紧要，鉴于此，政府于明治元年（1868）成立第一支警察队，即江户（京都）所谓市中取缔或城市警察，凡是之前担任幕府警察职务的人，均被委任以新职。但这支警察队伍不久就被遣散，另招募各藩的兵士来担任城市警察。第二年（1869），政府更选拔各藩兵士编成府兵或市保安队，隶属于东京府。1871年，政府又有一次新的改变：设立3000逻卒以保护市民，同时将府兵遣散。于是我国的警察开始有了系统的组织结构。"

量靠什么创办和维持下去？主要依靠重工业、机器工业、采矿业、造船，总之就是战略性行业。"这样，日本工业化的第一阶段就和军事问题紧密地交织到一起，并且也确定了之后工业发展的形态。这种形式在幕府末期就已经十分明显。

西方军事工业最初由萨摩藩、肥前藩和长州藩引入日本。第一个反射炉（用于制造大炮的设备）于1850年在佐贺（肥前藩内地名）建造，1852年建成并投入使用。[30] 最早建造大炮的也是这个藩，他们早在1842年依照荷兰样式制造出大炮。[31] 随即萨摩藩（1853）、水户藩（1855）和幕府（1853）都建造起反射炉，这些都要归功于伟大的军事改革家江川太郎左卫门。[32] 可惜的是，秉持蒙昧主义的幕府低估了他的贡献。[33] 萨摩藩，1854年建成了装备有能制造炮膛机器的工厂，1852年建成两座冶铁矿炉，1853年和1856年陆续建好配备大炮的六艘船只。[34] 长州藩，最早的铁矿厂建于1854年，能够给船只组装大炮的造船厂在1857年也开办起来。[35] 水户藩，在谷善四郎的监督下，于1840年在神崎建造了荷兰式的铸铁工厂和军械制造厂。[36] 1855年，水户藩克服了缺少合适材料的困难，在没有看见过日本南部引入任何模型的情况下，根据荷兰教科书上的步骤指引，建成了一座反射炉。[37]

1855年，德川幕府开始筹建铸铁厂，1861年这座工厂竣工；1857年德川幕府建造了一艘轮船，1865年又在法国的援助下建成了著名的横须

---

30 田边朔郎主编，《明治工业史》，东京，1929，《火兵篇》（军事工业），第15页。
31 同前，第13页。
32 同前，第16页。
33 关于江川太郎左卫门（1801—1855）计划拟订的幕府军事改革所遭受的困难，参阅山县有朋，前引书，第199—200页。
34 《明治工业史》，第19—21页。
35 同前，第28页。
36 高须芳次郎，《幕末水户藩西洋文明输入谈》，《文艺春秋》卷十八第五号，东京，1939年3月，第295页。
37 同前，第296—297页。

贺铁工厂和造船厂。[38]迫于现代化军事的工业需要，德川幕府在战略性行业小规模地引入了机器生产。

明治政府继承了德川政权的种种弊端，因此明治政府首先要完善军备；所以，日本的机器生产是由军事目标紧迫的战略行业孕育出来的。工业技术仍然处于资本主义前的状态，资产阶级的企业精神仍很薄弱，资本积累停滞在较低水平。鉴于以上原因和战略上的考量，国家需要负担起工业集中化和工业进一步发展的重任。明治政府接管了幕府的军事设施，成为采矿和重工业生产的首要经营者。举个例子，幕府创办的东京兵工厂，1870年被新政府接管之后，改名为关口兵工厂。[39]为了尽快提高兵工厂内工人的技术水平，明治政府聘请外籍专业技师来指导，还设立"铳工教育厂"这样的专门机构来传授枪炮制造技术。[40]1870年，明治政府开办起大阪兵工厂，这座工厂的所有器械设备均来自昔日德川幕府旗下的长崎铁工厂。[41]早在幕府时期，横须贺造船厂就聘用外籍技师，不过当明治政府从幕府手中没收了这家赫赫有名的造船厂以后，外籍技师教员人数大大增多。到1881年，当时规模最大的几家大工厂中，有一家工厂雇用了1861名工人（日本人）。[42]日本国内其他大船厂也都被新政府接管：1871年接管长崎造船厂，之后政府转卖给三菱公司；1854年水户藩创建的石川岛造船厂，被幕府征走，之后又被明治政府没收，后来如长崎造船厂的命运一样，被政府公开拍卖了。[43]政府还成立了配备外籍教

---

38 土屋乔雄、冈崎三郎，《日本资本主义发达史概说》，第145页。这个铁工厂和造船厂的合同是在一位能干的工程师兼经理维尔尼于1865年起草的，该工程师在法国公使里昂·罗休指导下工作。工程拟四年竣工，造价共240万皮阿斯特（皮阿斯特，又称"坐洋"，法国在殖民地流通的货币），并计划雇用2000人。实际工厂施工开始于1867年，直到1871年才竣工，期间虽然经过1868年更迭，维尔尼却根据合同规定对新政府忠实地履行了自己的工作职责。

这一著名的海军造船厂的历史沿革详细内容，来自《国民之友》英文版卷二第二号，东京，1897年11月，第546—555页，作者未署名的《横须贺的兵工厂》一文。

39 小林丑三郎，《日本的兵工业》，纽约，1922，第20—30页。
40 土屋、冈崎，前引书，第146页。
41 小林，前引书，第35页。
42 土屋、冈崎，前引书，第147页。
43 同前，第147—148页。

员的工程、技术和海军学校,这些学校中最优秀的学生被送到海外,政府期望通过留学掌握重要行业的尖端技术。[44]

采矿业也遵循同样的发展路径。政府没收了之前幕府或藩政府经营的工矿企业之后,将大部分矿业转卖给与政府关系密切的大财阀。明治政府的政策被日本的一位权威人士做如下简要描述:"当时(明治维新时),为了能够迅速开发,佐渡、三池、生野、高岛、阿仁、院内、釜石、中小阪、大葛和小坂这些重要矿山,都是由政府自行经营的。但在开办就绪、矿厂运营起来以后,政府就将这些矿厂让给了私人。目前,除了少数用于特殊目的的铁矿和煤矿,所有的矿产开发项目都归入私人手中。"[45] 为了提高生产力,明治政府将所能寻求到的最优秀外国专家都聘请到国内。[46]

在明治政府领袖的不懈努力下,日本国内通信和交通得到了迅速发展。为了国家利益,政府领导人对交通运输事业时刻关注。日本铁路建设过程已经提到过许多次;铁路肩负着开拓国内市场的重要使命。尽管之后有私有资本投到铁路的建设中,最初的铁路却是靠明治政府从伦敦借来的91.3万英镑才筹建起来的。到了19世纪末期,在铁路上投资的私有资本超过了政府资本,但是到了1906年,除了窄轨铁路以外,全部铁路都实现了国有化。[47] 从政治军事角度看,我们可以看出,铁路是国

---

44 同前,第148页。
45 古河润吉,《矿业志》,《开国五十年史》卷一,第610页。
46 古河润吉列举了较为著名的外国技师和顾问的姓名,其中有英、法、德、美等国人士。同前,第609页。
　　在明治政府接收幕府和各藩最重要的矿山之中,除了以上提到的,还有没收自幕府的生野银矿(1868年)和佐渡金山(1869年),以及接收各藩的小阪银矿(1869年)、高岛煤矿(1872年)、大岛真金金矿(1873年)和釜石铁矿。三池煤矿最初是三池藩的事业,在新政府统治下,这座煤矿先是借给士族(旧武士)改善经济困境所用,但最终还是直接被政府没收。在工业方面,除已经提到的那些工厂之外,还有横须贺铁厂和赤羽机器厂,其中包括佐贺献给幕府而最终被明治政府没收的各熔炼厂。原来为鹿儿岛藩所有的堺纺织厂,在1872年被政府接收。堀江保藏,前引书,第245—246页。
　　土屋、冈崎,前引书,第151—152页列举了政府没收的11处矿山和转让给民营的时间一览表。
47 铁路国有化的政治、军事和经济理由可参阅渡令吉春,《日本的铁路国有化》,纽约,1914,第57—62页。

家统一最有效的工具之一，它的战略意义始终被政府的军事头脑铭记在心。例如，1892年，政府机关通过并公布铁路建设法案，将铁路归为国有；政府设立铁路会议作为监督机关，这个会议设有二十名议员，其中很多人是军人，而且第一任议长便是当时最杰出的战略家陆军大将川上操六。[48] 关于修建铁路时军事战略观点重于商业动机，有一个有趣的例子。当时在探讨中山铁路的修建时，因为这条铁路要穿过重重山脉，所经过之地人烟稀少，所以可以说在军事意图面前，商业目的要靠后。虽然此项铁路计划的困难和花费都实在巨大所以被暂时搁置了，但正如日本铁路权威专家井上胜子爵说："但是军人却反对（搁置铺设中山铁路的计划），他们一再从中山铁路的战略意义上讲它的有利条件。"[49] 这番军事上的考量，在铺设交通和运输线路的工程之前就已经埋下伏笔。

有一两篇政府公文可以说明政府对电报电话系统的战略意图。1872年8月2日太政官（日本的内阁，统管朝廷的最高机关）回复了对私营电报线路的请求，拒绝了该请求，公文中有如下一段："西方国家确实有准许私营电报线路的，但那都是出于通信目的，但私营电报线路毕竟会有碍政府机关的机要工作。此外，通信涉及与外国的交往，因此，今后宜禁止私人经营通信线路，未来一切通信线缆均由国家经营。"天皇准允了这一呈文。[50] 明治政府极为重视电报线路，在现代军事行动上可见其英明，在1877年萨摩叛乱中，政府有效利用通信设施，以策略制胜。[51]

同样地，私营电话通信设备的请求也遭到拒绝。"那时（1889），政

---

48 小林良正，《日本产业的构成》，东京，1935，第189页和190页注释3。
49 井上胜，《铁道志》，《开国五十年史》卷一，第441页。在这本书另一处写道："当时，山县有朋公爵和其他高级军官都主张有将高崎和大垣连城一线的必要，后来公爵就将他的意见奏请天皇。"同前，第439页。
　　另可参阅陆军大臣寺内正毅面对质询时所做的答辩："从国防的观点来看，目前的铁路私有制，有何危险？"渡零吉春，前引书，第35页。
50 土屋乔雄、大内兵卫校，《明治前期财政经济史料集成》卷十七，东京，1931，第215页。
　　这段记载进而叙述了内务省、刑部省、警视厅和警察署之间在早年所架设的电讯网络线路。同前，第323—325页。
51 同前，第222页。"于1877年西乡叛乱时，电报之重要，唤起了国人对它的重视。"田健次郎男爵，《电讯事业》，收录于《开国五十年史》卷一，第418—419页。

府禁止民众使用电话设备,曾经有过申请设立私营电话的提议。然而政府却倾向于采取与电报同样的策略,在1890年,'电话服务管理办法'开始生效。"[52]

我们引用的这些官方和半官方的片段,并非意在说明上述内容是日本通过工业、铁路和电报通信实现现代化的主要目的,而是为了说明从现代化建设事业一开始,政府就对这些建设的战略价值格外重视。相应地,战略性是源于日本政治防御工事的需要,一面防御自从19世纪初期就已存在的外患,一面防御因为现代化建设给人民过重负担从而招致的内乱。以上关于明治政府建立战略性行业的简要、片面陈述,并没有任何隐喻明治初期工业政策有何罪恶用心,也并不是想要说明现代日本从建设现代化事业起就以征讨其他国家为要义。本书只是想要告诉读者,无论是处于内忧还是外患的政治必要性,新日本的缔造者们对国家工业化建设的战略方面非常敏感。这一切着实应该归功于明治政府的领袖们,他们洞悉时代趋势,果断地重筑国防和经济基础。相比之下,我们也许能注意到,同样陷入困境的清廷却没有能力完成这样的事业。中国没能阻止西方列强入侵的脚步,并不是中国人的错;相反,是清朝政府无情地镇压了国民每一次推动中国现代化的爱国举动。这是统治中国那个异族朝代永恒的耻辱,作为一个众叛亲离和义愤填膺的统治者,清廷为了保住那摇摇欲坠的统治地位,宁可牺牲国土去向外国列强妥协。清廷的卖国政策可以通过一句中国谚语反映出来:"宁赠友邦,不予家奴。"[53] 这种政策逻辑的后果,便是中国在1894年至1895年甲午战争中的惨败。原本为现代化军舰和国防筹措的财政资金,被当时成为老佛爷的慈禧太后和她的代表人醇亲王挪用,去修

---

52 同前,第421页。
53 这段话是意译,原来这句话是醇亲王在廷议中说的,当时正在讨论法国出兵掸邦,以及中国南部日益加剧的不满情绪和反抗问题。这个顽固的保守主义者、西太后的宠臣如此说道:"宁可送给洋鬼子,也不交给反叛的中国人。"引自濮兰德、巴克斯,《慈禧外纪》,伦敦,1912,第166页。

建北京附近她心爱的颐和园。[54] 在当时捍卫国防的中国战舰上，在与日本海军作战时，每一座火炮只有一发炮弹。这件事生动地说明清朝统治者的政策与明治政府的国家重建事业存在着如天堑一样的鸿沟，清廷统治者更看重王朝的安危和自身的享乐，并不看重国家的独立和完整。这番比较可能会让人想到这样一句寓言式的话："外族统治者怎会爱国呢？"[55]

第八节　出于军事需要的日本工业化出发点

上面叙述的是国情事项的一个方面，因为将战略性行业视为首要突破点，所以日本资本主义生产阶段的起始点和后续阶段出现了倒置的情况。[56] 依照典型的资本主义发展路径来说，出发点是商品生产，主要是以

54　这个私自挪用公款的罪名究竟加在哪些人的身上方为公平，其实很难断定。一位权威人士认为，除了慈禧太后的罪过，主要的渎职者是醇亲王。另一位权威人士则将罪名安在了奸佞的太监总管李莲英身上，而李莲英之所以能大肆侵吞公款，乃是慈禧太后的恣意放纵。濮兰德、巴克斯，前引书，第169页及195页。因此，最妥当的说法似乎不是单单指定某一人为挪用公款顶罪，而可以公平地谴责慈禧和她周围的亲信——总之，清朝宫廷全体都有贪污渎职的罪过。
55　这些随意的评论并不能当作比较19世纪中国和日本社会的邓重标准。提到醇亲王和清朝的贪污问题，并不是要将此作为中日两国所走不同道路的原因，而是要借这桩著名事件来使读者思考两国的两条路在事实上是如何的背道而驰。首先得承认，在大清帝国使用爱国主义这类字眼具有潜在的危险性；民族主义观念，对于19世纪的中国知识分子而言，还很陌生，就像美洲印第安人看待货币一样。现代以前的中国，是由无数像细胞一样的半自治团体组成的，这些国民宗族团体都以土地为生，承受着好逸恶劳的官员有限的管控，这样的社会可以产生文化意识，甚至排外情绪，但却不能产生民族意识。中国社会自成一派，对于那种急性子学者将中国同其他类型的任何社会做比较，其实是十分危险，甚至有害的。想要根据中国没有建成工业社会，判断中国失败与日本工业化成功的对比，就必须尽量避免用爱国主义这样的标准，而是要在中国社会固有特性的情况下，探讨商人—高利贷者—官吏—地主的相互关系。学者若想探求商人资本家和国家资本为何迟迟不能发展成为工业资本的原因，就应该把中国社会作为一个整体来研究。

关于中国社会的科学研究，迄今尚未进步到足以让一个外行人士能做全盘概论的地步。但若读者有兴趣进一步探求这方面问题，可参阅E. V. G.基尔南，《英国对华外交（1880—1885）》，剑桥大学，1939，这本书可值得一读。作者在第15章和第16章中附带讨论到为何19世纪的中国未能"正常地"发展成为现代资本主义国家的理由。关于这个问题的详细参考书目，可参阅此书的注释。（另可参阅本书的第二章，注释53。）
56　这里，我们是比较工业发展的顺序的颠倒，而不是比较工业革命的次序或顺序，日本工业革命是直至1880年纺织工业的步调在记录上急剧上升时才开始的。以重工业的大肆扩张为特征的第二次工业革命，则是在第一次世界大战中和战后发生的。

大纺织厂为代表的轻工业，例如像18世纪前夕英国的兰开夏那样的大纺织厂。只有当轻工业发展到接近成熟时，设备机器等工业产品的生产才变得重要。在英国，重工业远没有轻工业重要，直到18世纪末机床发明了，重工业才被重视起来。从轻工业向重工业过渡的正常发展顺序，在日本是颠倒过来的。[57] 在1866年日本引进棉纺织机之前[58]，甚至在外国纺织品进入日本之前，日本就已经建立了机器厂和兵工厂。早在1844年水户藩就开始铸造大炮。[59] 如上文所述，出于陆军和海军的军事目的，早在1856年机器厂就已经在日本南部被建立起来了。19世纪50年代前后，萨摩藩、佐贺藩、长州藩和幕府的直辖领地都分别建成了反射炉、兵工厂、铸铁厂和造船厂。直到1870年，日本才建成第一家配备现代机器的缫丝厂。第一座轻工业工厂是模仿意大利样式的前桥缫丝厂。1872年，法国纺织厂样式的富冈缫丝厂建成。这两家工厂都有意大利和法国技术管理者。[60]

工业发展顺序上出现前后倒置，这给日本技术发展带来一定缺陷。从一开始，战略性行业就受到国家的支持，所以这些行业的技术很快就赶上西方最先进国家的水平。我们已经知道，长崎的兵工厂最初是以荷兰标准执行的，横须贺的铸铁长和造船厂是法国式的，其他的造船厂则是在英国人指导下完成的。日本人受到这些外国技术的训练，久而久之，在技术上足以与他们的外国师傅并驾齐驱。纺织厂也雇用外国的管理人员和其助手，鹿儿岛纺织厂聘请英国人，富冈和福冈纺织厂聘请法国人，

---

[57] 工业化的军事——政治意义是多数权威学者所普遍认同的。关于工业化这一方面的简要概述，参阅堀江保藏，《日本资本主义的成立》，第270—271页。

[58] 第一家有机器设备的纺织厂是萨摩藩在鹿儿岛建成的。岛津久光的儿子岛津忠义（1840—1897），在1864年3月命令家臣新那久修和五代友厚二人赴欧洲游历，在游历期间，二人购办了纺织机器。1866年机器运到，1867年工厂已经准备开工。经理是英国人，在经理手下，有英籍助手六名，日本人200人。土屋、冈崎，前引书，第267页。

[59] 奥查德，前引书，第92页。

[60] 本位田祥男，《日本资本主义的崩溃》，第32页注。

土屋和冈崎写道："前桥丝厂是在瑞士人的监督下，群马县的富冈丝厂则是在法国人的监督下。"前引书，第299—300页。

前桥缫丝厂聘用了瑞士和意大利人。为培训技术工人，政府成立了聘有外籍教师的技术学校，学校里最优秀的学员会被送到国外学习最先进的技术，以便回国后取代外籍教员。[61] 因此，在日本，与军事相关的行业在技术上非常进步，而那些没有什么战略意义，或者在国际和国内市场上，无须和国外商品竞争的那些产品，其生产工艺仍停留在原始手工业的发展阶段上。

明治政府的政策是，将散布在各藩和幕府直辖领地上的兵工厂、铸铁厂、造船厂和采矿厂都归置到政府的控制下进行集中经营和发展，以达到技术效能的最高水平。与此同时，政府还创办如化工厂（硫酸制造厂、玻璃厂和水泥厂）之类的其他战略企业。最后，政府把这些行业中的大多数大企业分别卖给少数可靠的财阀。不过，政府仍掌控着最重要的战略核心行业，诸如兵工厂、造船厂和一部分特定领域的矿业。

第九节　工业政策的改变及国营工厂转让的法律

日本早期工业化有如下特点：对工业企业实行完全的国家管控。这一特点体现在政府对工业企业的处置方法上，政府保留并加强对工业关键领域的控制，将次要的或战略意义较轻的企业出让给私人。1880年政府颁布的《工厂转让概则》象征着政府的工业政策从直接管控到间接保护这一政策的转变。这一政策的转变理由如这条法令中的前言内容："为鼓励工业发展而创办的各工厂，现在已经初具规模，业务也渐趋兴盛，

61　日本领袖们想要在工业领域，尤其是最重要的战略行业赶上西洋的技术水平，这种热切愿望在1869年大久保利通视察鹿儿岛纺织厂时的讲话表达出来："我曾经见到纺织机器，其运转之精巧奇妙，实非言语所能形容。外国人的智慧不知胜过吾人多少，可耻可叹。"引自堀江保藏，前引书，第253页。

外国专家在日本工业化中所发挥的作用，可参阅奥查德，前引书，第90页及以下各页内容。

因此政府拟将这些工厂改为民营。"[62]在《工厂转让概则》的前言中政府表达了这样的观点：政府创办和扶植的各家企业现在移交给私人经营，可以让民营管理者获利。然而松方正义在其他场合却承认：政府管辖下的许多工厂完全无利可图，不但无法为国库财政增加收入，反而是需要扶植的财政流出源头。[63] 逐渐被转为民营的国营工厂，如下文所述，严格来说主要是非军事的工业企业，这样就使政府能够在财政和行政上全力支持军事和战略性行业。一位美国作家没能看出其中缘由，而把这种政策的变更描述为："现今日本，很少有现代工业企业不归功于它们政府的初创。在大多数情况下，政府都竭力尽快从各行业中抽身出来，并将这些企业转为民办，但在某些行业却无法做到，政府只好继续作为某些制造业的实际经营者。"[64]

上面讲的这种倾向不应该被过度解读，好像在工厂出售法案的规定下，新政策将日本工业截然划分为两类：一类是继续由政府控制的军工业，一类是突然被置于放任自由状态的其他非战略行业。1880年之后，政府对工业所采取的新旧政策不同之处在于保护的方式不同。也就是说，在国营工厂出售之后，无论是对军事还是非军事工业，政府仍保留家长式的保护，不过对待的方式不同而已。1881年4月成立的农商务省正是政府为实行新政策而设立的机关。[65]

---

62 《明治财政史》卷十二，第231页及堀江保藏，前引书，第262页。
63 《明治前期财政经济史料集成》卷十一，第215—216页所载的《纸币整理始末》中松方正义的记述。
64 奥查德，前引书，第90页。
65 在工业发展以政府为主导的时代里，当财政、政治和技术上的各项细节均需政府一一加以研究和解决的时候，管理机关是虽然存在不久，但却是非常重要和成功的工部省（即工业部）。它所主管的业务如下：（一）设立技术教育机构；（二）以适当的奖酬培育工业技术和促进工业生产的繁荣；（三）监管和管理一切矿业；（四）建立和保养一切铁路、电报线和灯塔；（五）建造和修理海军舰艇及商船；（六）负责冶炼和铸造各项企业使用的铜、铁及铅矿，并从事机器制造；（七）实施陆地及海面的测量。参阅《明治前期财政经济史料集成》卷十七《工部省沿革报告》，第10—11页。
　　工部省虽然存在不久（1870—1885），在从上层统治者强加下来的这一工业化过程中，扮演了一个必不可少的配角。1881年新设的农商务省在逐渐稳妥地将各项工业让渡到私人手里的同时，依然在变化的环境下维持必要的保护措施。

如上文所述，政府第一批出让的是非军事工业的企业。1881年，政府在广岛和爱知成立了典范式的棉纺织厂，这两座工厂配备当时最先进的英国机器，政府将它们分别出售给了广岛县（1882）和信浓公司（1886）。[66] 品川玻璃厂在1885年出让给石村公司；新町纺织厂在1887年出让给三井公司，1883年，政府将福冈丝厂也出让给三井公司；1883年，政府将福川水泥厂租给浅野公司，第二年该工厂被出售给浅野公司。[67]

在铁路建设领域，自1880年开始，一部分铁路开始取消国营。第二年，日本铁路公司成立，在铁路建设最活跃的时期，该公司获得政府大额的贷款和补助金支持。[68]

政府补贴表现最惊人的，要数海运。早在制定出让工厂的法律之前，政府无偿赠送给创办三菱公司的岩崎弥太郎13艘船只，这些船在1874年远征台湾时用于运输军事物资。很快，岩崎弥太郎又遇到另外一件好事，政府以32万日元的价格购买了官商合办的邮政蒸汽公司的船只，交给三菱公司。[69] 日本政府企图组建起一支强大的商业船队，因此从一开始便对这家公司格外关照，从1875年开始到接下来的十五年间，政府每年都向三菱公司提供25万日元的补助金。[70] 为了支持这家公司的独占地位，政府在1876年颁布《搭乘外国轮船规则》，此举给想要独占横滨—航海这一航海线的英国铁行轮船公司致命的打击。[71] 在颁布"出让工厂概则"后的一段时期内，政府暂时放弃了专门关照三菱公司的政策，试图通过竞争，达到刺激海上运输业发展的目的，为此，政府于1883年建立了共

66　小林良正，《日本产业的构成》，第104页。
67　同前，第104页。
68　井上胜，前引文，《开国五十年史》卷一，第437—439页。
69　小林良正，前引书，第170页。另可参阅卡尔·拉特根，《日本的国民经济和国家支持》，载于施穆勒编的《国家和科学研究》卷四十五第十号，莱比锡，1891，第296—297页。
70　小林良正，前引书，第170—171页。
71　关于这种竞争和三菱的胜利，在《国民之友》卷一第六号，东京，1896，第3—4页所载的《日本航运发展》一文中有所记述。

同运输社，与三菱开始激烈竞争。[72] 三菱公司动用了所有财政资源和广泛的政治代理人和盟友，在1885年成功与共同运输会社合并，成为世界著名的日本邮船会社。此时，政府全力支持这家垄断式大公司，每年给予88万日元的补助金。[73]

政府处理掉一些典型的非军事工业工厂之后，逐步将一部分采矿和造船的企业出让给私人。这一领域最著名的出让事件是1884年政府将长崎的大造船厂出租给三菱公司，几年后，又将长崎造船厂直接出让给三菱公司。[74]1896年，三菱公司又获得了生野银矿和佐渡金矿。[75] 三井公司获得了明治政府从幕府和各藩没收的大部分企业，其中包括纺织厂和有名的三池煤矿。[76]1880年，古河公司从政府手中买下了阿仁金矿，又于1894年买下了院内金矿。[77]

关于政府如何将其掌握的大部分工业企业转移到财阀手中，我们有太多可以继续深入讨论的话题。至于政府出售这些工业企业的真正动机，日本学者所持意见颇有争议。[78] 不过，毫无疑问的是，这一政策极大地增强了财阀的实力，尤其是涉及政府出让这些模范工厂时，价格低到让人

72　共同运输会社的设立，部分原因是作为一种海防措施。参阅饭田忠夫，《岩崎弥太郎》，东京，1937，第221—247页。
73　小林良正，前引书，第171页。
74　关于三菱企业大部分是依靠政府的补助而发展的详细情形，参阅G. C. 艾伦，《日本经济控制权的集中》，载于《经济季刊》，1937年6月，第271—278页。
75　土屋、冈崎，前引书，第151页。
76　G. C. 艾伦，前引书，第273页。
77　土屋、冈崎，前引书，第152页。出让的其他官营企业还有1883年租给三菱、1886年卖给川崎公司的兵库造船厂，1884年卖给阪本公司的中小阪铁矿，1886年卖给藤田组（傅三郎）的小坂银矿。小林良正，前引书，第103—104页。
78　堀江保藏教授曾经将这项法令的种种解释加以综述：（一）为避免政府和私人企业间的竞争（《太阳》杂志）；（二）为避免补助费不公或因为裙带关系有所袒护，在国会开幕前夕，政府表示想要放弃扶植政策而采取自由主义的姿态（高桥龟吉）；（三）政府想借出售工业给享特权的独占公司，这种办法对关键性工业有灵活性的控制权（小林良正和山田盛太郎）。堀江保藏教授本人并未提出任何新解释，但似乎十分赞成上述的第二条理由。堀江保藏，前引书，第262—263页。

感到荒谬。[79] 这一政策的实施过程最引人注目的是如三井、三菱、住友、安田等少数家族,还有仅次于这些家族的川崎、古河、田中和浅野等家族,他们受新政府的财政支持获得有利的市场地位,又通过不断地以低价购买政府手中初具规模的企业而持续扩大势力。最重要的是其中四家财阀——三井、三菱、住友和安田,他们组成了金融寡头的小阵营。这些金融寡头一方面掌控银行,另一方面控制工业和商业,通过两者之间相互联系的杠杆作用,他们得以继续兼并小的工业企业。[80]

如上文所述,政府将手中的一部分企业出让给享受特权的金融家,这一政策使得政府可以专心致力于如往日一样被政府严格控制的军事工业。平定萨摩藩的叛乱以后,政府果断地扩大军事工业;在1881年至1887年间,尽管其他项目的支出在缩减,陆军的支出(增幅在60%以上)和海军的开支(增幅在200%以上)却大幅增加,具体可参阅下表[81]:

陆军费用支出(单位:日元)

年份	常用支出	临时支出	合计
1878年	6,409,005	220,739	6,629,744
1881年	8,179,712	559,060	8,738,772
1884年	10,764,593	771,190	11,535,783
1887年	11,842,619	565,917	12,408,536

---

79 下表可以表示出出售价格与工部省对各有关企业的支出的差距。

公司名称	出让价格(万日元)	政府支出—开办费(万日元)
古河水泥公司	25(包括地价在内)	46.8
院内矿	7.5	19.5
小坂铁矿	2	54.7
品川玻璃厂	0.8	18.9

参阅森喜一,《日本资本主义发达史序说》,东京,1934,第263页。
80 G. C. 艾伦在前引文中强调了这一点。前引文,第278—279页。
81 《开国五十年史》卷一,山县有朋,前引书,第215页,同前,山本权兵卫,第230页。关于1882年的海军扩张和1886年的海军公债,参阅同前引书,第224页。

海军费用支出（单位：日元）

年份	常用支出和临时支出合计
1871 年	886,856
1881 年	3,108,516
1891 年	9,501,692

这些军备扩张计划需要引进昂贵的成品和半成品军事装备。对军工企业这一领域而言，盈利与否并不是首要考虑的因素，一切以战略意义为重。然而，军事工业的大扩张刺激了日本工业对自给自足的渴求。因此，军事工业将日本的重工业发展模式固定下来。

政府在对军事工业企业严加管制的同时，对其他类型的企业给予适当的保护，这种政策一直持续至今，并成为日本工业化历史上的最显著特征。这种政策可以追溯到明治维新以前，那时封建领主们忽然对获取西洋现代化军事装备有了兴趣，而对其他工业企业则没有兴趣。

现在，我们简要地回顾一下这种政府掌握关键行业的独特政策，以及关键行业对官僚阶级的重要影响。

第十节　重要工业和官僚阶级

在德川时代，日本资本积累缺乏，工业技术落后，原材料匮乏，关税的限制，这些条件使得私有资本无法和外国资本在国内市场以及后来的国外市场中竞争，除非从一开始，私有资本就能获得补助金这样的政府资助。[82] 到了 19 世纪末，这种趋势有增强的倾向，因为此时，其他国家从自由资本阶段发展到垄断资本阶段，这就为日本的国家干预创造了

---

[82] 关税自主权的残缺虽然在上文有些地方已经提及，但这个问题对于使国家补贴和国家保护成为不可缺少的政策却有直接影响，所以，应该给予更多注意。然而关于日本工业化的这一方面却有极好的资料可供参考，特别是《太平洋杂志》卷三，1931 年 5 月，第 377—393 页所载的赫伯特·布拉泰的《日本的补助费》一文，以及奥查德，前引书，第 89—90 页。

有利条件，也促使国家资本与垄断资本结合。私有资本和国家资本融合，尤其是与战争经济相关的例如交通运输、钢铁、机械制造等各类行业内，两类资本融合，为官僚阶级增添新的力量，即使政治上没有超越私人垄断资本的地位，至少也是平等的。众所周知，在明治初期，政府控制的一些企业为失去俸禄的武士提供了大量就业机会，而武士中的一部分人，因为担任经理、行政长官和部门的职员，成为新的官僚阶级。[83]从明治中期起，一大批的官营企业转让给私人企业，同时，党派政治小规模地兴盛起来，于是官僚阶级走向瓦解。但最近几年，自从第一次世界大战，特别是在"满洲事件"（九一八事变）以来，日本军事工业的发展意味着国有企业越来越重要，官僚阶级也随之再次兴起。[84]官僚阶级肩负着管理国有企业的重任，即使在之前失意的时期，他们也始终谨慎地集结力量。尽管在明治时期，官僚阶级没有直接承担领导责任，但此刻他们不仅是日本最重要经济活动的监管人，还一手把持军方，一手握住金融资本，试图调和这两大阵营的矛盾。处于调解人角色的官僚阶级已经表现出想要再度掌握政府领导权的倾向，一如明治初年时那样。但时局变迁，今日已非昨日。[85]

综上所述，限制明治政府政策的状况有：第一，资本积累不充分，这迫使政府选择官方经营企业，也促使了资本和经济控制权落入金融寡头手中。甚至在政府放弃一部分国有企业之后，政府的补贴政策就算没有加强，也保持原来的补贴水平。在一定程度上，补贴政策也是条约制度限制的后果，自从1858年日本与外国签订通商条约，关税税率被限制

---

[83] 关于旧封建阶级和新国家企业的关系及其受雇于新企业的情形，参阅堀江保藏，前引书，第270—273页。
[84] 根据1925年的国情调查，制造业、矿业和运输业等国营企业雇用的工人人数在同类工业所雇用的277万总人数中占52.3万人，约1/5。国营企业在这类工业所投资本为296,800万，占100,140万中的30%。在战争工业所依赖的这类工业中，国家在运输业的投资总额中占66.5%，在钢铁的投资总额中占51%，在机器制造业占13%。参阅O. 泰宁、E. 尧汉，《当日本走上战争的时候》，纽约，1936，第104页。
[85] 关于描写最近官僚阶级再次抬头的一篇简短而有启示性的评论，参阅《美亚杂志》，纽约，1938年5月号，第133—136页所载内田实的《集体主义国家的日本》（公开讨论），特别是第134页。

得很低，而1866年签订的关税协定条约又将关税限制得更低。1899年，日本通过修改条约取得了关税自主权，并在1910年实行。第二，政府严格控制军事方面的工业既是出于国际形势的考量，也是源于国内各种势力的抗衡，甚至一直到现在，事关国防的工业都还在政府的严格监控之下。最后，我们发现，日本政府将一部分工业企业出让给少数的金融巨头，其后果是这些财阀的地位在当时更加巩固，时至今日，这些财阀还继续垄断着日本工业生产活动。

　　日本工业的技术发展，有两个显著的倾向。其一是与诸如机械工程、造船、采矿业、铁路之类的军工企业关联密切的国民经济行业在政府的严格控制下发展，其发展不仅受到政策上的关照，还受到政府信任财团的财政支持。这些行业，技术高度发达，紧跟西方最新的生产模式，是国家官僚的得意之作，甚至在大部分企业落入私人手中之后，这些官僚依然尽心地保护。其二是我们可以看到，无论是销往国内市场还是销往国际市场，典型的日本产品制造业仍旧处于"无人关心"的停滞阶段。这些制造业由小商人和高利贷商人把持着，生产技术被迫停留在原始阶段，只得雇用大量的家庭成员和妇女做工。

第五章

土地改革及其社会影响

明治初年的土地改革是理解现代农业状况和日本整个社会的基础，这部分内容远不是一章内容能讲清的，应该用一本书。所以本章将对这一问题的阐述高度压缩，以求精简，因而也许会有武断的问题。现代日本农业有着独特的地主与佃农关系，生产规模小，农业技术原始，这些特点都是自明治初年就定型的。土地改革这一主题，不仅有农业本身的价值，也是很多社会现象产生的根源：劳动力市场的出现、制造业产品的国内市场的形成与限制、以日本特有形式形成的人口过剩现象、日本工人运动的发展和特点、女工的地位，等等。在本章中，我们只针对上述社会现象的两三项来讨论，特别是自由劳动力的形成（前一章中工业化的三项先决条件中的最后一项）、日本人口过剩的类型、家庭手工业或者家庭副业的意义这几项。不过，我们首先需要考虑最核心的问题——明治初年实行的土地改革。

第一节　土地私有的趋势

在封建制度下，新地主阶级是在暗中兼并土地的。明治维新以后，土地兼并被合法化了。从封建制度解放出来的农民成为名义上土地的自由持有人，但这一过程实际上却使农民更容易失去土地，因为土地买卖的禁令和土地划割的限制都被取消了，土地强制拍卖、抵押之类各种形式无限制获取土地的买卖方式都被合法化了。因此可以这样说，明治维新的确解放了农民，但这仅仅是对拥有土地的自耕农而言，对耕作的佃农来说却不尽然。明治初期的农民大多是独立的自耕农，尽管没有确切的数据，但据估计维新之后佃农耕种的田地仅占全部耕地的 30%。[1]

---

[1] 佃耕地占 30% 这一比例数字是根据当时和之后所做的区域性估计。例如，根据在 1883 年 18 县的调查，佃耕地占全部耕地的 34.2%，1887 年同一些县中所占的比例数字已经提高到 38.09%。参阅土屋、冈崎，《日本资本主义发达史概说》，第 220 页。1884 年在其他十六县调查所列的佃耕地数字是 39.8%。同前，第 221 页。根据地方统计的研究所做的另一项估计，则将地税改正前一年——1872 年日本全国佃耕占比数据算作 30.06%。平野义太郎，《日本资本主义社会的机构》，第 55 页。

1872年，政府取消土地买卖的禁令，这成为建立现代土地税的第一步。我们从1871年9月大藏省（国家财政部门）提交给太政官（国务院）的报告中可以看到这一点："如今政权全部归至朝廷，一时间国家的所有政务皆须统一，故需制定法律，统一税制，此为治国要务……废除古法，准许土地买卖，采用统一地租制度收取地税。但制定新法，最忌仓促颁布，因此，应先准许田产永久买卖，再制定简易征税法令。"[2]我们再引用一段话来说明土地税改革对土地自由出让具有重大意义。[3]地税改革的主要策划者之一神田孝平在1871年的建议书中写道："或有反对地税改革者，如此刁难'古时计户（或计人口）授田，以防田地兼并，而均贫富。如今忽然一反古法，准许田地买卖，恐怕会事与愿违，后患无穷'。此问题，可如此答复：人，有智，有愚，有勤，有惰。智而勤俭者渐富，愚而懒惰者渐贫。今日若为防止土地兼并而均贫富，则无异于夺富人者而授贫者，长此以往，势必会泯智者之智，灭勤俭之才，而鼓励民众愚钝与奢逸。"[4]此处的"勤者富，惰者贫"这一老生常谈更加证明了封建式家长制和共同责任观，现在都要屈从于个人地产的自由处置权。历史的车轮无情地向土地私有化方向转动，在每个时代和国家，像佃农、传统的地主或者自耕农等卑微小民，都在历史车轮下粉身碎骨，日本也不例外。

2　小野武夫，《明治维新农村社会史论》，东京，1932，第189页。
　　准许谷物自由种植的1871年9月法律，也是走向土地私有合法化的一步。
3　参阅《历史和地理》卷二十第六号，东京，1927年12月，第450—482页，牧健二，《明治初年土地全部永久出售的解禁》。作者解释了为何这项措施是承认土地私有的第一步，即加强地税改革的倾向。同前，第463—464页。
4　明治财政史编纂会，《明治财政史》卷五，东京，1904，第319页。

第二节 1873年地税改革条例

1873年政府颁布了《地税改革条例》，一举将现代日本农业领域的关系确定下来，所以我们有必要占用几页篇幅来探讨《地税改革条例》的结构和内容。

建立一套统一的地税法令的前提是按照土地价值来征收地税，而不是按照封建制度下地主和佃农的生产物分配制度，这就要求无论是被佃农还是独立的自耕农耕种，每一块土地都必须有一位确定的所有人。换句话说，如果想要实行拟定的地税法令，就必须充分确定土地的私有产权。上文已经提到促成调整地税法令的一些理论措施，这时，为了进一步落实地税改革工作，政府分发一种叫地券的土地所有权证。第一批地券在1872年1月分发给农民，第二批在2月分发，最后，同年的7月分发了第三批地券。[5]

---

[5] 地券或称凭证，引发一些与本文无关的微妙的法律问题。早期的地券制度是树立土地私有制的一个框架，而且外国文献中迄今没有对此问题充分讨论过，因此有必要这里对这种土地所有权凭证做一番详细的介绍。

1871年12月，太政官宣告废除在东京的武家土地和町地，这些土地在德川时代是豁免租税的。未来将按地价判定需要缴纳的地税，这是从法律上承认个人土地所有权的第一步。第二年（1872），大藏省颁布《东京府地券发行章程》，规定了地券发给旧武家土地和町地所有者的方针。东京之所以被选为土地改革的试点，是因为那里最早承认土地私有权。尽管德川时代土地买卖的禁令在1843年就已经公布，但在江户地区，土地买卖一直在町人和武士阶级之间自由地进行。首选东京府进行改革的另一理由是，那里一向是豁免土地税的；政府颁发地券的办法，明确地表示出政府将来对这类土地一律征税的意图。政府采取这种预防手段，是为了避免遭到不公正的指责。

第二次颁发地券是在同一年的2月24日，即解除土地买卖的禁令九天后。这次地券是颁发给维新后购买土地的人们，即以买价作为最初评定地价的根据。

第三次颁发地券是在同年的7月，那时，土地私有已经明显地成为大势所趋，并且拥有土地而尚未领到地券的人们，急于获得他们财产的法律认可。在第三次分发地券时，关于所有权的证据，特别是最近没有发生土地买卖行为的地方，发生了许多技术上的困难，而在双方权利主张真假难辨的时候，很自然地，狡诈欺瞒的手段往往得逞。无论如何，在最后一次发放地券完成后，许多人感到不满，这种情形不足为奇，因为常常出于习惯和传统，人们声称自己拥有土地的证据，由村长（庄屋或者名主）保管，这些材料上的土地所有权记录往往不全面也不准确。村长毕竟是普通人，实际上，很多时候会更倾向于地主，而不是农民。这些村长更愿意听进去富有教养的高利贷商和地主的话，听不进去农民的话。这些农民拙于言辞，也不识字，但按照惯例和世世代代耕种的占有使用现状，就该是最好的证据，他们是这样认为的，这样的证据不比纸质文书的证明性差。在某些地区，因为分发地券不可避免地激起了民众的不满情绪，有些地区甚至发展到了怒不可遏从而导致骚乱的地步。

乡村公地最初登记作为村产，最后在1889年7月划为官产。

关于上述详细情形，主要参考资料为小野武夫，《明治维新农村社会史论》中《地券制度》一节，第185—203页。

地券制度是根除封建土地制度的新力量，增强了民众对土地私有观念的认同。同时，在进行全国的土地丈量（1875—1881）之前，政府要以土地买卖价格确定纳税额，地券制度又提供了纳税额的根据。事实上，土地交易（无论是买还是卖）是政府签发地券的首要基础。这些证书或称地券，是在1889年3月22日政府颁布土地法案之前，证明土地所有权的唯一证据。但在法案颁布以后，政府收回了所有地券的副本，相应地，此后土地所有权均由区裁判所（下属辖区的法院）在台账（登记本）上登记，并由治安裁判所（原为治安官，官制改革后更名）颁发执照，作为凭证。[6]

修正地税法案不是仓促而就的权宜之计，而是一项改革，是由政府中最博闻强识人士经过长期的思虑考量之后提出的。井上馨、大隈重信、加藤弘之、神田孝平和松方正义，这些与《地税改革条例》相关的人士，都如雷贯耳。经过对所有相关修改记录耐心、彻底地检查和各大小会议的审议之后，在1873年年初，修正后的法案才正式公布执行。立法者深知，如果想寻求政府财政收入稳定，就必须有一套统一的租税制度——既容易征收税金，又难以逃税漏税，最主要的是，不能因为农产品的收成不稳定而随之波动。在1870年的地税改革建议书中，神田孝平将旧制度下的税制缺点总结得很好："如果实行旧制度中的地税法令，第一，法令会招致很多麻烦；第二，因为可以从中作弊、逃税漏税，财政收入将减少；另外，这样立法既没考虑到人民的利益，而对于法律而言它又漏洞百出，将给国之财政带来损失。"[7] 关于地税法案修正问题，1873年，政府召集县级官员召开专门会议讨论，会上意见大致分为三派。最后，意见赢得广泛认同的是其中一派，他们主张对地税进行彻底的改革，而不是在旧制度上修修补补。在大藏大辅大隈重信（在大久保利通出访欧洲期间，兼任大藏省职务）的领导下，这项地税修改法令执行起来。在执行过程中，包括税金由实物转为货币，根据地价征收税金，这为后来进

6　同前，第186页；以及拉·马兹来西尔，前引书，卷五，第113页。
7　引自土屋、冈崎，《日本资本主义发达史概说》，第50页。

行全国范围土地丈量埋下伏笔。[8]

《地税改革条例》的三条基本原则是：（1）之前的征税标准是收获量，现在则以地价为准；（2）征收地税的税率为土地价格的3%（在1876年曾短时间调整为2.5%），这一税率是固定的，不论年景是好还是坏，也不论收成是高还是低，都没有家长式封建制度那种调整租税比例的情况；（3）废除实物征收，改征货币。[9]除了过去以1%税率征收租税的少数地区之外，这种按3%地价征收地税的税金，实际上确实比以往封建地税的负担有所减轻。[10]但《地税改革条例》的意义远不止这点，它不仅意味着封建租税体系的量变，也意味着租税问题的质变。新旧地税制度的区别可以总结为如下：第一，过去租税形式五花八门，有幕府和各藩任意征索的，也有按照惯例征收的，如今是在中央政府的管理下统一征收。第二，过去是向直接生产者征税，不管纳税人是佃农还是自耕农，现在只向土地的所有人征税，不管是自耕农，还是收租的地主。第三，在旧社会制度下，税金是根据产量或者耕种农作物的种类收取，但在《地税改革条例》修订后，地税的税率统一固定为3%，不论收成的丰歉。第四，过去征税以征米为主的实物地税，今后改成货币缴税。

明治政府的领导人认识到，急需采取措施来避免财政收入的波动，

---

8 同前，第56—57页。地税改革后土地丈量时采取的评定地税标准，是以每块田地五年内的平均产量总和，按照当地一般的平均米价核算而规定的"法定地价"。然后，再将这笔地价作为征收地税的标准。每六年评定一次，但是这个计划并没有付诸实践。鉴于上述情况，可知土地评价的标准与按照土地生产量来定纳税能力的封建观念并没有根本差别，关于上述问题，参阅小野英二郎，《日本的工业变迁》，载于《美国经济学会会刊》卷二第一号，巴尔的摩，1890年1月，第32—33页。

9 经过维新时期一直残存到1873年作为权宜之计的租税制度，虽然是旧封建租税的继续，却是按照全国标准而不是按照藩标准征收的。参阅本书第三章的注释77。

10 据官方记载："在旧（幕）府政府统治下，地税是五公五民，但有例外，所以实际上往往是三公五民。而如今地税以地价的3%为固定税率，若收获量按照100%计算，那么地税则为24.5%，比以往减少了4.5%。"《明治财政史》卷五，第336页。如果将1%的地方税加到地税上计算，就税率而言，实际上与旧封建税额并没有相差多少。

这种实际情况也为一些重要的权威人士所证实，例如池本，前引书，第263—264页引用了小野武夫的估计，该书对征税的税率做分析时，以下述明确论断做结尾："在这种情况下，我们认为，改革后，地税的负担锐减。"同前，第264页。这里指的1876年地税从3%减至2.5%的情况。

关于明治初年过渡时期各个阶段中，国家、地主和佃户的生产物分配表，参阅本书本章注释29。

这是由于收成每年有变化，米价或者其他实物征收品的价格也会波动，这就造成税收不稳。换而言之，为给政府提供稳定的财政收入来源，明治政府领导人此刻践行着现代财务上的预算制度。在这样一个关税还无法自主的农业国家中，军事开销高昂，为现代化工业发展的资本消耗，维持大批官僚工作的费用，这些无比沉重的负担都要依靠地税，这一财政收入来源如此重要，因而不能有任何波动。上文我们提到过，给土地买卖解禁是迟早实行的举措，这项措施理论上为新税制开辟道路，扫除障碍，地税收入不应该再取决于每位地主的个人纳税能力，这对保证确立新税制是至关重要的。换句话说，凡是从法律上认定为土地所有者的人必须对其拥有的每一亩土地纳税，不论是谁在该土地上耕作。新旧税制还有另外一个根本性差异。在封建制度下，封建统治者向农民征税的原则是多多益善，只留给耕种人的仅够活命，用当时一句流行的话来说，"只给农民苟延残喘的机会而已"。[11]征税制度的执行是以各村中团体——五人组为基础的，为方便行政管理，乡村中每五人组成一个团体[12]，这种办法不但使得农民更加贫困，也使贫穷更加普遍。但在新政府的统治下，承担纳税责任的纳税人从生产者转移到土地拥有者，农民这才从封建制度的束缚中解脱出来，同时，也丧失了封建领主那种家长式的关照，这些封建领主有着"让农民求生不得求死不能"的问题心态。在新社会，农民们有选择自身命运的自由；他们可以选择生，也可以死，可以选择继续在田地上耕作，也可以选择将田地卖掉去城市。如此一来，虽然大部分农业人口从封建的残暴统治下解放，与此同时，与地主获得土地私有权的保证相比，农民们却没有受到和地主一样的国家保护。小自耕农的处境贫困潦倒，随时面对自然的（谷物歉收、暴风雨、旱灾）和社会上的（米价涨跌起伏）变化多端，还不能逃避每年给政府缴纳固定数额的货币税费义务。为了应付交税这一义务，小的自耕农或者选择放弃留

---

11 参阅桑瑟姆，前引书，第457页。
12 关于五人组，参阅本书第三章，注释80。

在土地上挣扎求生，卖掉小块田地，或者是向农村的高利贷求助，走上了漫长艰难的还债道路，而且随时有丧失抵押物的风险。[13] 此外，农村的资本经济发展水平很低，突然间要求将25%至30%的收入兑换成可以用于缴税的货币[14]，这给偏远地区以小型自耕农民带来沉重负担。他们以耕种面积狭小的田地为生，还没有被纳入国内市场中。从一个相对自给自足的环境被强行推到以市场为主的处境，农民被迫在庄稼收割后就卖掉谷物，从而面临因为米价波动造成的困境，而米价波动却不会影响到大地主的处境，因为大地主可以将米谷贮存在粮仓内。[15] 这里讲的是小型

---

13 "农民无偿地取得了土地，而不知道所得土地的代价是什么，仍然过着没有远见的生活。对于农民来说，缴纳定额的货币地税似乎比缴纳给封建领主的实物地租还要负担沉重，因而负债累累，大部分田地落到了高利贷者手中。"拉·马兹来西尔，前引书，卷五，第132页。

14 "一反稻田，收获量暂且估计为一石六斗，米价按照每石3日元折算，则一反稻田的总所得为4.8日元。除去肥料、种子等生产成本72钱，也可算作总所得的15%，再除去120钱的地税和40.8钱的地方税，剩下共计244.8钱。"这是大藏省在研究地价和平均产量时所做的理论上的估计。《明治财政史》卷五，第346页。

所以，仅仅1.22日元的地税即占按照货币计算的田地总所得（4.8日元）的1/4，连同附加的地方税（加上地方税共1.63日元），则达总所得的30%。

15 在地税征收货币税、地租按实物收取的这种特殊办法之下，寄生的地主占据比自耕农更优越的地位，可说明如下。地主所分得的生产物是减去（货币）地税之后而余下的（米）。所以地税是不变的，而地主所得则根据收获量、米价和生产成本（种子、肥料和农具等市场价格）价格波动而有所变化。自耕农则要承担波动和可变因素带来的风险，这使自耕农的处境比地主容易受到打击。这番解释可以解读明治初年佃耕地增加过程。关于米价波动对于自耕农逐渐失去所有物这一影响，参阅三木庄三郎，《日本的劳工问题》，哥伦比亚大学图书馆收藏原稿未刊发行，1900，第3—4页。这位作者将1873年至1894年的米价波动情形列成统计表，同前，第4—5页，这里引用该表。

米价波动指数表，1873年—1894年（以1873年价格为100）

1873年	100	1884年	110
1874年	152	1885年	138
1875年	149	1886年	125
1876年	107	1887年	103
1877年	111	1888年	105
1878年	133	1889年	125
1879年	166	1890年	186
1880年	220	1891年	146
1881年	221	1892年	151
1882年	184	1893年	154
1883年	131	1894年	165

自耕农，他们有自己的土地，因而也需要交地税。佃农仍需要缴纳地租，大部分仍是以实物为主。对地主而言，除了给政府缴纳一定量的地税之外，其余的地租就成为净收益。因此，修改地税法令扩大了商业作用，加速了抢夺农民土地这一不可避免的趋势，还加剧了土地在地主阶级手里的集中程度。我们看一下这种趋势的发展形势和速度。

第三节　农民丧失土地

从1883年到1890年，因为拖欠缴纳地税而受到将土地没收、公开拍卖处分的农民有367,744人。其中，有77%的农民是因为贫穷而无力交地税。地税欠款总额是114,178日元，平均每人31钱*，被没收、公开拍卖的土地面积总计47,281町步（合英亩数为115,838.45），土地价值总额为4,944,393日元。按整数来说，被没收、拍卖的土地价格相当于拖欠税款的27倍。[16]农民被剥夺土地风潮之迅疾，可以从抵押和公开拍卖的数据中一目了然地理解，这些数据资料来自保罗·马耶特。因为明治初年这类的数据十分难得，我们这里摘录一些供读者参考。我们在如下表格中，给出冈山县的数据。[17]

---

*　钱，日本铜币，1/100日元。——译注
16　这些数字是引用自德国农业专家保罗·马耶特的一篇论文，他被日本政府聘请为农业保险领域的顾问。这篇论文被斋藤铁太郎等人翻译成日文，标题是《日本农民的疲弊及改进措施》，载于《日本产业资料大系》卷二，东京，1926，第424—425页。
17　保罗·马耶特，《农业保险》，英译本翻译者阿瑟·劳合，伦敦，1893，第64页。

冈山县的抵押负债表

年份	房屋和土地的抵押 金额（日元）	房屋和土地的抵押 人数	公开拍卖 金额（日元）	公开拍卖 人数	破产情形 金额（日元）	破产情形 人数
1879 年	2,881,300	63,577	105	9	5,699	52
1880 年	4,123,940	78,023	259	24	2,916	54
1881 年	5,322,164	86,470	1,798	40	5,132	84
1882 年	6,097,271	107,574	7,481	106	22,342	199
1883 年	7,072,120	137,008	21,414	520	58,811	493

上表显示出一县之内土地被剥夺的激烈程度，如果我们观察一下全国的形势，会发现农民土地被剥夺的情形十分普遍。"根据明治十四年（1881 年）日本全国抵押借款官方报告的数据，抵押总金额高达 1.41 亿日元，而地税总额仅有 1.23 亿日元，借款总金额为 200 万元。抵押借款人均 72 日元，这说明日本国内对小额抵押信用借款有巨大需求，而这样的需求是任何中央政府都无法满足的。"[18] 一位法国的观察家也分析了日本农民贫困的情形："1884 年，日本本土已登记的抵押借款已经高出法定低价 16.3%，如果把未登记的抵押贷款计算在内，那实际数额还要高出很多。"[19]

这些数字显示出高利贷在日本农村中所占的主导地位，也表明了高利贷在剥夺农民土地时所发挥的作用。[20] 从伊豆散发的告示和政治传单中，我们可以看出高利贷资本的势力，这些政治宣传品是由"欠债党"——

---

18 马耶特，前引书，第 64 页。1881 年日本抵押借款的概括数字按照府县分别罗列、土地町数（1 町 =2.45 英亩）、按照地价推算的地税、抵押借款的总数和件数，参阅同前，第 65 页。
19 拉·马兹来西尔，前引书，卷五，第 132 页。
20 马耶特，前引书，第 3—5 页。"'可出售的产品'和'售价'这两个因素一旦在任何年份中跌落到地税改革前的均价以下，那么对于农民而言，固定的高额地税就变得异常沉重。于是，农民不得不陷入负债的境地。实事求是地讲，农业原本需要的是低利长期贷款，分期还本而且保证不突然要求一次性还清。可是，农民却只能得到高利率短期贷款，既无分期偿还办法，又无法防止突然索还的保证。由于缺乏这种办法，所以农民落到高利贷商的掌握中……"

"日本农业没有适当的抵押贷款、保险和储蓄之类的办法，所以不能应付高额固定的统一货币地税。因而几年来已有数万农民破产，无助地落入吸血的高利贷商手中。今后数十年内，这样重蹈覆辙的人们仍然会很多。"引自马耶特写给内务大臣山县有朋的书序，马耶特，同前。

借金党（党派名称，贫穷农民为反对大规模没收土地而组成的组织）制作、印发的。根据那些公告上的内容，13%的利率被当时的农民认为是非常厚道的利率水平，将本息偿还期限从三年延长到五年也同样被视为仁厚的做法。[21]

从1880年至1890年，《地税改革条例》全面实施的这十年，是日本土地所有权变动最惊人的时期，其中变动最快的时期是1884年到1886年。拉·马兹来西尔写道："在1884年，日本本土（包括城市在内）的土地买卖价格总额已经高出地价总额的4.8%，而1886年这一比率甚至高达5.1%……在20年内，在旧日土地所有人的土地被剥夺后，紧接着又发生了土地所有人的转变；从经济和社会的角度来说，日本所经历的困难甚至超出大革命时期的法国。"[22]

如果检视拥有选举权（缴纳地税5日元及以上者）和被选举权（缴纳地税10日元及以上者）的人数下降情况，我们就会明白，纵然看不出佃农人数增加的迹象，不过中小型自耕农的境况是持续恶化的，这种情况为继续剥夺农民土地做足了准备。如下表格给我们提供了可参考的信息。[23]

21　同前，第68页。
22　拉·马兹来西尔，前引书，卷六，第133页。
23　上述表格引自平野义太郎，前引书，第71—72页。为明确起见，可以这样说，选民团体所决定的不是国会，而是府县议会。关于详细情形，参阅麦克拉伦，《日本公文集》，第272—276页。第一届日本帝国议会在1890年召开，选举人资格是在制定选举人名册以前，缴纳国税15日元以上，为期满一年者。

有选举权人数统计表

年份	人数 （缴纳地税 5 日元以上）	相对增减 （假定 1881 年为 100 人）
1881 年	1,809,610	100
1882 年	1,784,041	94
1883 年	1,718,020	94
1884 年	1,682,419	93
1885 年	1,637,137	90
1886 年	1,531,952	84
1887 年	1,488,107	82
1888 年	1,505,183	83
1889 年	1,462,183	81
1890 年	1,409,510	78
1891 年	1,175,054	64
1892 年	1,120,643	62
1893 年	1,118,508	61
1894 年	1,083,697	59

有被选举权人数统计表

年份	人数 （缴纳地税 10 日元以上）	相对增减 （假定 1881 年为 100 人）
1881 年	879,347	100
1882 年	878,840	99
1883 年	871,762	99
1884 年	849,244	97
1885 年	840,965	96
1886 年	809,880	92
1887 年	802,975	91
1888 年	803,795	91
1889 年	814,022	93

续表

年份	人数 （缴纳地税 10 日元以上）	相对增减 （假定 1881 年为 100 人）
1890 年	755,412	86
1891 年	621,382	71
1892 年	593,273	67
1893 年	589,803	67
1894 年	574,269	65

  1892 年，包括北海道在内所有日本适宜耕种的土地中，佃耕土地增加到 2,031,958.5 町步（合英亩数为 4,978,278.33），占耕地总面积的 39.99%。[24] 佃农的数量并没有特别的参考价值，因为很多佃农一半是佃农生产一半是自耕，但这个数字也显现出原本独立的自耕农转变为佃农或

---

24 土屋、冈崎，前引书，第 221 页。上述一节所根据的统计表不妨转录于下，因为关于明治初年的这类统计数字在西文文献中暂时不容易获得。

年份	自耕地 （单位：町）	佃耕地 （单位：町）	合计 （单位：町）	佃耕地在耕地总面积中所占百分比
1883 年（3 府 33 县）	2,160,599.5	1,255,107.7	3,415,707.2	37.00%
1887 年（内地及北海道）	2,795,707.3	1,813,465.4	4,609,172.7	39.34%
1892 年（内地及北海道）	3,049,046.3	2,031,958.5	5,081,004.8	39.99%

另一位学者列举 1873 年以来佃耕地的百分比。1873 年佃耕地所占比例为 31.1%，1883 年增加到 36.75%，1887 年增加到 39.43%，1892 年增加到 39.99%。值得注意的是地税改革后第一年增加的尤其多。参阅我妻东策，《明治前期农政史诸问题》前引书，第 89—90 页。

半佃农的明显趋势。[25]

第四节　农民丧失土地及其影响——英日两国对比

有这样一个相似的进程发生在英国，即随着资本主义渗入农村地区，

---

[25]

年份	自耕农（户）	半自耕农	佃农
1883年（3府28县）	1,706,476	1,676,634	951,266
1888年（3府28县）	1,477,772	2,000,345	954,498
总农户的百分比				
1883年	39.83%	38.65%	21.94%
1888年	33.84%	45.13%	21.53%

土屋、冈崎，前引书，第222页。
请注意这个时期自耕农人数的锐减。大多数脱离自耕农类别的农家，大概最初是转入半佃农半自耕这一类别中，而不是转入纯佃农一类。这说明了农民被剥夺土地的曲折、不整齐的步调。
最近佃农的数字如下：

土地分配和佃农（户数的百分比）

	1910年	1920年	1930年
自耕农	33.40%	31.30%	31.10%
半佃农	27.40%	28.10%	26.50%
佃农	39.20%	40.60%	42.30%

上表载于《本邦农业要览》，东京，1931，第33页，并转载于石井，前引书，第154页。1914年以来佃耕地面积的百分比如下：

耕地水田旱田比例变更表

	水田		旱田		合计	
	自耕农	佃耕农	自耕农	佃耕农	自耕农	佃耕农
1914年	49.0%	51.0%	60.1%	39.9%	54.5%	45.5%
1921年	48.4%	51.6%	59.1%	40.9%	53.7%	46.3%
1926年	48.9%	51.1%	59.8%	40.2%	54.2%	45.8%
1931年	47.6%	52.4%	61.1%	38.9%	52.7%	47.3%
1934年	46.8%	53.2%	60.1%	39.9%	52.9%	47.1%

上表载于东畑精一，《日本农业的开展过程》，东京，1936年（增补改订版），第74页。

农民失去土地的情形：为了发展畜牧，英国在16世纪进行了圈地运动，为了种植谷物，又在18世纪进行了更彻底的圈地运动。经济运行中的各种力量促使小土地所有者急剧减少，这些小土地所有者没有足够的资本、土地资产，无法在市场中和采用先进、科学的农业生产方式。而且，这些小土地农民的家庭制造业又被兰开夏的新式机器工业碾压，因此他们不得不离开土地，迁移到城市。在英国，圈地运动不仅伴随着土地集中于少数人手里的过程，还伴随着农业生产规模的扩大。[26] 在日本，这一过程却非常复杂。和18世纪的英国圈地运动不同，在《地税改革条例》实施后，失去土地的日本农民，并没有在几年之内大批量地迁入城市。相反，在土地上耕作的农户并没有在数量上呈现绝对的下降趋势。[27] 农民身上出现如此矛盾情况的原因在于，农民的土地虽然遭到大规模剥夺，不过他们却仍以佃农或是半佃农的身份留在土地上，这并不仅仅是因为众所周知的情况，即明治初年和中期，日本的工业尚未发展到能够吸收失地农民的程度，甚至在日本工业化以后，从事农业生产的农户依然保持着持续稳定的增长。这一问题的解答似乎存在于"佃农—地主"这一关系之中。在日本的土地租佃关系里，极高的地租导致土地被划分得越来越小。日本地主出租土地的特点——高额地租，使得不耕作的土地持有

---

26 "从1765年至1815年，价格几乎不断地上涨……要求尽量多产谷物的欲望自然很强，为了这个目的，小田地被并进入大田地。"
　"大谷物农场的时代已经开始，一直持续到将近19世纪末，这往往和畜牧发展相结合的。"喀特勒，《圈地和我国土地的重分配》，牛津，1920，第28页。
　"在那时期（1760—1875），英国农业家的注意力主要集中在种植谷物，因为这样可以最大限度地将农场的经营方式和机器运作发挥最大效用，提升到最高价值。小农场受到一切农业管理部门的歧视。"同前，第241页。
　"在1793年至1850年间，小农场绝迹，大农场兴起……"
　"大农场即这样成为英国农业的典型特征，因此更加迈向新的胜利。" L. C. A. 诺尔斯，《19世纪的英国工商革命》，伦敦，1921，第363—364页、第368页。
27 1910年，农户的总数计为5,497,918，1937年农户数为5,574,879，农林大臣官方统计科编，《农林统计》，东京，1939，节本，第18页。另参阅本书第149—150页（第五章第七节《停滞的过剩人口问题及劳动力市场的形成》最后一段）。

人醉心于收租[28]，而没有促使地主像资本家那样将资本投资到农业经营中。[29]在英国，农业方面的资本主义得以发展，使土地集中到少数人手中，这些人凭借国会颁布的强制圈地法令，驱逐了旧传统下的佃农，提高了

---

28 "关于这一点，我们还必须指出，在日本，地主只需缴纳地税，其他一切耕作的开支均由佃农负担。所以日本的地租，虽然不像其他东方国家那样高到离谱，但与西方的古老农业国相比，却还是颇高。根据《日本农业年鉴》的记载，日本地租为英国的7倍，德国的3.5倍，意大利的4倍，丹麦和荷兰的3倍。"石井，前引书，第155页。

29 下表将国家、地主和佃农在农产品的分配中所占的比例简单分析如下：

	国家	地主	佃农	合计
封建制度下五公五民实物地税时的分配额	50%	18%	32%	100%
地税改革前夕（1873）	34%	34%	32%	100%
1874年—1876年，以平均米价为基础	13%	55%	32%	100%
1877年减税后并以1878年的米价为基础	12%	56%	32%	100%
1878年—1887年，以平均米价为基础	11.50%	56.50%	32%	100%

本表第一行摘自森喜一，前引书，第167页，其余各行摘自平野义太郎，前引书，第30页。稍加浏览，我们就可以注意到地主的地位在地税改革（1873）和减税（1876）时得到如何的加强。关于最近的情形，我们可以读到下述一段话："根据调查所得，据说就全国而言，佃耕地生产物的54%为地主所得。"丹尼尔·布坎南，《日本的农村经济》，载于《经济季刊》卷三十七，哈佛大学，1923年8月号，第571页。这种说法在下列统计表中大体能予以证实，此表是根据农商务省劝农局在1915年和1920年间所做的缜密地租调查而制定的。

占生产量总值的水田旱田地租平均率（1915年—1920年）

水田

田地	缴纳物	高租率	普通租率	低租率
一年一熟地	米	53.30%	51%	46.90%
一年二熟地	米	57.40%	55%	52.90%

旱田

缴纳物	百分比
米	40%
大麦	40.60%
豆	35%
货币	27.60%
黑麦	26%

根据1915年至1920年的普遍地租调查，一熟地的中等地租为50.2%，二熟地的中等地租为54.6%。统计表见石井，前书，第156页。

种植效率，将土地作为资本经营项目来谋利。[30]英国旧日半封建传统下的佃农从此被赶出了土地，只好举家在快速发展的城市工业中寻找工作。然而在日本，因为有高额地租的诱惑，地主和高利贷商并不想逐出所有的旧佃农或者自耕农而由自己经营；地主们宁愿让农户仍然在狭小的田地上耕种，从中抽取高额的地租。随着往日辉煌的家庭制造业的没落，以及人口出生率的封建限制被取消后，农村人口过剩的压力加重了。[31]现代工厂制工业兴盛起来，为了补贴家用，家庭中的年轻人，特别是女性，离开农村去往城市。这次人口向城市流动的过程，尤为重要的一点是：农业家庭的人口过剩，家庭制造业的崩溃又加重了家庭贫困境况，与此同时，纺织行业蓬勃兴起。纺织业是日本第一次工业革命的核心，并始终是工业的重要部分，尤其是在出口贸易方面，纺织业始终有重要地位。这使得纺织业从人口密集的农村招募女工成为可能，其结果是，纺织行业的劳动力成本降低了。这样，日本得以形成了一个女性劳动力占比极

---

30 "所以，当英国的中世纪农村绝迹时，农民也照例迟早随之绝迹……"
"这正是圈地地主所希望的结果。地主的想法是，生产不仅受到公用土地和公共管理制度的阻挠，还受到广泛实行的财产权和共有权侵害。地主们认为只有靠工资为生而没有任何事分散注意力的劳工才能做到最好的工作。地主们认为这种关系对生产最为有利，而生产则高过一切。"J. L. 哈蒙德、芭芭拉·哈蒙德，《现代工业的勃兴》，伦敦，1925，第87—88页。
"在其他各国，资本主义制度多以工业部门为主，在英国则开始遍及城市和乡村。"同前，第90页。关于英国最初是为了畜牧而不是为了谷物生产而圈地的内容，参阅R. H. 托尼，《16世纪的土地问题》，伦敦，1912，特别是下卷《向资本主义农业过渡》。作者对直到18世纪末才导致农民第一次失去土地的大波澜有详尽的描述。关于第二种圈地形式，本书本章注释26有所描述。
31 石井，前引书，第三章，第32—47页，特别是上卷《取缔堕胎及杀婴行为》，第31—47页。

高的工人阶级。如下表格可以说明此问题[32]：

年份	工人总数	女工数量	女工在工人中的比例
1882 年	51,189	35,535	69%
1895 年—1899 年（五年平均数）	425,602	252,651	59%
1900 年—1904 年	472,955	291,237	62%
1905 年—1909 年	637,043	391,003	61%
1910 年—1914 年	828,942	592,320	71%

（以上数字仅包括十人以上的工厂，国营工厂除外。）

此外，土地改革也影响了农民迁往城市的形式。与英国农民迁移进城不同，日本进城的农民，不论是年轻的兄弟还是姐妹，去城市工作只是短期的，一遇到失业、婚假或秋收需要帮手时，他们就会返回农村。

32　小林良正，前引书，第 257 页。

1919 年，工厂工人的总数为 1,777,171，其中 911,732 人或者说略高于 50% 的工人为女工。1924 年，女工 992,835 人，仍占总工人数量 1,789,618 人的一半以上。这些统计数字摘自《日本帝国统计年鉴》，第四十五辑，1926，第 126 页。

纺织工业工人年龄性别分析表

1899 年				
	男性	女性	合计	百分比
14 岁以上	15,373	47,921	63,294	83.70%
14 岁以下	1,202	11,111	12,313	16.30%
合计	16,575	59,032	75,607	100%
百分比	21.90%	78.10%	100%	
1909 年				
20 岁以上	13,317	27,141	40,458	45.10%
16 岁至 20 岁	2,990	24,476	27,466	30.60%
14 岁至 16 岁	1,042	11,883	12,925	13.90%
12 岁至 14 岁	462	6,914	7,376	8.20%
12 岁以下	44	1,512	1,556	2.20%
合计	17,855	71,926	89,781	100%
百分比	19.90%	80.10%	100%	

上表摘自土屋、冈崎，前引书，第 291 页。

英国社会根除了自给自足的旧佃农阶级，迫使佃农家庭全部迁往城市，所以遇到工业不景气时，这些失去土地的农民就只好在城市里赋闲，因为他们在农村的老家早已经不见踪影。不过在日本，他们一旦失业便可以回到原籍。这种失业问题的解决之法，虽不是土地改革的初衷却是它自然而然的结果，也是促使地主和工业资本家联合而非敌对的原因之一，举例而言，没有出现英国发生的那种情况——在废除《谷物法》之后的动荡时期，地主和工厂主彼此对立。地主和工厂主利益一致的原因在于：国家和雇主免去了维持失业人口的大部分负担，同时，农村过剩的人口又导致地租的提高。

第五节 日本农业实行小规模经营的原因及影响

与英国的情况不同，日本农民被剥夺土地，并不意味着耕地平均单位的兼并、扩大。相反（尽管耕地平均单位面积有细微的差别），随着用于出租的土地增多，每块土地被分割成小块，其平均单位面积是越来越小的，小块土地则由农户耕作着。明治初年及以后的数字比较如下：

在1874年，三府（东京、大阪和京都三大城区）和27县（不包括北海道）的调查结果显示，每户农民的平均耕种单位（旱田水田合计）是9反*6亩16步（相当于2.353英亩）。35年后，仍不算北海道在内，每家农户的平均耕种面积是9反7亩10步（相当于2.384英亩），实际上

---

* 反（Tan）：土地丈量单位，等于0.245亩，1/10町步。——译注

没什么变化。[33]

作为日本农业的显著特点，土地的细分划割一直存在，甚至在承认土地私有权以后、在佃耕地迅速增加以后，情形依旧如此。其原因在于高得异乎寻常的地租，比如上文曾提到过的，生产稻米的水田地租高达收获量的60%。[34] 这一问题在日本农业土地关系上至关重要，所以即使被说成是赘言，我们也要深入分析一下。这些掌握有资金和土地的人，无

---

[33] 土屋、冈崎，前引书，第430页，引自政府的材料。1909年农户的总数是5,407,203，耕地的总面积为5,617,624.6町（1町=2.45英亩）。同一书中第431页，将1909年全国各地的耕种单位面积列表如下：

每户耕种的平均面积

地区	水田（单位：町）	旱田（单位：町）	合计（单位：町）
全国（不包括北海道）	0.535	0.504	1.039
北海道	0.253	3.159	3.412
东北	0.883	0.623	1.506
关东	0.460	0.595	1.055
北陆	0.813	0.307	1.120
东海	0.450	0.330	0.780
近畿	0.559	0.160	0.719
中国	0.489	0.238	0.727
四国	0.378	0.475	0.853
九州	0.481	0.557	1.038

1914年包括北海道和冲绳岛比较大规模经营在内的日本全国数量是：农户总数为5,456,231户，耕地（包括水田和旱田）总面积为5,815,695町，因此平均每户耕地的面积是1.056町（2.61英亩）。这些数字是引用内务省统计局编的《日本帝国统计年鉴》，第45辑，东京，1926，第76、79页。

值得注意的是，单独计算水田的平均耕种面积比水旱田合计的平均要小得多，就像上表中所显示的情形。稻田最大的耕种单位面积是东北区的0.883町，或者换算成少于两英亩。

[34] 从下表中，我们可以看出地租高到何种地步，比较地税改革时和地税改革后地主每町田地所得额，可以清晰看出来。

年份	每石米的佃租	每石米的价格	佃租的货币金额	地税及地方税合计	地主的净所得
1873年	0.757石	4.89日元	3.7日元	1.85日元	1.85日元
1881年（地税减至25%以后）	0.661石	10.29日元	7.01日元	1.56日元	5.45日元
1885年	0.761石	6.3日元	4.79日元	1.55日元	3.24日元

土屋、冈崎，前引书，第218页。纵览该表，我们能注意到，1876年的减税是如何帮助地主增加收益的。从上表来看，地租一贯占土地收益的60%以上。

论是商人、高利贷商还是地主，只要还期望土地能产生高额的资本收益，他们就不会把自己从寄生的地主转变到农业经营者，无论是为市场生产商品以获取利润还是雇用之前佃农或者其他领薪资的工人。对日本农业中的土地关系而言，除非愚蠢透顶，否则地主自然不会将这么高收益的资金冒险投到企业经营中，企业经营的利润很有可能不及地租的收益高。总而言之，高地租阻断或者说是妨害了企业家的利润。结果是，田地上仍是封建时代的模样，土地被分割成狭小的地块，租给子女众多的农民去耕种，又因为农民数量增多又进一步造成了地租的竞争，从而使地租居高不下。这种情况，又反过来加剧了耕地的细分。

此外，还有农民对土地恋恋不舍，他们在脚下的土地上辛勤耕耘、不辞劳苦。农民们也曾为保住土地作为私有或者部分财产奋斗过，为了缴纳地税的欠款、偿还村中的高利贷，或因庄稼歉收、牲畜死亡或者发生其他自然灾害，他们只好出卖几块田地。农民们每放弃一小块土地，都像一支被包围的军队，在绝望中拼死一搏，每一寸土地都是不得已才放弃的，结果是他们不得不在可以自由支配的耕地上进一步缩小经营规模。其结果，自然可以想象。不过，这从某种程度上说明了高额地租妨碍了农业资本主义发展，同时也说明了农村人口的极度过剩对自封建时代就有的小规模农耕模式有维持甚至是进一步缩小的作用。正如一位日本权威人士所言："农民自身很清楚这样的农业体系是如何的不便和不利，但是由于所有权和佃租关系这些无法改变的现状，情况不可能在短时间内有实质性的改变。"他又说："随着封建制度的崩溃，土地所有权被划割成很多小部分，农业经营规模之小，一如往日，家庭劳动力仍可利用，这些旧制度下的状况并没有发生根本性变化。"[35] 因此，农民带领全家继续过着朝不保夕的生活，竭力利用他所能支配的每一寸土地，达到农业集约化生产。日本农业的小规模经营，是明治初年土地改革和日

35　那须皓，《日本土地的利用》，太平洋学会，日本分会，东京，1929，第81、83页。

本特殊地貌的结果，它有助于农业生产的集约化和多样化，但却成为大规模机械生产和农业技术革命中一道不可逾越的障碍。土地细分划割和独特的生产模式，源于明治政府的土地改革，高昂的地租需要以实物偿付，沉重的地税需要用货币缴纳，高地租阻碍了地主和资本像企业那样经营农业生产，这已经给日本的农业生产关系留下明显的印记。如果我们检视一下日本佃农的实际社会关系，就能更清晰地理解这一问题。

第六节　日本佃农的社会特点

与其他国家不同，日本佃农不是资本主义的企业家，而是将生产的大部分农作物以实物形式交给地主的耕种人。佃农也不是从承担企业盈亏的地主那里领工资的工人。日本的佃农是两者的混合物。就日本佃农肩负企业家的一切风险而言，他们类似英国佃农，但是尽管他们承担风险，企业利润却归地主所得；因此，从这方面来讲，日本佃农又类似农业方面打零工的付薪工人。这种农业半无产阶级的薪酬并不是货币工资，而是随着农产品的收成及价格波动而起伏的实物工资。在丰收的年景，佃农的收获量会略有增加，但因为农产品的需求相对固定，农产品的价格会大幅下降，在收获时节尤其如此。因此，就算是丰收，佃农的货币收入也有可能减少。另一方面，佃农必须购买的工业产品的价格却与农产品的收获量无关，而是受国际市场等经济因素的影响。到了荒年，谷物的价格会提高，但是耕作的佃农手里的粮食也所剩无几，如果佃农种的地太少，甚至还可能被迫买回他自己种植的谷物。因此，日本的佃农表现出资本主义佃农（承担经营风险）和农业无产阶级（由于高地租，地主夺取大部分经营的利润）的双重特征。这两种特性紧密交织，我们无法将日本佃农准确地归纳为纯佃农或纯无产阶级。这里，我们又看到了日本农民身上那由社会关系造就的两面性。第三章曾提到过，与法国和英国的农民相比，日本农民的两面性使得他们既保守又激进。一位外国观察家曾如此评价日本农民的这种特性："'不满和激进倾向'是我们常常用来形容城市无产阶级的说法，但是在日本却'主要指农村的民众'。"[36]

第七节　停滞的过剩人口问题及劳动力市场的形成

如上文所分析的，地主的土地不断扩大，自耕农渐渐脱离土地所有权，但这一过程不能被认为是农业生产关系中发展资本主义的结果，这与18世纪英国圈地运动后的主要经济动力不同。农民失去土地的过程，以及工业脱离农业（这里指家庭制造业的破产）的过程，比农业和城市工业的资本主义企业发展更迅速。这一点可由下述事实证明：在《地税改革条例》实施后的25年内，失去土地的农民并没有大量转变为农业或工业的无产阶级，而是沦为佃农、半佃农或者极度狭小土地上的自耕农，他们以纺线、织布和养蚕这类家庭副业勉强维持生计。[37] 小自耕农、佃农和半佃农的人口规模庞大，他们在数量越来越多、面积却越分越小的土地上耕种，于是造成了日本历史性的人口滞胀问题——停滞的过剩人口和潜在的过剩人口。[38] 极度细分和小规模耕种无法给这些农民足够糊口的净收入，所以这些农户中的女性不得不从事某一形式的家庭式生产，男性则要外出兼职做修筑公路、铁路等方面的苦力。一部分停滞的过剩人口无法享受到家庭庇护，被迫去城市谋生。其中有些人无法进入工厂干活，只好变成人力车夫、码头工人和苦力，总之，是社会最底层的无技

36　W. R. 克罗克，《日本人口问题》，纽约，1931，第93页。
37　风早八十二在他近期的作品对这一点做了充分说明，风早八十二，《日本社会政策史》，东京，1937，第22—23页。
38　"停滞的过剩人口"和"潜在的过剩人口"，这些用语是借用风早八十二先生的论文，其含义就如同字面意思。接下来的内容也是基于风早先生的分析和叙述。同前，第17—25页。

术劳动力。这类人群还包括一些小型家庭制造业工人，因为新机器设备的引入而被淘汰；还有一部分人，因为可以雇用更廉价的女工和童工而被排斥出工厂。这些停滞的过剩人口，最好的状态也就是半就业，他们生存状况的特点是：工作时有时无，没有就业保障，就业期间工作时间极长，工资却很低。这部分停滞的过剩人口最终会从城市返回农村老家，这样一来，使农村原本拥挤的生活情况进一步恶化，并且成为拉低农村生活水平的消极因素。稀少土地上的人口压力迫使农民中许多人无法成为耕作者，所以他们必须从事某一家庭制造生产来维持生存[39]，然而家庭制造工业没落了，这些农民经不住压力，无奈地把女儿送入城里的纺织工厂，去赚取工资以避免家庭负债到破产的地步——或许只是希望如此。这部分人口被排除在农业生产过程之外，又没能进入工业无产阶级的行列，当这样的人口达到一定数量后，就形成了流动人口。如同水往低处流，这一过剩的流动人口只能寻找工资更低的工作，从而把一般工资水平拉低。像日本这样的国家，城市的工业发展速度虽然很快，却没有充分普及，大部分的过剩人口无法被工业吸收。此外，19世纪末，欧洲某些国家的海外劳动力市场是帮助解决过剩人口问题的出路[40]，但这条路被政府的移民禁令堵塞住了，这些过剩人口无计可施，只能等待工业进一步的发展带来工作机会，或者在新的家庭制造工业中寻求就业机会。

---

[39] 从事于家内或家庭手工业的农户比例继续增加（尽管有纺纱、制糖之类的若干旧家庭工业的衰落）是来自乡村人口过剩的结果。农民所转入新的家庭工业是养蚕。从事于家庭手工业或副业的农户比例增减情况可见下表：

年份	专业农户的百分比	兼营副业农户的百分比	合计
1884年（3府26县）	54.21%	16.39%	70.60%
1904年（全国）	44.89%	19.49%	64.38%
1909年	40.73%	18.79%	59.52%
1919年	37.78%	19.90%	57.68%

土屋、冈崎，前引书，第442页。

[40] 关于19世纪欧洲移民的规模，参阅亚历山大·莫里斯·卡尔—桑德斯，《世界人口》，牛津，1936，第49—50页。据这位作者的估计，自1821年至1937年，欧洲移民海外的人口至少达650万。同前，第50页。

可以这样说，农村因为存在大量停滞的和潜在的过剩人口，所以吸引了许多小规模的制造业到农村建厂。农村人口压力关闭了大部分过剩劳动力在农业领域的就业之门，唯一的解决途径是工业，无论是城市中的工业企业还是家庭制造业。大型的城市工业企业，还没有发展到足够吸收剩余劳动力的水平，一部分原因是种种因素限制了日本工业的兴盛，不过主要的原因是停滞的过剩人口问题由来已久。换言之，此时很多日本企业还可以省下引进昂贵的工厂设备的资金，而直接将产品的零部件发放到家庭作坊里加工，这些家庭处在农业生产的边缘困境中，身后的农业已经对他们关闭了谋生之门，而城市工业的就业之门尚未对他们敞开。如此一来，日本的企业家在薪酬工资方面就有了很强的灵活性，可以耐心等待市场需求的不定期涨落，同时，又不用在市场不景气时承担库存和工厂设备受损或者废弃的风险。这又是互利驱使地主和工业企业家相互合作的一种情况。

明治政府进行土地改革的另一项重要影响，是形成了劳动力市场，即资本主义发展的第三项先决条件。日本形成劳动力市场的标志是集中地出现停滞的和潜在的过剩人口情况。这些过剩人口大部分是失去土地的农民，因为大型工业化发展的程度还不够高，因而大批量的失地农民没有被工业吸收殆尽。不能否认的是，工业确实在吸收、消化过剩人口，但在农村和城市中，停滞的过剩人口数量过于庞大。这已经成为限制日本劳动力生活水平和工资标准的一项重要因素。

在结束这一话题之前，我们不妨留意一下一小部分农业人口逐渐流入工业的情况，以及工业人口数量上缓慢但一直稳定增长的趋势。从1894年农民被剥夺土地的过程基本完成开始，到第一次工业革命达到顶峰，直到第一次世界大战前夕（1913）为止，这段时期就业的总人口数从24,428,109逐渐增加到30,026,403（相当于从100增加到123），同一时期，工业领域就业人员总数从381,390提高到916,252（相当于从100增加到

240）。[41] 自 1887 年到 1913 年，虽然农户的绝对数量有所增加，但占比降低了。在 1887 年，日本的农业家庭占全国的 71%，而到了 1913 年，却只占有 58%，同时，农户与工业工人的比例从 11.1∶1 下降到 6.4∶1。[42]

第八节　国内市场的形成及其局限

上文所提到的，《地税改革条例》实施后，农民的土地被剥夺，过剩人口逐渐形成了劳动力市场，这些社会现象都有着深远的意义。最重要的影响之一就是销售制造业商品的国内市场的形成，这是由于农民的劳动力和生产手段分离，从而使农民更依赖商品市场。国内市场扩展的第一步，是伴随着稻米和其他农产品的完全商品化而来的。

大米始终是日本最重要的农产品，在明治维新时，种植稻米至少占用了全国人口 80% 的劳动力。尽管早在德川时代，大米已经在一定程度上被商品化（封建领主通过米经纪人将米换成货币），但是由于几乎没有什么货币流入农民手中，因此还不能说是形成了普遍意义上的国内市场。在明治维新后，情况发生了根本性的变化。政府颁布《地税改革条例》，明确规定税金由实物变为货币缴纳，并结合其他措施，以确保政府财政收入的稳定。此时，为了缴地税，无论是自耕农还是地主都需要将稻米换成货币，这就促进了稻米的商品化趋势。紧接着，政府取消了稻米出

41　风早八十二，前引书，第 40 页所引用的官方数据。1930 年各行业就业人口的比例如下：农业为 47.7%，工矿业为 20.2%。图表可参阅石井，前引书，第 77 页。
42　同上，第 41 页。同前，第 42 页有这项比例数字的详细表格。关于人口向城市集中的趋势、城市人口对农业人口比例相对增加的内容，请参阅石井，前引书，第 69—74 页。

口的禁令，还免去了稻米出口的关税。[43] 由于政府维持高米价和准许稻米出口的政策，稻米的生产受到鼓励，农民阶级也就越来越深地走进商品经济或者称为货币经济的旋涡中了[44]。

伴随着农产品的商品化，老式的家庭制造作坊（家内工业）没落了，尤其是棉纺织业。虽然在明治维新后最初的几十年，大批农民被迫离开土地，或是去城市寻找工作机会，或是赋闲在农村，但农业和工业的分离（这是一个对形成国内制造商品市场有破坏性的条件），并不能仅仅通过土地所有权的转移或是增加农村人口压力的方式，就得到彻底且广泛的实现。促进国内市场形成的真正推动力，是从先进的资本主义国家进口廉价的机器制造的商品，这一举措直接打击了农村的手工纺织业。在这类进口商品中，对于我们现在谈论的话题最重要的商品是棉布和棉纱，它们以前所未有的数量输入日本，进口量如下表所示[45]：（一斤*=1.32磅）

年份	棉布输入量（按千斤计算）	棉纱输入量（按千斤计算）	棉布价值在总进口额中所占百分比	棉纱价值在总进口额中所占百分比	纱布合计所占百分比
1868年—1872年	3,631	3,607	16.02%	15.91%	31.93%
1873年—1877年	5,092	3,853	19.53%	14.49%	34.02%
1878年—1882年	5,125	6,982	15.71%	20.79%	36.50%
1883年—1887年	2,771	6,129	8.48%	18.69%	27.17%

44　为控制米价的暴涨，幕府自1854年（日本开放海禁的年份）起禁止大米出口，但是明治政府一反这种政策，为防止金银外流而鼓励大米在内的一切原料出口，期望提高农产品价格，从而尽力帮助租税负担沉重的农业人口。

在1874年，即佐贺藩叛乱和远征台湾的第二年，米价暴涨，所以在当年5月重新公布了禁止大米出口的政令，直到1875年3月才解禁，之后也没有再下过禁令。参阅堀江保藏的《明治初期的国内市场》一文，载于《经济论丛》卷四十六第四号，1938年4月，第635—636页。

44　关于农产品出口问题，我们应该着重看到生丝和茶叶在增加农民货币收入和扩大农村商品市场中所发挥的作用，旧式家庭手工业的日趋没落，在德川末期就已经开始，维新后更急转直下，所以农民转而以养蚕为副业。堀江保藏，前引书，第138页。

45　堀江保藏，前引书，第138页。

*　斤，日本传统重量单位，约600克，或1.32磅。——译注国外人士不太能理解，在封建社会后期和明治初期，日本的家庭作坊进行棉纺织生产有多么普遍。一部关于日本制造业历史的著作中如此写道："文禄时代（1592—1595）南蛮（指西班牙和葡萄牙人）将棉花种子传入日本，随即传播到全国各地。自庆长（1596—1614）以来，国人即用棉织布供日常之用，国内到处生产棉花，而尤其以河内、摄津、纪伊、伊势、三河、武藏、安房和下野等地区的棉花著名。"[46]农家种植棉花，将棉花制成棉线，再织成布匹供日常使用。但是造成农民自给自足经济崩溃的始作俑者，并不是国内机器纺织业，而是国外进口棉布的冲击。我们能从上面的表格中看出，1868年至1872年，棉布进口额占进口货物总价值的16.02%，到了1873年至1877年间，占19.53%。此后，随着日本纺织业的发展和繁荣，棉布进口量下降。但进口棉布对农民经济的危害远不如进口棉纱严重。因为棉布是为直接消费而进口的，并没有像进口作为生产资料的棉纱那样直接冲击到农业生产过程。棉布的家庭制造或家内生产，与进口的机器制造商品有一定程度的竞争，但农民生产的棉布主要是供自己家庭使用。家庭纺织业生产的棉纱还要卖给城市中的纺织厂，因此，进口棉纱对家庭纺织业的影响是决定性的。下表[47]中的内容有助于帮助我们理解进口棉纱（有别于棉布）是如何对家庭制棉业产生毁灭性影响的。

年份	日本棉纱每百斤的价格（日元）	进口棉纱每百斤的价格（日元）
1874年	42.70	29.66
1875年	43.54	29.94
1876年	40.79	27.42
1877年	40.41	26.86

---

46 横井时冬，《日本工业史》，东京，1927，第115页，1929年改造文库版，第126页。
47 引自土屋、冈崎，前引书，第192页。

尽管在明治维新以后的三四年内，棉纱在进口额所占的百分比略低于棉布，可是在维新以后的二十年，棉纱的进口额迅速增加，到了1878年至1882年，棉纱的进口额已经远远超过进口的棉布。棉纱进口量激增，很大程度上是因为日本纺织业的诞生。和其他一般的工业企业一样，日本纺织业受到萨摩叛乱后通货膨胀的刺激，随后的通货紧缩又扫清了落后的非资本主义工业，于是，新兴的力量得以增强实力。这种工业活动的扩大，尤其是纺纱厂的扩张意味着日本纺织厂可以使用大批量的棉纱来进行织布生产。老式的手纺工艺不能做出标准化的棉纱，无法达到配有最新式机器设备的纺织厂所需要的产品标准。结果是，起初因为进口商品受到致命创伤，接着日本纺织业又给家庭手工业中最主要的纺纱业（以及后来的织布业）带来毁灭性打击。[48]

关于家庭手工业如何衰落的其他例子，这里只能简单带过。在明治初年，砂糖的进口量仅次于棉织品（包括棉纱和棉布），这对日本甘蔗的生产曾产生过破坏性影响。在1877年至1882年间，甘蔗的种植面积（主要在赞岐和爱媛）减少了75%。[49] 点灯所需要的进口廉价煤油，大规模取代了原先家庭手工制造的蜡烛和菜籽油。萨摩叛乱后，如雨后春笋般出现的报纸和杂志需要特殊的木浆纸，使得老式的手工造纸与时代严重脱节。[50]

48　虽然和"家庭手工业"的没落并没有密切相关，但棉田面积的锐减也是对农民"自给自足"生活方式的一个打击。虽然农民种植棉花在一定程度上是为了供应市场，但在受到具有压倒之势的低价外国棉花冲击之前，首先还是为了自己家庭纺纱织布使用的。为了尽量不依赖外国原料，明治政府鼓励种植棉花。农民则不断提高棉产量来响应国家号召，直到1887年，棉田已扩大到88,000町步（215,600英亩）以上，产量高达39,928,000斤（1斤=1.32磅），堀江保藏，《经济丛论》，前引书，第139页。

　　外国的原材料棉花既价格低廉，又质地良好，日本农民立即感到难以生产这样的棉花。外国棉花价格是如此低廉，以致日本纺织厂大部分由外国棉花来供应，外国棉花甚至侵入了农家，充当大部分家庭消费的手纺纱和织布的原料。中国棉花和印度棉花的大减价在这方面也有决定性作用。堀江保藏，前引书，第139—140页。

　　在取消了外国原材料棉花的进口关税之后，日本的棉花种植业变得微不足道了。同前，第178页。

49　森喜一，前引书，第182页。

　　明治时代的前五年（1868—1872）中，砂糖进口价值占总进口额的10.6%。同前，第178页。

50　这些事例引用自堀江保藏的文章，《经济丛论》，第140—141页。

对农民、农民所处的自给自足或者基本自给自足的经济而言，明治维新以后，公用土地的大幅减少是另一个灾难。在德川时代，统治者准许民众在缴纳"谢金"（名称为"运上"或"御用金"）后使用山林旷野，民众可以在这些公用土地上放牧、收割牧草、回收肥料、采集薪柴、砍伐木材等。而明治维新后，大部分的公用土地都变成了官产。具体点说，在1869年版籍奉还和1872年废藩置县以后，凡是没有明确的所有权证据的土地，尤其是德川幕府曾直接管辖地区的土地，不论之前有什么"惯例"，一律改为官地。[51]农民失去了这些土地的使用权，也就无法取得饲料、肥料、燃料和做工具的木材。另外，这一政策的变化不仅使趋于解体的自给自足式经济进一步崩溃，还迫使农户去市场购买这些之前可以从公地上获取的物资。伴随着土地上人口压力增大，农业开始进行集约化生产，此时农民还需要购买另外一项重要产品——磷肥（1887年开始生产）。虽然农民仍在使用从邻近村镇收集起来的农家粪肥，不过磷肥已经日渐成为一种必需品。[52]

这段关于日本家庭手工业没落的简要叙述，不是说一切家庭制造业都像18世纪的英国那样被毁灭了。这里想要说明的是，先是外国商品，而后是日本的工业产品，连同公用土地被取消等因素是如何逼迫农民从原先老式家庭制造转变为新式家庭生产模式的。新式的家庭生产工业主要是养蚕业，这一行业成为日本最卓越的家庭产业——既没有国外商品竞争，又完全适应日本的经济发展形势。随着停滞的过剩人口增加，对于大多数农民来说，家庭副业已经成为关乎农民生存的重要问题，所以一直到第一次世界大战后，从事这项家庭副业的日本农户实际上

---

51 明治政府兼并公地的记述，参阅土屋、冈崎，前引书，第199页及以下各页。
52 一位外国观察家写过，仅仅人造肥料这一项就要占所获收成的五分之一。布坎南，前引书，第552页。

有增无减。[53]

旧式家庭手工业崩溃的影响，工业脱离农业的结果，以及农产品商业化的意义，这些因素在销售制造业商品的国内市场的扩大上发挥了重要作用。国内市场的形成极大促进了日本工业发展，但同时，我们还必须注意到高昂的地租和地税。无论是佃农还是自耕农，因为地租和地税的关系，他们无法留存多少农产品给自己。工业和农业分离得不彻底，以及庞大的贫困过剩人口，这些状况结合起来造成了日本国内市场的相对狭窄。这一缺点在1890年的经济危机中暴露无遗。日本的劳动力成本较低，这是日本纺织业取得惊人发展的重要因素（除上文提到的其他因素以外），但如果单以国内市场为依托的话，低廉的劳动力却成为日本工业进一步发展的阻碍因素。作为19世纪80年代第一次工业革命中心的新型纺织业，体验了现代日本第一次经济危机的威力。

这次工业革命最具特点的产物就是日本纺织联合会。1882年，这一联合会在爱知县国营模范纺织厂原督导冈令高的倡导下成立。1890年，在那个经济危机的年头，联合会中精明干练的领导人要求国会取消关于棉织品的进出口关税。[54] 同年年底，纺织联合会的人士意识到必须扩大棉织品的出口量，否则就有破产的风险，便准备振奋精神打开国外市场。11月，联合会与日本邮船会社签订一份合同，约定连续五年内，无论是否盈利，纺织联合会都将出口至少三万捆棉织品。而日本邮船会社为了取得承运棉织品的垄断权，同意将运往上海的运费从每吨的五日元降至三日元。这样一来，日本棉织品成功打入国外市场，尤其是中国市场，

---

53 参阅本书本章注释39。自第一次世界大战以来，兼营副业的农户已经减少。在1910年，务农为业的农户数是3,771,318，兼营手工业的农户数为1,726,600。到了1937年，务农户数为4,180,672，兼营副业的户数为1,394,207。《农林统计》（节本），1939，第18页。
54 1894年日本的棉纱出口关税取消，1896年原材料棉花（这时主要来自孟买）进口税取消。改用印度原棉和撤销原棉进口方面的关税壁垒，造成了日本原棉生产的不景气。关于防止联合会活动的详细情形主要参阅土屋、冈崎，前引书，第282—284页。

这一应急措施解决了生产过剩导致国内滞销的难题。[55] 这一事例表明由于国内市场购买力薄弱，日本工业面对着国外产品的巨大竞争压力，为了未来的扩张和发展，没有其他选择，只能求助于国外市场。[56]

---

[55] 为打破大英轮船公司的垄断地位，和日本邮船会社原来签订的合同已经扩大到将孟买的原棉进口贸易也包括在内，日本邮船会社为此特地在1893年开辟了孟买航线。小林良正，前引书，第172页。
[56] 日本在甲午战争（1894—1895）中获胜之后，为日本纺织工业在朝鲜和中国长江流域夺取了极其广阔的市场，这种影响在日本纺织业史上自然是有所记录。向井鹿松、泷本诚一编，《日本产业资料大系》卷六，第167页，《本邦纺织业的发达》。关于这方面内容，还可参阅此书的第六章，第202—203页。

第六章

政党与政治

仅用一章的篇幅来概述19世纪末和20世纪初的日本政治史和宪法史是不可能的，因此本章只打算对日本政治中的某些方面简要阐述，这些方面是西方观察家们猜测，甚至误解的来源。笔者并不是自认为可以对这些疑难问题给出准确的答案，只是希望通过讨论日本自由主义的起源及性质，它与政党、官僚的关系以及在外交政策上的表现等问题，能对读者理解日本政治历史有所帮助。

第一节　第二阶段（1877—1883）农民运动与自由党的诞生

自明治初年到1877年的政治风暴是过渡时期必经的典型过程。旧式封建阶级消亡，新的社会力量产生，伴随着混乱和痛苦，希望和频繁的失望。在过渡时期，并没有出现泾渭分明的政治界限，只有而后逐渐发展成具有明确纲领、严格意义上的政党那种趋势的模糊轮廓。本书第三章曾经简要分析了商人、旧封建统治者（武士和大名）、农民等各个社会阶层的地位和政治抱负。前文曾强调过，在明治维新后的六七年内，农民叛乱达到了顶峰，之后逐渐减少。农民运动明显是矛盾的结合，这种既反动又激进的混合物使得当时日本政治像一条图案错综复杂的挂毯，并非有意设计，却是丰富色彩和明暗色调的融合。从广义来讲，农民运动是明治初期政治生活的核心，当农民运动被不满的武士领导时，就难免表现出想要回到旧秩序的渴望；但是当直接反抗高利贷、高地租和过度的地税时，农民运动又表达出一种向往彻底民主的模糊趋向。[1] 第一种

---

[1] 上文已经讨论过早期农民反抗与民主主义运动或反封建运动的关系。因为这类反抗的性质是非常复杂，甚至矛盾的，所以如果要对日本农民运动的民主性质进行概括，就要格外慎重。了解一下最知名的日本学者对此问题的介绍是非常有益的。藤井甚太郎在《日本宪法制定史》第198页中写道："明治初期各地发生的骚乱，和立宪运动毫无关系。在明治时代，立宪运动和民权运动是同义词。"可是小野武夫却不赞同这一说法。参阅小野武夫，《明治维新农村社会史论》，第59页。小野教授没有对这个问题与前一位杰出学者进行争论，而仅仅引用了藤井教授本人的一段与前文有矛盾的文字。在那段文字中，藤井教授写道："所以就政治而论，此后兴起的各种群众运动，都是'民权运动'的先驱，这是史学家需要格外注意的。"小野武夫，前引书，第57页。鉴于小野武夫教授的评论，显然是赞同后一种看法。

反动的农民运动,由心怀愤懑和直接对抗新政府的武士领导,逐渐被消灭。在平定萨摩叛乱(1877年)后,这种农民运动就失去了重要性。在此之后,农民运动分别朝着三个方向发展:第一类是佃农要求减租的运动;第二类是受到土地被剥夺威胁的小自耕农反对高利贷商和贪婪自大的地主的斗争;第三类则是所有土地持有人对政府的反抗,因为政府实行以牺牲农村社会为代价扶植大商业和财阀的政策。关于前两类农民运动,有数不清的例子。不管是哪个社会,只要还存在有被高利贷商没收抵押物风险的小自耕农和不得不支付高额地租的佃农,就会出现要求减轻地租和反对高利贷的农民运动。明治初年这样的农民运动的状况,在马耶特为一本关于山县有朋伯爵的书所作的推荐序中有一定的概括:"近年来,农民状况颇不令人满意。可证明此类农民暴动的事端数不胜数,债主与欠债人之间的债务纠纷四起。各县府中,农民破产和强制公卖之事(在诸多情形下)达数百件。农民成群结队地向政府请愿,要求减免地税,凡此种种,可见民间困顿态势。"[2]

前两类农民运动最好的实例是欠债党(借金党)的激烈抗争,特别是在伊豆、茨城、群马和其他地区。具体而言,以1884年11月秩父(埼玉县)的农民骚乱影响最大,此次农民运动波及长野和群马,目的是减租减息。[3]

但从政治角度来说,这一时期(1877—1885)的前两类农民运动并不太重要。第三类农民运动,即地主这类农业代言人抗议政府对财阀的偏袒,在历史上是有最深远意义的。正是这一集团,发出了"自由和民权"最响亮的呼声。鉴于这些地主即将成为立宪运动的领袖,又因为他们是自由党的幕后支持力量,我们有必要详细讨论一下这类农民运动的特征。

---

2 马耶特,前引书,第3页。
3 同前,第66—67页。马耶特列举了旨在减少地租和利率以及改善偿付条件等的各项和平、暴力活动。同前,第65—68页。本书后文还要提到这桩事件。

乍看之下，以地主为核心的自由运动，似乎有点不伦不类。"地主"一词会使西方读者立刻联想到英国的乡绅和他们在面对一切社会、政治问题时表现出的那种根深蒂固的保守态度。为了阐明日本地主的处世哲学，我们需要重提前一章关于日本"佃农—地主"关系的分析内容。上文曾讲过，日本地主收取地租，而佃农既承担企业家的经营风险又无法获得经营利润。地主的关注点主要是如何将收到的米或其他农产品以最有利的价格转换为货币。因此，地主唯一关心的就是米价。将农产品商品化的相关利益，促使日本地主发展成为小型的商业资本家，他们将钱投资到土地上，或者与当地种植业相关的家庭制造业上，例如做豆酱、酿清酒，又或者是成为米经纪人、买卖人、造肥料之类的小商人。[4] 一位几年前遍游日本乡村的外国人，曾对日本农村社会状况做了详细的笔记，关于地主的经营方面，他如此写道："我注意到，那里（以长野县的某一村庄举例）的清酒和酱油酿造往往掌握在地主手里，我就想到，这些一定是他之前经营的行业。"在另外一段话，他如此写道："在我离开这个城镇之前，我和一位地主闲聊过，他把佃农交上来的地租也就是米酿成了清酒。他已经是酿酒家业的第五代了。"另外一处写道："所有小店老板似乎都有自己的房屋，除了三个人以外，其余的都还有土地。"[5] 因此，从抽取过多地租的角度看，地主是半封建的地主，但他还有另外一面，即商业资本家。正是商业资本家这一立场的驱使，日本地主才参与到我们所说的这一时期的政治活动中来。我们可以看到，地主兼制造商踊跃地参与成立自由党的活动。1880年，酒屋会议在儿岛稔的领导下成立，

---

4 如何连小地主也具有商业资本家性质的典型事例，可参阅吉川精对一个小村庄所做的社会例案史的详细研究。参阅土屋乔雄等，《日本资本主义史论集》，东京，1937，第103—133页收录的吉川精的《手作地主的考察》（越中下新川郡石田村手作或"耕作"地主的观察）。作者吉川精发现，在1887—1897年之间，这些地方的许多地主都变为商业资本家。例如，其中有一个变成米经纪人，另一人变成肥料商，还有一人则投资于纺织工厂等。同前，第128—129页。
5 罗伯逊·斯科特，《日本的基础》，伦敦，1922，第119、123、267页。

并迅速吸引了全国范围内大量的酿酒从业者。[6] 当时政府正考虑海军扩充计划，不得不增加税收，在许多新税种的建议中，有一条是拟征造石税（造石是一种酿酒用的酵母饼）。在1881年自由党成立大会上，酒屋会议立刻反对该税种，提出"营业自由"的口号，这一口号可以和19世纪英国曼彻斯特派提出的自由贸易思想相媲美。酒屋会议在村镇的乡绅中声望颇高，这使政府大为惊慌，于是在1881年12月，大阪府知县下令解散酒屋会议。但酿酒业的领导人不顾禁令仍旧在淀川的一艘船上继续开会。通过酒屋会议的运作，自由党吸引了大量地主兼制造商和从事小商业的地主加入，使其拥有上文所述的特色，即自由党是以地主阶级为基础的。这种商业和制造业活动使日本地主成为谦虚的科布登*式的人物，但因为有地主身份的限制，他们还是相当地保守。

地主阶级的另一个诉求是减轻地税。为了安抚土地持有人，并抑制土地持有人对武士领导的不定期叛乱产生同情，政府将地税从3%减少到2.5%。1877年的萨摩叛乱将农民运动推到顶峰，政府的减税政策虽然在叛乱之前就提出，但却未能阻止叛乱爆发。尽管政府表露出妥协的态度，乡绅仍旧感到税务负担过重。1875年至1879年，地税占政府财政收入的80.5%；到了1880年至1884年，地税占财政收入的65.6%；1885年至1889年，地税占比为69.4%。此外，政府清偿不兑现纸币的政策，以及工业政策，被认为是造成米价暴跌的原因，而米价是地主最关心的事情。同时，与政府关系密切的金融界和工业界正接受政府的资助补贴、慷慨的政府订单和贸易垄断权，地主阶级眼睁睁地看着米价从1881年的221（以1873年米价视作100）一直跌落到1888年的105，到了1893年才回升到154。[7] 总之，农业各阶级都认为，金融和工业巨头享

6　关于酒屋会议的政治或者这方面内容及后文，原载于板垣退助的《自由党史》第618页及以下各页，被平野义太郎转载，前引书，第182—183页。

*　理查德·科布登（1804—1865），英国自由贸易的推动者，推动政府废除了限制商品贸易的《谷物法》。——译注

7　参阅本书第五章，注释15。

受着政府的专项优待和保护,而土地持有人则为工业化埋单。在提议成立人民议院的请愿书中,自由民权运动的先驱用同情的笔调解释了土地持有人的这种情绪。这份请愿书最后由立志社(自由主义思想者的团体)于1877年6月呈交给天皇。"府县征收的地税,须立即送往大藏省(财政部)。这引发了地方货币短缺,生产力被削弱。政府积极地推动农业工业化,开放虾夷,创办制造业企业等,但负责这些事物的官员却没有行使好职责,有负于使命,侵害了商民的正当权利和合理要求。他们或是将数十万日元资助某些公司,或是以数十万日元创办新的企业,但是政府这类乐善好施的举措,只是给某一些人或某些组织恩惠,并没有给公众带来丝毫好处。"[8]

于是,地主参与到自由民权运动中,攻击官僚统治集团,自由民权运动受到一些小商业资本家的财力支持,这些小商业资本家主要关心大米的交易、买卖、高利贷和地方性小额投资。正是小商人的立场,使得这些人成为倡导"自由民权"及"自由经营"的积极斗士,而不是半封建阶级那种保守的地主立场。即使是在自由主义盛行的年代,地主阶级的这一阴暗面也从未消失,只是暂时蛰伏而已。直至多年后,这种保守倾向完全遮蔽住"自由"的那一面。值得我们注意的是,日本的自由主义起源于农村,而不像英国,英国的自由主义运动是城市群体特别是商人反对保守地主阶级的运动。

自由民权运动的理论倡导人是先前的武士,主要来自土佐藩和肥前藩,这两藩没能和萨摩藩和长州藩同等地分得官职禄位。这些人中很多人的确是受到自由主义思想的鼓舞,这是不容争辩的事实,后来他们从事的事业和做出的牺牲足以证明他们目标的专一。虽然如此,两位日本权威的学者曾指出,废藩置县破坏了封建制度的经济基础,遗留了很多

---

[8] 麦克拉伦,《日本公文集》,第471页。我们可以引证一位日本学者所写的一段话来支持这种看法:"豪农(富农或大地主)和他们(旧武士)一同参加了这个运动。豪农感到新政府政策的负担过分沉重地落到他们肩上,他们对新秩序的总体原则也深为愤慨,所以他们愿意参加反对执政的萨摩—长州集团的运动。"岩崎,前引书,第87页。

不满的武士，而主张征讨朝鲜的失败加剧了一些武士的激愤，因此有很多原先的武士加入自由民权运动中，仅仅是因为自由民权运动是反抗政府的运动。[9]因此，个人对官职的欲望和对萨摩—长州垄断政府资源的嫉妒，化作日本第一个政治党派成立的刺激因素。我们很好理解，这些反对政府的前武士成了这场主要诉求是建立民选议会的民主运动中公认的领导人。由于这些武士是士族身份，更重要的是，他们曾是1868年明治维新的领袖，所以具有极高威望。因此，有些日本学者称这些人为勤王党或尊王党（反对幕府的忠臣）的继承人，以及反封建斗争的真正体现者。[10]

但这次自由民权运动的主力是广泛的小自耕农、佃农和城市贫民，他们集合起来，要求减轻地税负担，成立民选议会，甚至要求自由民权运动的议会参与权。[11]可是深处偏僻孤立村落中的农民想要积极参与政治是十分困难的。因此大地主成为地方政治中最活跃的人物，国家的领导权落到旧日武士和少数大地主兼商人手中，就成了很自然的事。[12]

在原武士和大地主兼商人的领导下，小地主和农民被囊括进这一广泛、松散的联合运动，这一运动取得全国范围的响应，并于1881年初成立了自由党。由于自由党领导权的性质，温和、妥协的自由主义不可避免地成为该党的政治哲学。这种自由主义倾向表现为：主要目标是为了民主，为了民权，为了企业经营自由而奋斗——都是为了上层人群的权益。这一点在自由党领导人副岛种臣、后藤象二郎和板垣退助反驳加藤弘之（自由党中最活跃的人物）提出的在日本成立代议制政府的要求时，

---

9 尾佐竹猛和林茂，《政治》，载于《现代日本史研究》，东京，1938，第82页。另参阅本书第三章，注释93。
10 藤井甚太郎，《日本宪法制定史》，第265—266页。尾佐竹猛、林茂，前引书，第82—83页。另一位作家却天真地写道："所以这些反动者变成为进步者。"岩崎，前引书，第86页。
11 尾佐竹猛、林茂，前引书，第82页。
12 关于自由党内地主对佃农和自耕农的领导，参阅小野武夫，《明治维新农村社会史论》，第58页。小野教授曾经在此书中提到，19世纪80年代初期的自由民权运动中的绝大多数参与者是小自耕农，他们曾经参加过无数的减税运动。但是他断言，自由民权运动的领导权，或更正确地说，自由党的领导权却握在大地主的手里。同前，第59页。

表现得十分明显:"如今若设立议院,我们并不主张实行普选。我们只让武士、富农和富商享有选举权,因为是从这些人中诞生了1868年维新的领袖人物。"[13]

因此从一开始,日本自由主义就被赋予了自由党温和、妥协的特性,当1900年政友会在自由党的残局中成立时,它站到了自由的对立面——顽固的保守主义。这里我们并不打算讨论自由党后来带有革命色彩的极"左"势力,而是要说明自由党主要领导人的政治哲学。虽然自由党的政治纲领不免有空泛之处,但在该党分裂成为左、右翼两支小集团之前,因为有急需土地的佃农和负债累累的自耕农的热烈支持,自由党曾有强大的政治活力,甚至有革命的潜能。正因如此,后文会详细说明,日本政府对政治团体活动的镇压中,对自由党的攻击最为猛烈。[14]

第二节　早期政治团体和政党概况

依照前文中曾提到的两位日本学者的看法,日本的自由主义是一场启蒙运动,是宣传天赋人权这样抽象思想的运动。[15] 这两位学者在阐述爱国公党时如此判断:爱国公党是最早以建立议会制度为目标的政治团体之一。这里暂时离题一下,以作为自由党的初始原形的爱国公党为例,概括一下第一批政党的纲领和历史。爱国公党是板垣退助、后藤象二郎、由利公正、小笠原宽、江藤新平(不久后因为受萨摩叛乱的牵连而被杀)、副岛种臣等著名人士于1874年组织成立的。这一团体的宗旨是唤醒公众的意识,吸引民众对议会制度的支持。该党的政治纲领包括以下三点:第一,致力于为世界文明做贡献;为了达成此目标,重要的是

---

13 《日本公文集》,第445页。
14 一位日本史学家在比较改进党和自由党时写道:"前者(改进党)在思想行动上比较缓和,后者则激进,有时甚至粗暴。"G. E. 上原,《日本政治发展史(1867—1907)》,伦敦,1910,第91页。
15 尾佐竹猛、林茂,前引书,第85页。

在日本全国逐步灌输天赋人权观念。第二，天皇与人民的和谐融合是帝国兴盛的真正源泉；相应地，首先要保证个人权利的独立和无限制发展。第三，为实现这项纲领，无论遇到任何艰难险阻，纲领的签署人誓不畏缩。[16]正如上述学者指出的那样，这项纲领在当时热衷于研究西方政治理论的知识分子中引起轩然大波。但是仅有纲领还不能成为一个真正政党组织的基础，因此，爱国公党不久后就无疾而终了。另一类似的政治团体是立志社（自由思想家团体），它是由深受法国政治思想影响的原土佐藩知识分子组建的。该党派的领导人包括冈健吉（社长）和板垣退助。立志社也提倡人民福利和个人权利，吸引了许多年轻的原武士，甚至有一些退伍返乡的御亲兵。实际上，该团体的社章规定了成员只限定为上层人群或士族，所以立志社具有排除平民参与的封建特性。[17]这一组织的领导人，与爱国公社（前身为爱国公党）的成员一起，成为自由党的先驱和创始人。1881年，自由党作为全国性政党成立，板垣退助任总理，中岛信行任副总理。自由党的纲领为：（1）扩大自由，保护民权，增进繁荣，改良社会；（2）为建立健全的立法制度而奋斗；（3）与国内为同一目标而奋斗的其他政党合作，实现其宗旨。[18]自由党纲领的内容与爱国公党、立志社之类的早期政治团体并没有什么差异，其意义在于一个政党在国家基础上的权利观念的胜利，并且在国家中扮演了合法的角色。

同一时期，另一政党——立宪改进党，简称改进党，在大隈重信的领导下组建起来。它包括旧式官僚派的核心人员，如河野敏谦、前岛密、北畠治房、矢野文雄等；还包括庆义塾出身的知识分子，如藤田茂吉、犬养毅、尾崎行雄等；还有一些鸥渡会和东洋议政会这两个不那么著名团体中的大知识分子，这些人员共同组成了改进党。改进党的支持者们包括在野官僚、城市知识分子、某些大商人和大实业家，特别是三菱公

---

16 尾佐竹猛、林茂，前引书，第83—84页。
17 同上，第85—87页。
18 同上，第117页。

司。改进党的基本原则大体是以当时英国的自由主义和功利主义为基础。它的纲领特别缓和，相比之下自由党的纲领都显得具有革命性。改进党的政治哲学精髓可由其口号"稳健确实（Onken Kakujitsu）"一词概括，这句话可以意译为："稳妥而健全，缓慢而脚踏实地"。

第三个政党是1882年组织成立的立宪帝政党。它是为抗衡上述两党势力而创立的政府党，本质上具有保守性。根据尾佐竹猛和林茂两位学者的观点，该党真正的幕后支持者并不是那些公开的领导，如福地源一郎、丸山作乐、水野寅次郎之类的官僚，而是更高层的人物，包括伊藤博文、井上馨、山田显义等杰出人物。他们希望通过立宪帝政党为德国那样的国家主义宣传，同时和其他两党角逐。[19]但事实证明，这一政党无论是在组织还是在号召力上，都不敌它的两个对手。

各政党都有自己的宣传阵地[20]，并举行公开辩论。在辩论中，争议最大的话题是主权问题。自由党坚持主张主权在民，竭力提倡应由人民选举产生议会。帝政党则大力反驳，他们认为主权是天皇本人不可分割的权力，因而只有天皇可以钦定宪法，作为恩赐颁给人民。改进党以英国宪政风格的思想为依托，持折中态度，主张主权为天皇和民选议会共同所有。

---

19 尾佐竹猛、林茂，前引书，第120页。
20 就比较重要的报刊而言，《朝野新闻》是为自由主义的观点而战，《日日新闻》则是拥护保守主义观点或政府观点的。麦克拉伦，《日本明治政治史》，第109页。激进阵营中最干练的辩论家是片冈健吉和中江笃介（兆民）。中江是以《一年有半》一书而享有盛名的唯物主义哲学家。他曾经留学法国（1871—1874），并且是卢梭著作最早的翻译人之一。另一位左翼作家是《时事要论》的作者大井宪太郎。想要在朝鲜建立民主政权的那次失败尝试中，他是最活跃的人物，后来他成为激进派东洋自由党的领袖。

温和的或英国式功利主义的代言人是庆应大学的创办人福泽谕吉。他是一位勤劳不知疲倦的作家和翻译家，也是以日文写作的最伟大的政论家和最优秀的散文家之一。他给日本知识分子及政治生活的影响是极大的。

为官僚政治和普鲁士绝对主义而战的是加藤弘之，他在1874年曾经反驳有关民选议院的申请奏议。参阅《日本公文集》，第433—439页。他写了无数的论文和书籍，其中叙述他政治思想的有他在宫内省演讲汇编成的《国体新论》。在这部著作中，他有一些赞成共和政体的言论。后来，当他在任枢密院顾问时，对这段言论感到极为窘迫，试图把这部旧作全部收购回来。参阅鹤见祐辅，《日本的自由民权运动》，新港，1925，第68页。

第三节　政府对政党的政策

政府对自由主义思想发展和自由主义政治团体的态度，至少是疑虑的。当1874年征讨朝鲜失败后，要求代议制的呼声甚嚣尘上，政府决定在不损害自身专制权力的情况下，做出适当让步，并拟在1878年召开府县议会。[21]这种地方性议会，无论从时间上，还是从宪法权力方面来说，都是日本国会或议会的先驱。人民对这种地方性议会并不感兴趣，因为一切实权仍然掌握在执政官僚手中。根据很多学者的观点，政府这样做的目的，一是为了减轻日益增长的呼吁建立代议制的压力，二是设立府县议会作为地方官僚的训练场所，使中央寡头借此扩大其控制领域。[22]无论政府设立这样的地方议会究竟目的为何，它都揭示了一种带有预防特点的政策（后来一遇到危机就使用该方法），即一手让与，另一手索还。但就这件事而言，政府却只采取一个步骤，打乱了原本的秩序，很大程度上把后面的让与步骤变成了徒劳无功。在设立选举人财产必须达到较高标准的地方议会之前，1875年6月，政府通过了一条严厉的出版法。在随后的几年，该法令毫不宽恕地绞杀对政府政策的批评言论。[23]在设立府县议会后，对政府高压手段的不满情绪又高涨起来。当地方性的欠债党和自由主义政党的松散组织组成全国性政党（特别是自由党）时，要求代议制的呼声更加高涨，政府决定再次让步。因此，政府于1881年公开保证，在1889年之前设立国会。但1881年10月12日承诺设立国会

21　关于府县议会的规章，参阅《日本公文集》，第272—276页。关于府县政府的组织和权限，参阅同前书，第276—285页。
22　麦克拉伦，《日本明治政治史》，第132页。"政府关于选举权方面的政策，依照同一作者的说法，是给予人民以这样程度的选举权为限，既可满足国人对代议制的要求，又不危及自身的地位。"同前，第132—133页。
23　当时的一家重要新闻报纸曾经对这类雷厉风行的新闻报纸条例如此评价："但是回顾任何一国的历史，尚未见过在一个月之内全市所有的编辑都因触犯法律或煽动民众罪而被控于法庭，也从未见过一个编辑正在审讯之中，而另一个编辑又被提起诉讼。在对这个编辑尚未下判决，甚至尚未进行审判之前，又对另一个编辑提起诉讼，没有一天不在审讯编辑的案子。"摘自G. E.上原，前引书，第83页，注释2。

的诏书，不但没有终止要求代议制的呼声，反而激起更强烈的民主运动风潮。[24]这样的民主运动，有越来越多的民众参与，政党的力量不断增强，政府都有所觉察，惊恐万分，于是迅速地对改进党和自由党这两个自由主义的政治对手发起攻势，开始时是直接镇压，之后又分裂自由民权运动，将反对党的一部分人争取到自己阵营中来。在承诺九年后成立议院以后，政府于1882年颁布取缔集会结社的条例。这条法令内容的严厉和执行的严格程度，超过了之前所有的法令条例。[25]然而最为严峻的镇压出现在政府或是通过收买反对派领袖，或是煽动改进党去攻击自由党，成功地迫使自由民权政治运动陷入瘫痪之后。这样一来，一些最精明强干的政治领导人无法再参与到民主运动中去。

就在民权运动和代议制风潮将要席卷全国、与政府的对决迫在眉睫的时候，自由党成员突然在1882年惊悉，他们最具领导经验和风范的领袖板垣退助和后藤象二郎已经起航奔赴欧洲，去实地考察西方的政治制度。谣言从改进党中传出来，并由东京和横滨的《每日新闻》大肆宣传，坚称此次远洋游学费用是由政府资助的。[26]尽管许多自由党人坚决否认，声称他们的领袖实际上并没有借助政府的钱财，但还是有少数人如马场辰猪、大石正己、田口卯吉等，选择暂时离开自由党，以示抗议。事实是，这次旅费是经过后藤象二郎和井上馨的斡旋，最终由三井公司提供的。[27]在这桩含糊事件及其反响的刺激下，自由党与改进党相互攻击、指责。改进党的总理大隈重信被诋毁为三菱公司的政治代理人，将政府国

24　尾佐竹猛、林茂，前引书，第128页。另参阅浮田一民、板垣退助和大隈重信的《政史党》，载于《开国五十年史》卷一，第148页。
25　关于取缔政治结社的警察规章之严厉，可以参阅《日本公文集》，第495—499页所载的法令全文，以及第499—500页对所载修正条例进行的分析研究。政治结社经历了许多麻烦但并非不可克服的困难之后，遭到这项规章的限制。据规定，凡通告开会或讨论，劝诱任何人出席会议，以邮递送达通知单，设立政党或政治团体的地方支部，与其他政党或团体互通消息以及进行露天集会等，均系犯罪行为。同前，第496—497页。这项法律执行得比其他的条文规定还更要严厉。
26　尾佐竹猛、林茂，前引书，第130页。
27　同前，第130页。尾佐竹猛，《明治政治史概论》，东京，1938，第151—179页，《板垣退助的西行问题》一章，对于此事有详细的讨论。

库的大量补贴资金倾入三菱公司的私人保险柜。[28]这些诋毁引发了"伪党扑灭"和"海防主退治"("打倒海怪三菱"之意)的呼声。趁着三菱公司被攻击之时,在品川弥二郎的主持下,政府成立了存在时间不长的共同运输会社。当三菱公司度过风暴后,合并了共同运输会社,由此组成日本邮船会社,与政府的关系也前所未有地密切起来,尤其是在大隈重信及其同僚在任的时期。这场风波并没有使两大反对党联合起来合力反击它们的共同敌人——专制的藩阀政府,反而使其陷入政府为他们设置好的陷阱里,彼此攻击,耗尽体力。如此一来,不仅辱没了政党的名声,还助长了政府的实力。[29]随着此番让两党鹬蚌相争的巧妙设计,政府得以继续对各反对党派采取上述严厉的镇压措施。面对着继续进行非法斗争和在政府意志面前低头的两难选择,多数自由民权运动的领袖选择了后者。1884年10月,自由党解散[30],而改进党早在1883年9月就解散了。

第四节　1884年自由党解散后农民运动的新转变

在政党解散、报刊舆论受到严格限制、政治活动受到严厉取缔之前,各政党的分支机构就已经奋起反抗政府的镇压,甚至不惜以暴动的形式

28　浮田一民、板垣退助、大隈重信,前引书,第155页。
29　尾佐竹猛、林茂,前引书,第130—131页。下述一段话是富有启发性的:"两党相争,因而忘记其攻击政府的本意,致予政府以可乘之机,得以更加强硬的手段来压迫各政党。"浮田一民、板垣退助、大隈重信,前引书,第155页。
30　在研究自由党解散的动机时,一个值得注意的原因是对政府的镇压政策无条件投降。例如1884年10月29日板垣退助在解散自由党的公开演说中,就将公众集会及新闻出版法的公布作为解散政党的主要理由。他又说,解散政党的另一条理由是自由党所煽动地方骚乱,往往以革命的旗号进行。参阅《自由党解散的主意》,收录于《明治文化全集》卷三,第466—467页。
　　尾佐竹猛、林茂,前引书,第132—133页对于自由党的解散也举出同样的动机。

来达成他们推翻专制政府的目的。[31]许多自由党的下级领导,因其领袖所谓的背叛行为而感到愤怒与困惑,常常去支持那些冒险的暴动。这些地方事件的历史意义源于自由民权运动中普通成员被刺激的政治与经济需求,以及相对于领袖们故意模棱两可的行为与言论,由这些需求所支撑的、尽管也许是被错置了的决心。洞悉日本国民生活的敏锐观察家福泽谕吉,早在1881年就预见:自由民权运动中的普通民众将对政府的政策表现出激烈、不能容忍的态度。在给大久保利通的一封信中,福泽谕吉曾写道:"民权论似乎越来越倾向于直接行动。如果这一趋势继续下去,政府和人民之间的敌意便会越来越深,最后恐怕不可避免地出现流血祸端。"[32]

果然如福泽谕吉所预言,第一批暴动开始于1882年的福岛。福岛暴动的导火索是县令三岛通庸的专断行为,人们愤慨于他践踏福岛县议会的权益。此次暴动的领导人是河野广中,他思想极端,行为果断。在起义被镇压后,河野广中和他的同志均被捕入狱。[33]几乎同时,在新潟县爆发了另一起农民运动,这次起义的领导人被指控有谋杀政府高级官员的

---

31 关于在全国性的大政党被镇压、政治结社被禁止之后,全国各地兴盛起来的这些地方政党的活动,参阅尾佐竹猛、林茂,前引书,第128—129页。

在自由民权运动派生出的这些左翼政党中,东洋社会党是最有趣的一个例子。东洋社会党在1882年5月创立于肥前原岛的一个佛寺江东寺中(原岛这个地方很耐人寻味,它是17世纪初期最后一次反德川霸权大叛变的发祥地。原岛之乱一般被认为是反抗德川基督教禁令的基督教徒鼓动起来的)。这个党的领袖是樽井藤吉和赤松泰助。它的纲领如下:(一)我党以道德为言行的准则。(二)我党奉行平等主义。(三)我党以社会公众之最大福利为目标。东洋社会党甚至希望将它的活动扩展到朝鲜和中国。它的纲领结语是:"不作树敌之言行,然而在我亿万同胞中,若有阻挡我党者,我辈将不吝热血,以身殉党。"当内务大臣(山田显义)注意到这个政党时,便下令将其解散,但是在后来相当长的时间内它对某些地方政党依旧继续产生影响。这些详细情形引自《明治文化全集》卷二,第434—435页所记述的政党成立备忘录。

安部矶雄认为樽井藤吉组织的这股自由党左翼势力是社会主义输入日本的最初尝试。这次尝试的失败将社会主义推迟到19世纪末才第一次获得成功,在19世纪末大工业兴盛时,才给1901年创立的日本社会民主党这一社会主义政党奠定了基础。参阅安部矶雄,《社会主义小史》,载于《开国五十年史》卷二,第505页。

32 1881年10月1日福泽谕吉给大隈重信的信函,可参阅庆应义塾编《续福泽全集》卷六,东京,1933,第248页。

33 福岛事件的详细情况引自《综合日本大系》卷十二,东京,1934,第83页,藤井甚太郎、森谷秀亮,《明治时代史》。

檄文的英译文见G. E. 上原,前引书,第98页,注释2。

嫌疑。[34]1884年埼玉县秩父爆发了起义,这次起义的领导者是借金党(或被称为欠债党),同样扮演领导者角色的,还有当地自由党的激进派。这些政治领袖被政府称为煽动农民、贫民对地主仇恨的罪魁祸首,而且当警察赶到现场时,农民曾以武力抗拒。[35]我们可以在本书另外一处看到这次农民起义事件,但是和本章主题有直接关系的是这次秩父农民运动标志着自由党在历史上的大分裂。上文曾提到过,自由党的领导权在身兼商人和制造商的地主手里,驱使他们投入政治斗争中的是他们的商人属性。然而,当政府对日益高涨的民主要求进行更加严酷地镇压的时候,这些地方性分支部门——往往比党派的中央领导人更激进,引发了群众对代议制度和减免租税问题的激烈情绪,这使得很多小心谨慎的党派领导人大为惊恐,从而暴露出他们保守地主的本质,也使得党派的解散绝不是难以接受的噩耗。正如一位学者写的:"自由党和改进党多少都和各地的暴动事件有所关联,虽然或许没有一个党领导人赞同采用这种武力造反的手段。为了洗刷鼓动叛乱的罪名,自由党于1884年10月20日大阪举行的一次大会中解散,等未来社会机会成熟时再重新组建。"[36]

自由党解散以后,类似上面讲述的地方起义往往由自由党的追随者或者分支派别中最激进人员领导,运动形式极其暴力、残忍。这里无法一一详细讲述,只列出比较著名的暴动事件:当地自由党人领导的1884年名古屋叛乱事件;1885年,加波山(茨城县内)事件;同年,饭田(爱知县内)事件;1886年,静冈事件。[37]这一时期所有叛乱的阴谋和暴动中,最为奇特的是大井宪太郎和其同僚的密谋策划。他的同党大多来

---

34 藤井甚太郎,《日本宪法制定史》,第268—269页。
35 秩父骚动之前,当地政治组织的规模,在附近一带散布的传单和小册子中可以看个大概。秩父骚动的详细情形,摘自《明治文化全集》卷三,第469—470页。
36 麦克拉伦,《政治史》,第163页。
37 藤井甚太郎,前引书,第269—271页。另参阅G. E. 上原,前引书,第99页。浮田一民、板垣退助、大隈重信,前引书,第157页。

自自由党，都深受法国大革命思想的影响。[38] 因为政府的镇压，这些人的政治活动遭受挫折，于是想要渡海到朝鲜去传播政治理论，在那个半岛上成立民主的政权，再从那里指导日本的自由民权运动。1885年11月23日，携带武器火药的这几人正要从大阪起航出发，就被警察逮捕了。[39]

这里即将结束日本自由主义史的第一阶段。这段历史中最具启发意义的是起源于农村的自由主义有着根本性弱点。在其他自由主义曾取得胜利的国家，无论是克伦威尔时代独立派或伦敦长老派当权，还是法国大革命时期的巴黎，自由主义运动基本上都是城市运动，拥有城市商人的巨大财力支持，并由城市群众高度集中的政治团体将运动推进下去。尤其是英法两国的自由主义，尽管是由富有的商人、律师甚至乡绅领导，但却得到大城市中广泛的、旗帜鲜明的市民阶层的大力支持。19世纪的英国自由主义也是如此，尤其是1832年改革法案实施以后，当时自由党的力量几乎全部来自城市的各个阶层。但在日本，自由主义是以村落零落散布的农村地区为基础的，因此当地的问题只能引起周围村民的注意，而其他地区的居民就不那么关切了，加之每个地区的情况迥异，不可避免地造成了自由民权运动团体内部的冲突和最终的失败。再者，自由党内掌握领导权的地主和普通党员农民之间的对立使得党内的分裂不可避免。上面已经讲过，自由党的领导者很容易屈服于政府对上述暴动事件的镇压，而农民正急切地发出"减租减税"等呼声。失去了中央机构领导，自由党的分支机构往往打着其他旗号，借着各种地方性事端诉诸武

---

38 自由党左翼的政治哲学很大程度上受法国和俄国革命思想影响。中江兆民所传播的卢梭《社会契约论》一书，对日本自由主义有重大影响力。俄国虚无主义和民粹主义的激烈理论在自由党初期的激进党员中也很受欢迎。法国和俄国的革命小说及论文译本，特别是克鲁泡特金的著作在当时颇为流行。参阅藤井甚太郎、森谷秀亮，前引书，第875—880页。中江兆民和大井宪太郎继承了法国革命思想的衣钵，将其演化为自由党左派的理论向导，因此两人是日本社会主义思想的精神之父。他们的继承者有1908年在所谓的大逆事件中被判处死刑的幸德秋水。参阅浅利，《日本社会运动和社会立法的发展》，载于太平洋学会日本分会创办的《现代日本所受的西方影响》卷二，丛刊第四号，东京，1929，第3页。
39 G. E. 上原，前引书，第90页，注释1。另参阅浮田、板垣、大隈，前引书，第157页。大井宪太郎在大阪被捕，他的同志新井章吾和稻垣示则正在拟订渡海去朝鲜和大井等会合计划时，在长崎被捕。参阅A. H. 雷伊，《日本的政党》，载于《亚细亚协会纪要》卷三十，东京，1902，第394页，注释2。

力，企图削弱政府的镇压态势。这些尝试太过零散，时有时无，无论是地理还是政治角度，都过于局限在当地了，甚至没有获得过局部性的胜利。政府则全线获胜，一方面得益于官僚统治阶级的团结和专政手段，另一方面得益于对手的分裂和混乱。

1890年，日本成立国会时，自由党重新组建。但经过一系列的分裂之后，自由党内部最为激进的势力已经逐渐被洗刷掉了，再加上选民财产资格的限制（直接缴纳国税15日元及以上），自由党被改造成了一个温和的政党。自由党经过了多次不同形式的中间阶段转变，最后发展为政友会（1900）——这一地主阶级的政党，标志着原自由党掌握领导权的地主那半封建的属性取得最终胜利。

第五节　国家权力的强化：1889年颁布宪法

自由主义没有随着1883年至1884年各政党的解体而消亡。但在政治热情的首次尝试却无果而终后，自由民权运动变成更为克制和妥协的运动。板垣退助和大隈重信领导的这些自由主义政党间迅速转变和纵横捭阖的过程[40]，这里无暇去追溯，但当这些党派忙于争夺官职时，政府悄

40　修约问题恰好作为自由党和改进党许多老政客东山再起的借口。已解散的各政党元老应邀而组成了由后藤创办的"大同团结"联盟。用日本专家的话来说就是："如此引人注意的修约问题，并不是像之前的争端那样存在于统治者和被统治者之间的问题，它是事关整体国家利益的。为查明问题的实质，也为了缓和国内舆论攻击，1888年2月，政府邀请大隈重信伯爵主持外务省事务。"浮田、板垣、大隈，前引书，第160—161页。这表示出越来越明显的一种趋势：过去的政敌不仅冰释前嫌，而且连他们一直标榜的原则也一同抛弃了，连最基本的政治问题都不顾，只想争夺官职。就在大隈重信就任之后，后藤象二郎也参加了黑田内阁，担任邮递大臣，这样就断送了他自己的"大同团结"联盟。更加讽刺的是，大隈重信的新上级黑田首相，正是之前（1881年7月）因为将北海道官产以远低于地价的价格卖给私人而被抨击的那个人。1887年12月25日的保安条令给了新改组的政治团体另一打击。那项条例严禁政党领袖任务进入首都三里（约八英里）之内。关于条例规定的具体办法，参阅G. E.上原，前引书，第104页。随着1890年国会的召开，那些虽参加了议会但因财产限制而选民甚少的政党，越来越无法成为民主权利的斗士，而逐渐变为企业家和地主的代理人，他们的任务就是就租税负担和政府补助费的分配方法等事情与官僚逐项磋商。

无声息地对1880年至1884年席卷全国的那场暴风雨式的自由民权运动加强了防范。这也引发了一些必要的行政改革，使其更加灵活和高效。在这类改革活动中，最活跃的是伊藤博文，他曾于1882年奉天皇之命，远赴欧洲，学习西方各国宪法，为日本起草宪法做好准备。1883年，伊藤博文回到日本后的第一个举措是恢复了贵族的荣誉制度——华族制度（1884年7月），重新以公爵、侯爵、伯爵、子爵和男爵划分等级。新的贵族由旧公卿（宫廷贵族）、大名（封建贵族）和维新以来功勋卓著的人物构成。这一举措使伊藤博文及其政策得到贵族和政府官僚的强力支持。第二个举措是改革内阁（1885年12月），将原来的太政官（国务院）改为在内阁总理统筹下分省办事的内阁府（新内阁），内阁总理的权力类似德意志帝国首相。公务人员选拔从之前带有政治偏见的官员任命制改为考试制度。这项改革有助于巩固由高效、廉洁的公务人员组成的官僚制度，这些公务人员不为某一政治团体或是利益集团徇私，完全效命于官僚政体。

同时，政府实行与政治思想一致的教育改革。1880年，国家设立了完全由政府管控的小学和中学。第二年，政府旨在将日本高等教育中心——东京大学（后来的东京帝国大学）打造成未来官僚的训练机构。[41]通过改革，东京大学的全体教职人员都在政府的掌控之下，要对政府官员负责，受政府约束，并享有官僚制度中的等级身份。原本散漫的、相对独立的部门机构，如今改由校长严格地集中管理。校长只接受文部省大臣管理，而文部省大臣由天皇直接管控。因此，教授不再是单纯的学者，还是政府的官员，故而这些教授只好宣誓效忠政府。这些改革中的一部分是在专制制度斗士加藤弘之的监管下进行的[42]，当时，加藤弘之重新当选为东京大学校长。毫无疑问，东京大学的教育和学术氛围，此后

---

41 《东京帝国大学五十年史》卷一，东京，1932，第505—506页。
42 参阅本书本章注释20。

会紧紧遵循寡头统治政府的价值观。[43]

此时，为了防范政党复苏，防止政府意图修改条约遭到非议，1887年12月25日，日本政府通过了《保安条例》。许多历史学家都认为这是自维新之后最具压制性质的法令。[44]

这一时期最重要的变革是制定宪法。伊藤博文自1884年开始就着手准备宪法的修订工作，当制度取调局（订立宪法过程中的调研机构）成立后，伊藤博文任局长，带领德大寺实则侯爵（后封公爵）、井上毅、金子坚太郎、伊东巳代治等人起草宪法。制度取调局隶属于宫内省，因此成为神圣不可侵犯的部门，隔绝了外界的影响。一位日本学者曾诧异地表示：这一部门的官员选拔比元老院（即当时日本政府主要立法机关）和司法省还要严格。他对此有个人的见解："这样做的理由，似乎是保护宪法的起草工作，杜绝与外界舆论接触。"[45]

1888年，在伊藤博文的倡议下，政府成立枢密院，伊藤博文为第一任议长。枢密院的职能本来是审议宪法草案，不过此时宪法草案即将完成。1889年，政府颁布宪法之后，枢密院仍作为专制统治的守门人留存下来。枢密院的组织结构及其对政府各部门因对宪法解释不同而引起的意见冲突进行裁判，使得枢密院成为保守势力的最后堡垒。[46]

---

43 《东京帝国大学五十年史》，第512页。
  1886年3月的东京帝国大学（其前身为东京大学）条令的第一条规定大学的宗旨如下："帝国大学的宗旨是讲授国家需要的应用科学技艺，并研究其奥秘。"同前，卷一，第932页。
  在1886年法律增改的条文中，有东京帝国大学校长应兼任法学院院长一条。法学院是大学中保守主义的大本营，特别是在1889年宪法公布以后，他们认为国家最高学府的政治思想必须和当时奉行的国家主义思想相吻合。同前，第993—994页。
44 参阅G.E.上原，前引书，第104页。限制举行公共集会和发行报刊图书的规章全文，载于《日本公文集》，第502—504页。
45 G.E.上原，前引书，第118页。这位作者引用了《太阳》杂志（1909年3月8日，第85页）所载的一篇论文："著名的相关人员金子坚太郎告诉我们说，在宪法起草之际，国人想要知道他们会颁布一部怎样的宪法，因为他们深知伊藤博文的宪法思想颇受俾斯麦的影响，所以疑虑重重，政府为此采取了一切预防步骤，以防止人民的干涉和舆论的侵扰。"同前。
  有关起草宪法应严守秘密的思想，是金子男爵因为研究了麦迪逊和杰斐逊所写的1787年费城制宪会议报告书而得到的启发。参阅金子坚太郎，《日本宪法制定的由来》，载于《史学杂志》卷二十二，东京，1911年10月号，第1168—1169页。以上均引自柳川，前引书，第272—273页。
46 参阅赖肖尔，《日本的政府和政治》，纽约，1939，第87—89页。

在这里，我们无法对日本宪法进行深入分析。关于这一话题，已经有英文版的卓越著作，因此本书忽略这部分内容并无大碍。[47]我们需要注意在颁布宪法时伊藤博文的公开言论，从发表了此言论起，人们就对此心怀尊敬：宪法是天皇颁赐给人民的，而不是对人民要求立宪制的让步。只有天皇可以提议修改宪法，然后再由贵族院和众议院审议通过，至于宪法的解释权，则属于国家法庭，即枢密院。[48]宪法是依照仁爱专制理念拟定的，一直是专制统治不可撼动的工具。

普通大众选举、枢密院裁决、国会两院中任意一院或两院联合投票等，任何对宪法进行修订的尝试都是不合法的。近代日本人民一直想要争取的立宪权益——选举权，被伊藤博文有意地排除在宪法之外，因此仍留有立法变革的余地。[49]正因如此，许多在国会中没有席位的党派，以及常与工人运动相联系的政党，一直积极活跃在扩大选举权的运动中。

这里简述一下日本选举权的问题，以便读者可以从中了解这方面的进展情况。根据1899年最初的选举法规，只有在选举名册制定前一年缴纳直接国税（包括地税、营业税及所得税）15日元及以上的人，才有选举权。当时，有选举权的人数达46万。1900年的选举改革将选举人的财产限制降为缴纳直接国税金10日元（1899年降为5日元，而到1900年又提高至10日元）。于是，选民的人数增加到原来的三倍。各政党之所以通过这项改革提议，是因为这样能扩大选举范围，进而巩固国会的地位，提高各政党的影响力。但是将选举权扩大到无产阶级群体中，这一步太过彻底，恐怕只能得到国会中一小撮激进分子和某些非国会的劳

---

47 关于研究日本宪法的一些比较重要的书籍有：伊藤博文的《宪法义解》，伊东巳代治的英译本，第2版，东京，1906；G. E. 上原，《日本的政府和政治》，纽约，1910；奎格利，《日本政府和政治》，纽约，1932；竹内，《日本帝国的战争与外教》，纽约，1935，第一编；麦克拉伦，《日本明治政治史》，伦敦，1916；赖肖尔，《日本的政府和政治》，纽约，1939。

日本宪法的全文英译版本刊于《日本公文集》，第134页及以下各页。

48 赖肖尔，前引书，第77页。

49 伊藤博文在《宪法义解》中写道："本条之所以将选举一项留待特别法规定，乃是为了将来选举方法如有因时因地制宜的必要，便于增改，所以宪法不予涉及细节。"伊藤博文，《宪法义解》，英译本，东京，1931，第67页。

动团体的支持。这类倡导无产阶级选举权的领袖是大井宪太郎。[50]作为自由党左派分裂出来的东洋自由党领袖,他是最早提倡普遍选举的志士之一。此次以普选为诉求的国会外运动,与以下在工人运动和社会运动中最为活跃的人物紧密相关:中村八太郎、木下尚江、片山潜、安部矶雄等。到了明治后期,这一运动声势最盛。在第三期即最后一期桂内阁时代(1912年至1913年冬季),日本爆发大规模的暴动骚乱,政府采取大范围的警察镇压,这些都反映出政府和人民之间对于这一问题上的紧张态势。[51]直到第一次世界大战后,在著名的米骚乱*(1918年)严重地撼动了寺内正毅内阁的威信以后,关于选举的下一阶段改革才开始。在1920年,选民的财产限制从10日元降低至3日元,因此选民数量增加到300万人以上。但从下文可以看出,无产阶级仍然被排除在选举之外。1925年,最后一次选举改革(1928年举行第一次选举)的结果是,日本实行了成年男子的普遍选举权,议会制的民主才达到顶峰。

第六节 政党和议会

回顾19世纪末的日本政党,我们可以清晰地看到,随着1890年政府创立国会,自由党和改进党在国家政治生活中处于被动地位。因为接受了伊藤博文的谋略规划,新成立的先进政府机构,包括国会在内,都受到在立法甚至财政上的诸多限制[52],此影响非常深远。正是这些新机构将各反对党压制到如此地位,反对党只能在政府中谋得一官半职,或者

---

50 本书本章注释20。
51 这些骚乱在A.摩根·杨的书中有生动的叙述,参阅A.摩根·杨,《现代日本》,纽约,1929,第25—30页。
* 1918年,日本爆发了历史上首次全国性的大暴动。大米价格的暴涨造成了严重的经济困难,从贫民抢米开始,一次和平的请愿活动升级为暴动、罢工、抢劫、蓄意袭击政府人员等武装冲突。这次骚动直接导致当时寺内正毅内阁的垮台。——译注
52 参阅奎格利,前引书,第185页;第188—193页和第234页。

是同腐化的官员做些交易。反对党非但没有齐心协力与公认的专制政府抗争，反而是内部相互攻击，给官僚提供了挑拨离间的机会。所以，尽管在国会中反对党的人数呈压倒之势，但这种反对状况往往会分崩离析，不起丝毫作用。因此，反对党在很多问题上猛烈抨击政府，迫使众议院一再休会，干预政府的决策。但是，在关乎政府根基的决议上，如海军和陆军扩充军备等，反对党却没有认真反对之意。在国会第一次会议中，这种情形就十分明显，这为此后会议中反对党同样的妥协奠定基础。一位日本评论家曾这样描述："在国会的第一次会议中，反对党提议将政府每年8000万日元的财政预算削减10%，以此来恢复国民的财力。农商务省大臣陆奥宗光担负起政府赋予的操纵国会职责，他通过和板垣退助的'折中方案'交易，争取到众议院中一部分自由党议员的支持，最终以削减650万日元的方案通过预算的审议，这使政府的显要人物松了一口气。但这次妥协是日本宪政史上最不祥的预兆，因为它是后来反对党腐败和没落的最初原因。"[53]

继任的松方正义内阁，认为前任山县有朋内阁对可恶的反对党过于迁就，于是决定采取强硬的官僚政策。国会坚持预算应削减790万日元，于是政府干脆解散了国会。接踵而至的选举是日本政治史上最暴力的一次。内务大臣品川弥二郎命令警察，设法使一切反对党候选人都落选。这次全国性的骚乱造成25人被杀，388人受伤。[54] 这激起了全国人民的愤怒，强烈要求品川终止这样的威胁手段。最后，品川被迫下台。伊藤博文加入声讨政府强制干预选举事件的阵营中，于1892年再度出任首相。他面临前两届内阁首相都面对过的问题：国会要求削减政府财政支出。他避免了第一任内阁采用的收买策略和第二任内阁使用的高压警察恐怖政策，而是采用一种有效的办法平息了反对党对海军和陆军远征费用的

---

53 饭泽章治，《日本的政治和政党》，日本外交协会刊行，东京，1938，第17页。另可参阅岩崎，前引书，第90页。
54 上原，前引书，第222页。

非议。伊藤即刻得到天皇的敕书,并将此诏书在众议院宣读,这就使议会除了屈从政府的意志以外,没有别的选择。[55]敕书中说,天皇对党派偏见表示不悦,天皇期望各党与政府之间应和谐共处,同舟共济,以国是为重。同时,敕书宣布皇室每年将减少30万日元的费用,为期六年,以资助扩充海军,还要求将全体官员的俸禄减少10%,同样是为了扩充军备。"众议院遵照敕书的意愿,接受了政府在下次召开议会以前调整政务、节减经费的承诺,并按照政府同意的削减额度通过了预算审核。"[56]

妥协的众多反对党中,最强大的党派要数自由党。在此次妥协之后,自由党内最坚定的党员、众议院议长星亨被指控贪污,并因此受到弹劾和开除处分,这导致自由党分裂成两派。其中一派表示愿意加入政府阵营,结果是,1896年4月板垣退助以内务大臣的身份重新进入内阁。1894年国会全体通过1.5亿日元的预算,这标志着对政府的所有严肃反对意见都已销声匿迹。这是政府官僚对反对党派的完全胜利。在此期间,1894年至1895年间中日甲午战争爆发,战争使所有反对党都与政府站成一队。到了1898年,执政的官僚已经对政党的领袖没有任何畏惧,才允许板垣退助和大隈重信组建了一个寿命只有几个月的政府。这届由原来反对党领袖组成的政府领导班子,解散的直接原因是文部省大臣尾崎行雄在帝国教育大会中的一篇演讲,感叹财富在政治中的势力越来越大。在会前的演讲中,他说:"假如日本采取共和制度,那么三井或者三菱将立刻成为总统候选人。"[57]他因为假定日本采用共和政体而遭到严厉批评,也导致了这届内阁的解散。真正有意思的并不是他的妄加假设,而是他证明了日本政治中财富的力量越来越强大这一观点。

在甲午战争后,凭借官员任用令和官员退职令,山县有朋在政府官僚中的实力不断增强,这两道命令的用意就是使没有工作经验的人员不

55　岩崎,前引书,第18页;麦克拉伦,《政治史》,第220—221页;上原,前引书,第224页。
56　《开国五十年史》卷一,第169页,浮田、板垣、大隈所撰。
57　上原,前引书,第239页。

能担任政府官职。[58]与此同时，山县有朋在1895年下令，非现役军官不得担任陆、海军大臣，不得担任各级将领和军官，1898年建立最高军事参议官会议，这些措施加强了他在军方的地位。伊藤博文对山县有朋和其党羽日益增加的权势有所警觉，于是，他尽力挽回曾经在政府中的主导地位。为了这一目的，伊藤博文决定组建一支政党，以抗衡山县有朋的势力。伊藤博文的这种做法并没有改变他官僚的本质，也不代表他有倡导任何根本性改革的意图。伊藤的真实意图，似乎是通过行政改革等措施限制山县有朋一派势力的进一步扩展。在物色追随他的政党时，伊藤最终选择了宪政党，这是自由党和改进党的部分党员合并组成的新党派。而该党原本的党魁大隈重信已经离开，转去领导由自己组建的新的宪政党。宪政党内组织松散的成员来自原自由党的分离支派成员。尽管存在内部斗争，但自由党是早期日本政治上最具自由主义活力的典型团体。在宪政党的基础上，伊藤博文成立了政友会。这标志着旧自由党完成了最终的转变，变成强有力官僚领导的大地主阶级政党，这一政党的纲领与最初的自由党纲领完全对立。[59]此事清楚地显示出自由党的两面性，原先由地主阶级和农民建立的自由党，本身有着相互冲突的立场，最终是地主阶级取得完全的胜利。随后十年内，日本政治即是两派轮流进行的幕后操控，一派是由桂太郎所率领的山县派官僚，另一派是由西园寺公望领导的相对来说更温和的派系，西园寺在伊藤之后成为政友会的党魁。自日俄战争到第一次世界大战这段时间，这两派在政治上并没有本质上的区别，因此世人往往称这段时期为"桂园时代"，唯一的区别是，桂太郎是官僚的化身，而西园寺公望则代表地主和大商人的利益。

---

58 竹越与三郎，《西园寺公望公爵》，东京，1933，第162页。
59 麦克拉伦，《政治史》，第263—267页载有伊藤博文谈论政友会创立的长篇口头报告的译文。

第七节　外交政策和国际关系

现在我们转而讨论外交政策和国际关系这一主题，这个问题与内政关系紧密。上文已经提到，政党不得不向政府妥协，特别是在陆军和海军的扩张问题上，于是话题自然就转到了外交和国际关系上了。

尽管自然资源匮乏，明治政府统治下的日本却将其有限的几个优势条件充分利用：地理上相对远离列强，人民辛勤耐劳，那种为建成现代社会而不屈不挠地学习、采纳科学和技艺的精神。明治改革者的口号"尊王攘夷"，在动摇封建制度的斗争中，在外国资本还没有发展成中国那样桎梏之前，挣脱外国资本束缚的奋斗中，都是振奋人心的绝佳号召。当幕府被推翻以后，维新志士放弃了旧口号，而采用了新口号"富国强兵"。这一口号最终成为现实，为此，政府采用了国家控制工业的政策，用补贴的手段促进工业快速发展，并且有意扶植军事工业和战略行业。另外，在履行国家职责方面，新日本的军事领袖并没有落后于其他行业。加上人们铭记着武士精英阶层的历史渊源，在过去几十年间日本所面临的危难局面也让国人记忆犹新，所以，如果说出身武士阶层的开明官僚阶层中最具才干的领袖人物会遗落下建立现代陆军和海军，那倒让人不可思议了。

1872年以前，日本陆军仅仅初具框架，仅由分布在各大城市的守备兵和驻扎在首都的御亲兵组成。这支武装力量的成员主要是反德川阵营的旧藩士族兵。这支军队的力量，仅仅能保护新政府不被政变或内乱推翻而已。经过1873年首次实行普遍征兵制等军队改革后，军队力量有所增强[60]，提高了镇压农民起义或武士叛乱的能力。这支重振军威的军队遇到的第一次真正的考验，是1877年镇压萨摩叛乱。政府征用了各阶层兵员后又配备现代的武器和设备（例如电报），这样的军队，战胜了负隅

---

[60] 这支总兵力40万人的陆军仅足以防止内战，这是河野少将所说，见太平洋学会日本分会，《现代日本所受的西方影响》卷二第十八号，东京，1929，第6页，河野少将，《日本的陆军》。

顽抗但已经落伍、注定失败的封建士族部队。在这次叛乱之后，再也没有对政府发动的严重武装攻击便是意料之中的事情了。1882年至1884年，日本军队彻底改组和扩充；1883年，政府修订了征兵法，这些措施不仅是为了安内，更是为了防范来自外部的危机和紧急情况。与改革前的常备军力量相比，1882年的改革，在1884年完全付诸实施，使得军队的力量有显著的提升。1879年的陆军编制包括：步兵队，十六联队；骑兵，一大队和一中队；炮兵，十大队；工兵，三大队和一中队；辎重兵，一中队和两小队。1882年的军队编制改变计划为：步兵二十八联队；辎重兵十四中队或七大队。此外，还有屯田兵（军事移民或边防民兵），这支军队还没有使用过。这支武装力量计编为步兵四大队，骑兵、炮兵、工兵各一队。[61]

关于可能进行军事行动的地区，日本军事史上最伟大的人物山县有朋陆军元帅曾在言谈中有所涉及："鉴于在此期间，中国对朝鲜采取高压态度，与日本利益完全相对立，这让我国将士明白：在中国大陆上迟早会有一场大战，故而我军将校锐意进取，增进军事知识，因为他们还没有做好在大陆作战的准备。"[62]

此时，海军的狂热扩张时期也开始了。1882年，海军扩张计划规定：在八年内，增加军舰48艘。但很快，政府又认为这一扩张计划过于缓

---

[61] 伊豆公夫、松下芳南，《日本军事发达史》，东京，1938，第196—197页。关于军备扩张和征兵法的修订，参阅山县有朋，《陆军史》，载于《开国五十年史》卷一，第207—209页。

巴莱，《日本的军事》，横滨、巴黎，1910，第100页以及后文各页载有日本军事用语的简明解释。为读者方便起见，将有关名词摘录如下：

军团：无固定组织的一个因事制宜的单位。

师团：包括一切兵种的最高独立单位。

旅团：二级单位，在目前情况下能够适合步兵、骑兵和野战炮兵或重炮兵的一种单位编制。

联队：三级单位，两联队或三联队组成一旅团。

大队：即步兵大队、工兵大队、辎重大队、铁路大队和炮兵大队。

中队：即步兵连、骑兵连、炮兵连。

小队：即步兵排、骑兵排、炮兵排。

同前，第100页。

[62] 山县有朋，前引书，载于《开国五十年史》卷一，第208页。

慢。因此在1868年，政府增发海军公债，为使军舰数量增至54艘。[63] 这些事件都表明，明治政府的领导者十分清楚日本所处的历史环境，以及由此需要达成的任务。数十年来，朝鲜一直都是中日摩擦的根源。1884年，争夺朝鲜的另一竞争者——沙皇俄罗斯帝国出现了。沙皇俄国于1884年同朝鲜缔结了一项通商条约，1888年又签订了《俄朝陆路通商章程》，这更加深了日本对争夺朝鲜半岛霸权的焦虑。[64]1872年至1873年的"征韩论"之所以失败，是因为当权者意识到：日本还没有做好远途征战的准备，日本还缺少现代化的陆军、海军，也缺乏能供应战争设备或是能通过大量出口换取外汇的成熟工业体系。当这些条件已经具备，外国列强特别是英国，即使没有给予技术支持，但愿意保持善意中立时，纵然是二十年前反对征讨朝鲜的人也都看明白：无须冒很大风险就能击败衰落的清朝政府。他们的盘算果然应验了，甚至在1895年出现了德、俄、法三国出面干涉[65]，强迫日本归还辽东半岛这样的事件，都在他们的预料之中。

第八节 为了国家独立，日本必然选择对外扩张的原因

在维新斗争中，因受到外国侵略的威胁，日本人的民族意识被唤醒，并在明治初期逐渐渗透到社会各个阶层中。而1899年，政府修订不平等条约的艰巨任务终于完成，民族意识加深了。同时，日本的资本主义已经过了艰难的初创阶段，因为丧失关税自主权，所以日本资本主义被迫同时在两个战线上斗争。在国内，日本资本主义的任务是加快工业化，发展国内市场；国外方面，日本的任务是取得外国列强对日本大国身份

---

63 同前，第226页，山本权兵卫，《海军史》。
64 山县有朋，前引书，载于《开国五十年史》卷一，第109页，副岛种臣，《明治外交》。
65 H. B. 莫斯，《中国帝国对外关系史》卷三，伦敦，纽约，1918，第47页。

的认同——如能成功,则能修订条约,改善贸易权益,甚至和某些强国缔约同盟。国内和国外两方面的问题紧密交织在一起,若是单独讨论某一个问题而不将两者联系起来研究,则是在抹杀历史学科的严谨性,这样无异于将一项外交政策看成是当权者武断采用的,或是由政治家和军事家的妄想和野心构筑而成。实际上,日本社会组织发展演化,伴随着国际强权的不断压迫,这驱使日本在19世纪极度渴求扩展国外市场,从而获利,因为日本资本主义无法从狭小的国内市场获利;日本还积极寻找碍于本国的地理特点而无法获得的廉价原材料。那些曾在维新的动乱时期压迫日本的国家,看到日本是如何构建国内秩序的,看着日本首先建立起国防以确保国家独立,亲眼见到日本建立起成为现代军事系统的血液和精力源泉的国防工业;现在又目睹了日本从最初殖民对象的地位,跻身要求和这些大国分庭抗礼的地位。在走上现代化和工业化道路之后,日本的政策制定人就发现:如果日本想避免中国和埃及那样的命运,就必须采取西方列强的政治策略和经济方针,虽然这些列强的政策曾经粗鲁地震醒日本,也导致中国陷入半殖民地的困境。历史仿佛是一位坚韧的武术教练,所有的疼痛训练都警醒明治政治家们:在被奴役的国家和蒸蒸日上的胜利帝国之间,没有折中的道路可选,而帝国的荣光,用那位悲观的现实主义学者克列孟梭的话来说,会有痛苦夹杂其中。

所以,在明治开始的前三十年,日本外交政策的首要任务是废除不平等条约,这些不平等条约是从独立国家到受外国支配、奴役的殖民地的主要象征。[66] 在抵达独立国家地位之前,一旦折返,就意味着屈辱、灾难甚至屈服于外国的统治之下,而如果沿着明治领导者们所开创的光荣之路前进,就意味着日本要在历史和地理条件具备的情况下,沿着某一方向扩张出去,即向亚洲大陆扩张。那里居住的人们还处于半沉睡状态,

---

[66] 所谓幕府末期签订的不平等条约修订问题是明治外交的主要任务,等等,是日本大多数史学家的评论。参阅日本外交史权威人士渡边几治郎所著《日本近世外交史》,东京,1938,第35—42页有关修约章节。

在西方列强的威胁下惴惴不安地生活着。明治政府的领袖们找不到任何理由不去参加瓜分中国的盛宴。日本面临经济压力、国内市场狭小和主要原材料缺乏的问题,如果把这些算作正当理由的话,那么日本比其他国家都更有理由侵略中国。[67]基于这些复杂的动机,包括对国外市场和原材料的需求、对俄国势力逼近的坐立难安、争取大国地位的渴望,日本成功地通过了对现代国家实力的初次考验。

就日本而言,在征服国与被征服国之间没有中间道路可选,以及争取民族独立的艰苦斗争必然导致对外扩张,这些由下述事实明显地表现出来:日本取得了中国境内的外国领事裁判权,而此时,日本还没有完全摆脱掉自身的外国特权束缚。从另一方面看,这里引出了本书的另一主题:日本进入大国之列的时间很晚,这在日本的国家结构、社会、政府和外交关系上,都留下不可磨灭的痕迹。这样一个现代化国家建立起来了,它的工业一度在极狭小的国内市场基础上创立,而此时,其他列强经过长期的旧式重商主义殖民时代,积累了大量资本,已经从放任自由的商业资本主义黎明时分,进展到以猎取殖民地和势力范围为特征的帝国主义正午繁荣时期。我们已经看到仅在一个世纪内,日本是如何高度集中地发展资本主义力量的:从受限制的"农村－城市"重商主义形式,到私营工业垄断和重要行业国家垄断构成的社会组织,因此日本社会不允许有自由主义形式的经济自由,导致政治上也没有多大自由。日本的领导者只能控制所处环境中的一部分,大部分则受日本前期的复杂历史限制,因此无法像其他国家那样(例如美国和斯堪的纳维亚半岛上的国家)发展资本主义。背负着所有不利条件,又是最晚加入与其他大国的竞争行列中,日本需要向西方国家证明自己的实力,证明自己有能力承担一切大国要面临的职责和任务。因此,修订不平等条约是争取获得世界强国认同的不可缺少部分,也是这种认同带来的结果。1894年至

---

[67] 参阅本书第189—191页,第六章第九节《自由党反对派的立场和日本政府内的"军政问题"》的内容。

1895年的甲午战争，是日本公开走上早已谋划好方向的第一步。"1894年，日本同中国开战，表面上是为了朝鲜问题，但实际上是日本国内和国外发展的必要步骤。所以，1894年至1895年的甲午战争不应该被理解为一次单纯的冒险或是掠劫行动，而是日本全员都渴求和推动的一场暴力行动，它是宣扬国威，彰显日本国力强盛，也是经济需求的后果。"[68]

日本国民的民族意识，被维新时期的重大事件激发出来，在不平等条约修订的斗争中逐渐成熟，并在1895年4月23日（《马关条约》签订的六天后）著名的三国干涉还辽事件后提高了百倍。虽然列强的干涉在日本政府的意料之中，但却激起了全国民众的屈辱感，这种屈辱感更因为德国驻日大使不必要的蛮横态度而升级为愤怒，在东京的德国公使公然以战争相威胁，如果日本不顺从东亚三国同盟（俄、法、德）的处置，德国即向日本宣战。这次三国干涉还辽的结果，除了日本从辽东半岛撤兵并得到巨额赔偿以外，还让日本民众对外交行动高度敏感。因此，日本采用强硬的外交政策不仅仅是可行的办法，也是民之所向。

1894年至1895年的甲午战争，是日本走上对外扩张这一外交政策明确的转折点，也巩固了提倡对外扩张政策的领导者的地位。尽管有三国干涉还辽事件，但战争酬劳丰厚，这让主张侵略扩张的政客更有了证明自己的证据。割让给日本的台湾和澎湖列岛，物产丰饶；战争的赔偿款2.3亿两白银（约3600万英镑），成为日本采用金本位制度的基础。除了这些实物酬劳，日本还获得了外交上的威望，这是日本摆脱封建封闭社会仅二十年就获得的优渥奖赏。随之而来的是日本获得了与其他国家地位平等的认可。于是，1899年英日达成协议，废除英国在日本的领事裁判权，此后其他国家也先后与日本达成相似的协定。日本军队同其他列强军队在1900年镇压义和团起义的举动，标志着日本已跻身于帝国主义列强行列。1902年，英日达成同盟，意味着老牌殖民帝国主义国家英

---

[68] B. L. 普特南·威尔，《东亚即将到来的斗争》，伦敦，1909，第401页。

国,已选定日本作为牵制对手俄罗斯帝国的有效制衡力量。不可否认的是,英日同盟有助于英国阻挠俄国独占满洲和华北地区的野心,但同时,这一同盟也是日本制衡俄国的宝贵外交武器。随着这次胜利,无论从实际还是潜在国力上来讲,日本都代替俄国成为东亚最强大的国家。使日本被承认为世界强国的迅速步伐,正是日本在1894年至1895年的战争中获得胜利的必然结果。二十几年和平谈判所未能办到的事,在一场武力战争后竟然一夜之间就解决了。这当然是战争胜利后主张侵略扩张论调的肤浅解释。

第九节 自由党反对派的立场和日本政府内的"军政问题"

上文引出这样一个问题:政府以外的人士是如何看待政府的扩张政策的呢?虽然这个问题已经在上文已经交代了一部分,但在对日本外交政策脉络的梳理中,我们可以进行详尽的探讨。

有些政治评论家认为,自由主义与扩张政策水火不容,这是不言而喻的道理。但在历史上,无论是日本还是其他国家,这一判断都难以被证实。我们能回想起,在1871年至1873年间,主张征讨朝鲜的政客,曾经对政府施加很大压力。持"征韩"观点的集团由三派组成,其中之一就是后来站到藩阀政府对立面的立宪和自由主义反对派。阻挠这项时机尚早的军事冒险计划的,并不是自由主义党派,相反却是那个更保守更谨慎的领袖大久保利通。当然,在19世纪80年代,自由党左翼和东洋社会党[69]之类的地方党派,的确模糊地表现出对中、朝两国友好的倾向。但这些左翼人士不被自由党的领导人承认,而且很快被政府镇压下去,因此自由党左翼存在时间之短还不足以影响民众舆论和政府政策。

---

69 本章注释31。

在1890年国会开始启用后，各反对党开始重新组建，正如上文所述，反对党派并没有对军费稳定增长这一关键问题做斗争的倾向。自1890年到第一次世界大战期间，日本政府所面对的反对党派，从一开始就通过收买而被削弱了实力。品川弥次郎的警察恐怖手段引起全国民众对政府的激烈反对，因此伊藤博文向天皇奏请敕书，有效地平息了反对的呼声。但随着反对势力的衰退，外交政策的趋势开始日益分明。当时一位日本政治观察家写道："甚至在甲午战争之前，一种近似军国主义的精神明显地存在于政界中……凡是注意观察的人都能清楚地看明白，此后军国主义党派的存在是日本未来政策走向所必须考虑到的一个因素。军国主义的领袖人物自然是陆军和海军的军官，但曾经在军事改革中发挥关键作用的日本政府要员，也持同样的军国主义思想。"[70]日本实行对外扩张政策的转折点，不是一小撮急性子的军官拖拽着不情愿参战的政府往前走，而是当时最具远见的政治家，特别是二十年前极力反对"征韩论"的伊藤博文，现如今也同意扩张的方针。[71]许多学者开始揣测伊藤博文对外扩张政策的态度为何会转变。有些学者甚至认为这是伊藤博文为了将国民的视线从国内矛盾转移开，而故意选择此策略。[72]也许这是伊藤博文策略的一个方面[73]，甚至会影响军事行动的具体时间，但对于解释一国政府的政策，这一观点就未免有些狭隘了。笔者认为在"征韩论"之后，伊藤博文的想法并没有太大的改变，反而是日本、中国和各国列强相应的政治条件发生了变化。此时的历史条件明确地说明没落的清朝政府即将失去对朝鲜的控制权，日本不必冒太大风险就能获取朝鲜。事实上，在甲

70　J. H. 格宾斯，《现代日本的形成》，伦敦，1922，第223—224页。
71　"所以不能说甲午战争是沙文主义集团的阴谋所造成的。"考斯顿，《日本的军国主义和外交政策》，伦敦，1936，第106页。
72　弗雷达·厄特利，《日本的泥足巨人》，纽约，1937，第255页。
73　出乎意料的是，关于这一点的明确证据出自官方。日本驻华盛顿公使向格雷沙姆国务卿解释这次战争时说："我国国内情势，危机四伏，对华战争当可振起国民的爱心，使与政府同心协力，使势态有所改善。"引自兰格，《帝国主义的外交》卷一，纽约，1935，第173页。兰格教授本人也同意这项解释。关于对这项见解所做的批评，参阅佩森·特里特，《1894年甲午战争的原因》，载于《太平洋历史评论》卷八第二号，加利福尼亚，1938年6月，第151—152页。

午战争爆发的数年前，伊藤博文在1885年与李鸿章谈判时，就坦然承认日本有扩张的必要。据说，伊藤曾做出如下解释："中国宣称对朝鲜的主权只是历史沿革，换句话说，中国在历史上习惯于朝鲜作为进贡国……而日本对朝鲜的主张是经济方面的，也就是说日本并不需要朝鲜的任何法律权威认可。日本需要供养不断增加的人口，因为地理位置，日本意图利用朝鲜作为最好的物资供应地，以弥补国内米产不足，并且将来日本子民也许会到朝鲜这一近便地方来工作。"[74] 这番言论是伊藤博文在甲午战争前十年左右发表的。在此之后，半官方杂志《国民之友》的一篇社论进一步表达出来类似的对外扩张的需求。"更何况，以往在中国商人手里的对朝贸易如今已转移到日本人手中，不过从最近的势态来看，对朝贸易的前途堪忧。考虑到对朝贸易每年可达600万日元，则可知这项贸易，在日本商业发展中是不能缺少的重要一步。"[75]

在甲午战争爆发之际，之前所有自由党反对派的成员，全部都赞同政府的决策。回想一下这些自由主义领袖之前的活动和处世哲学，这种情形就完全不奇怪了。二十年前，他们中很多人就是高呼"征韩论"的人物。虽然激烈反对萨摩和长州包办的政府，但这些自由主义领导人大多出身旧日武士，在政府的外交政策上从来没有表示过异议。若说他们在外交政策上有异议的话，只能说他们对政府在外交策略上的被动和迟缓非常不耐烦。自由主义反对派在内政问题上相对较为激进，而对政府的外交政策上又变得十分具有侵略性，这种情况并不是日本特有的，我

---

74 有贺长雄，前引书，载于《日本人治日本》，第197页。
75 这篇社论的题目是《战争影响下的日本工商业》，载于《国民之友》(2—12月)卷一，第三号，1896，第10页。
　一位日本学者曾谈论到中日两国在朝鲜的贸易权益的冲突。"在1894年至1895年甲午战争时，中国商人撤出了朝鲜，日本商人取而代之，此后在所有各国之中，占朝鲜进出口贸易大部分的，就数日本一国……"朝河贯一，《日俄冲突：其原因和结果》，波士顿及纽约，1904，第14—15页。
　因为中日两国在朝鲜的贸易竞争的显著例子很难找到，所以不妨再引据一个例证。"1889年，朝鲜政府，事前未作通知，就发布了禁止向日本出口豆类的命令，结果使预付朝鲜生产者以贷款的日本商人蒙受14万日元的损失。日本立即要求损害赔偿，但是由于主持朝鲜海关的中国驻汉城税务司的干涉，这项要求直到1893年方获清偿。"菱田静治，《作为大国的日本国际地位》，纽约，1905，第169页。

们从英国劳合·乔治和美国西奥多·罗斯福的政治生涯中都可以看到类似的事情。另外，在19世纪80年代初，政府官僚战胜了反对党之后，日本议会制中的自由主义倒是可以用后藤象二郎在大同团结运动的口号"大同小异"来形容。这句话同样被用作日本议会制自由主义（对于其他大多数党派也一样）的座右铭。所以后来国会中的反对派可能为减少土地税或营业税而斗争，除了可以忽略不计的极少数人，基本无人反对军费或普选这样的基本问题。甚至在和平时期，政府也可以通过威逼利诱的方式让国会通过审议庞大开销的预算。1907年至1908年间的预算高达六亿日元，比战前任何一年的开支都多，这一预算经过不到三个小时的辩论就被众议院全体一致通过。[76]

本书以上言论并不暗含对日本自由主义的批判之意。日本自由主义的未来路线是在19世纪80年代初就奠定了的。那时，自由民权运动的领袖一边被党内狂热分子的激烈行为弄得心灰意冷，另一边被政府的镇压政策逼迫得意志消沉。于是，这些自由主义领袖悄然隐退，任由政府为所欲为。几年后，当伊藤博文的功业告成，这些政治领袖都在众议院中占有一席，但此时的议会在财政把控和宪法修正这样的重大政治问题上没有实际参与权力。当政府清除了所有阻碍立法和修宪的消极因素后，这些昔日的自由主义领袖只是例行参会而已。议院的领袖们充其量也不过是舆论的代言人，准确地说，是社会某一部分重要人员的代言人而已。日本国会中很多人物所扮演的角色使人民称赞有加，特别是尾崎行雄、安部矶雄、犬养毅、田川大吉郎以及其他一些不那么著名的人物。最坏的情况是，一些自由主义领袖成为职业政客，他们专门研究阻挠议事进程的技巧，迫使政府不得不给他们提升官职或者是向他们行贿。

政府的反对派并不只是出席国会的政客。尽管日本在1900年实行严厉的治安警察法，但自从20世纪初开始，反抗政府最有效的力量来自工

---

76 威尔，前引书，第367页。

人和社会主义政党，最近几年则是军国主义或法西斯集团。工人和社会主义政党极力宣传普遍选举和劳工立法，以此来发扬民主学说；而军国主义和法西斯主义则是竭力消灭民主，因为他们认为民主是助长腐败、无能和国家分裂的温床。举例来说，坚决反对日俄战争的，在日本只有一个小小的社会主义党。[77] 类似地，是要求扩大选举权的运动，即近年来造成日本国内最大社会动乱的"1918年米骚动"。[78]

如果政党和官僚之间没有不可逾越的鸿沟，那么在政府内部的"军"和"政"两阵营之间是否有一道裂隙呢？将日本统治集团截然划分为军政两方，纵然有方便之处，但即使不是不真实的说法，也是过分简单的分类方式。历史上，这些日本领袖人物在外交和内政问题上的意见一直是有冲突的，但这种分歧不一定发生在所谓的"军"和"政"两大固定的对立阵营之间。即使在军部领袖之间偶尔也会有内讧发生，比如1935年8月永田中将被暗杀和1936年"二二六事件"等，人们从这些事件能隐约感觉到军部中的分歧。在军部以外的派系内部自然也有分歧。官僚的职能并不在于以抽象的"政"角度去反对"军"，而是在于他们运用整体行政机构发挥稳固的作用。"在军国主义盛行之下，把控政治实权的似乎是一部分文官。国民对政党日益丧失信心，而军国主义者又热切期盼有效的改革，文职官僚便从这两者之间寻觅到可发挥特长的时机。因为文职官僚熟练掌握实施这些改革所需要的技巧，而这正是军国主义者所缺乏的。若没有这些具体的实施方法，改革只是一纸空谈。这些官僚背后并没有国民的支持，也没能构成任何实在的实力。正如日本的谚语所言，他们不过是'狐假虎威'罢了。这些官僚存在的原因在于，社会和经济问题的技术知识日益复杂，而他们拥有这方面的技术知识。因此，这些官僚有能力发挥行政机构的安定作用，能够执行国家经济和真正掌

---

77 安部矶雄，《社会主义小史》，载于《开国五十年史》卷二，第506—507页。
78 关于这类米骚动的两篇最简明的概述，可参阅A.摩根·杨，前引书，第116—118页，以及小林丑三郎的《基本工业和日本社会史》，新港，1930，第272—274页。

权人赋予他们的任务。"[79]

庞大的国家企业为军事打下坚实的物质基础，这些基础是他们能够继续留在职位上的实际目的和手段，因此他们这些官僚能够在日本政治生活中发挥缓冲的作用。正如在本书第四章所讲的那样，官僚充当了调解人的角色，调节军方和金融业或工业势力之间的冲突。他们时而站在军方立场，时而站到财阀阵营，这样可以防止军阀完全独占政局，也提防大企业家依照自身的利益来操控政治。当官僚在军部和财阀、宫廷势力和政党之间左右摇摆时，这一没有自身特色却经验丰富的官僚集团已经逐渐掐灭了所有真正民主活动的火焰。但从另一方面来说，他们的存在也防止了法西斯势力的彻底胜利。结果是，日本的政治状况让很多外国评论家绝望。当代的日本具备很多法西斯主义的特征，但又缺少突出的法西斯成熟的标志——独裁。本书无暇讨论这一具有吸引力却难以找到确切原因的话题，然而，可以不夸张地说，若能洞悉官僚的历史角色和现实地位，就找到了理解日本政治生活的钥匙。

---

[79] 饭泽章治，前引书，第44—45页。

结 论

本书采用夹叙夹议的方式讨论日俄战争，而没有采用编年体记叙的形式。

《朴次茅斯条约》的签订标志着日本跻身大国之列。对于本书的主题来说，这一具有里程碑意义的事件恰好是结束全书内容的落脚点。本书完成的时刻，恰逢日本既兴奋于胜利，对忧心于未来可能遇到的困难，既对过去三国干涉这种屈辱敏感备至，又对首次成为大国的身份觉醒深思之时。同样是这个国家，在半个世纪前受到封建派系斗争的折磨，各种形式的物质财富都极为贫乏，并且受到西方列强坚船利炮的威胁甚至攻击。日本如此迅速的转变赢得了世界的赞叹，出于很明显的原因，尤其是亚洲国家对日本的转变非常吃惊。不少西方旅行家、记者或外交官都曾写下他们对日本能够如此迅速高效地掌握西方的工业技术与外交手腕的惊喜之情。这种经常带着优越感的称赞，缺少由衷的欣赏，值得深思。很多时候，这种夸赞竟然采用"奇迹"这样的词语来形容日本，仿佛日本的发展已经超出了历史和自然规律。本书前面的内容，无疑已经肯定了日本令人惊叹的崛起确实不是奇迹，而是由极其复杂的现象相互作用的结果，至今只有一部分因素已经探索出头绪，仍需要进一步的分析和解释。

让我们回顾一下本书开头的话题，这里再强调一遍，想要理解日本如何从封建国家快速地过渡到现代国家，我们需要牢记偶然出现的两个过程：（1）封建制度奄奄一息；（2）西方列强对日本施以压力。这种内忧外患夹击的情形，使得日本加速转变为现代社会。成长迅速是下一个阶段发展的特点，即实力未经受过考验、仍依赖农业经济的日本想要成为一流强国的过程，这个特点取决于明治维新的社会和政治条件。明治政府的政策是首先创立战略性工业，充分发展军备国防事业，慷慨地资助人数尚少、势单力薄的商人阶层，鼓励他们进入工业领域。这一政策的另一个特点是：过于沉重的税务负担落到了农民阶级肩上，政府限制了其他非国防工业的企业，对任何形式的民主抗议和暴动倾向采取零容忍的态度，因为政府认为，那些抗议可能会引发国内动乱从而妨碍或延缓国家重建。然而，也正是此项政策，使日本在短时间内建设好了工业、商业海运、海外市场和一支强有力的海军队伍。

从另一方面看，日本壮大起来的速度（自1868年的政治革命实行开始）之所以能够加快，是因为日本挑选出来作为模范和榜样的国家都曾摸索着在技术改良和经济组织这些方面走了很长的一段路。日本的工业得以从其他国家的经验中获益。[1]但是，使工业完全适应本国国情绝不是一件容易的事，工业技术上无知、某些原材料缺乏以及在抢占市场和原料的竞争中晚人一步，这些都增加了日本工业化的难度。先天条件不足，再加上世界经济力量已经存在的平衡所制造的那些困难，使得日本在相对较早的阶段就形成了卡特尔，特别是对商贸和工业的垄断控制，这种垄断倾向一方面强调政府对商业金融巨头的补贴，另一方面则强调银行和工业的结合（三井、三菱、安田、住友）。现代化建设起步晚，或者更准确地说，在工业化过程中起步较迟加速了托拉斯的倾向，加速了垄断的倾向，而这种倾向反过来又会引起政治方面的反响。这里说的政治上反响，准确地说，是政府和政党对一个或多个财阀试图以游说的方式操纵议会的敏感。无论是关于税费、货币政策还是外交关系，这些大财阀在追求自身的利益之前，只考虑了地主（主要以政友会为代表）、陆军、海军和官僚的态度。总体来说，这些利益集团可以和谐地共处，但是有

1　尤其指日本的纺织行业。

时这种由几方微妙势力形成的均衡状况会被暂时打破（例如1913年桂离宫政府事件）；这种场合下，我们很可能会听到人民的呼声，他们要求普选，要求整顿政界，甚至会罕见地（1914年海军受贿事件和1921年至1922年出兵西伯利亚的余波）要求更有效地管控军队。

上述内容，大致可以为读者勾勒出现代日本社会的复杂图景，以此结束本书内容十分适宜。描述日本社会的某一项特征，比解释这一特征对整个社会的意义要容易得多。要对这些特征作简要说明，举例来说，对官僚、财阀、军队和政党等的简要介绍并不难，难的是要将每一利益集团归纳到准确合适的地位，了解这一集团与其他社会利益集团的关系，公正地评判每个利益集团，并确定各集团的主从关系，这将是永远也做不完又徒劳无功的工作，但总会有人担负起这一责任。如果读者朋友在读完这本书后，明显感觉到书里提出的疑问比解答的问题要多，这不见得是一件全然令人失望的憾事，因为这会向读者传达一些日本现代史上所反映出来的丰富性、令人困惑的多样性和尖锐的对照等方面的暗示。

明治史参考书目提要

明治时代的那半个世纪距离现在太近，对于当前的历史学家研究有有利的方面，也有不利的地方。有大量历史资料可以被搜集到，其中已经发表的也很多。但这段历史距今如此之近，这就导致学术界还没有系统地阐述并进行广泛探索，无法像奥拉尔、马迪厄、勒费布尔和他们的追随者那样对法国大革命进行卓越非凡的研究。尽管讨论明治史的著作在日本不断问世，搜集和已经发表的原始资料日益增多，然而收集、鉴别和综合整理明治时代史的集大成工作，时至今日还没有出现。

关于日本通史的著作并不少，但是典范之作应该首推黑板胜美教授的《国史的研究》（全三卷，东京，1937年修订版）。它虽然和明治时代并没有直接的关系，却是一部研究维新之前的历史最易得、最可靠的文献。这本书的第一卷中有一篇一般参考书目提要，第三卷还有一篇有价值的探讨日本史的西方参考书目提要，对学术研究非常有帮助。

想要研究明治史，理所当然地，至少需要对德川时期的日本社会有所了解。对于有兴趣钻研原始资料的研究者，泷本诚一教授主编的《日本经济大典》（全五十五卷，东京，1928）是非常宝贵的资料。这部五十五卷的丛书包括近六百余部德川时代还有更早期的史料，内容丰富，涉及政治思想、法律、行政、农业、商贸、经济问题以及书法、文章和其他事项等方面。这部丛书的内容十分丰富，翻阅泷泽松代女士所写的《货币经纪在日本的渗透》（纽约，1927）一书所附的参考书目提要，便可一目了然。在这本书的参考书目提要中，很多书节选自《日本经济大典》，并对这些书的内容做简要介绍。准确来讲，泷泽女士提及的丛书是

《日本经济丛书》(东京，1914—1917)，这部丛书后来被并入《日本经济大典》中。西方学者认为这部书的体量过于庞大，让人望而生畏，如果能将这部书中一些比较简短、重要的论文翻译成英文，则将会对研究远东地区有巨大帮助。除了《日本经济大典》之外，还有其他一些极有价值的丛书，特别是《近世社会经济丛书》(本庄荣治郎、土屋乔雄、中村太八郎、黑正岩主编，东京，1926—1927)，这部丛书包括写于1816年的德川名著《世间见闻录》。

小野武夫教授曾经写过许多关于德川时期日本社会的精深专著，特别是关于土地关系这一关键问题，例如《永小作论》(东京，1927)、《日本村落史概论》(东京，1936)、《农村社会史论考》(东京，1935)等。泷川政次郎的《日本社会时》(东京，1935)以及土屋乔雄教授等人合著的《日本资本主义史论集》(东京，1937)，特别是《新地主论的再检讨》一文，可作为关于德川时期日本社会的作品中值得推荐的史料。

不会日文又想努力了解德川封建制度下的各种力量，可能找不到相关的外文资料。然而下列各书的有关章节，可以勾勒出德川统治的政治、文化及行政方面的轮廓：G. B. 桑瑟姆的《日本文化简史》(纽约和伦敦，1931)，拉·马兹来西尔的《日本的历史和文化》(全八卷，巴黎，1907)，詹姆斯·默多克的《日本史》(全三卷，伦敦，1925—1926，纽约，1926)等。在朝河贯一教授的《入来文书》(新港和牛津，1929)序文中可以读到日本封建传统的作用、封建管理和等级制度的结果与权益。关于经济和社会史方面，则有上文已经提到的泷泽女士的著作以及竹越与三郎的《日本经济史》(全十二卷，东京，1935)英文节译本三卷。这套英译本(《日本经济史》全三卷，伦敦、纽约，1930)的结构和行文并不系统，使人很难梳理、理解，但是就当前西方的日本研究情况而言，这样一本阅读起来比较困难的书，也是对研究很有益的。本庄荣治郎教授的《日本社会经济史》(京都，1935)一书中引用的日本文献极为丰富，尤其是对《日本经济大典》及《近世社会经济丛书》中的内容旁征博引。

土屋乔雄教授收于岩波文库的《日本经济史概要》（东京，1933）一书通俗易懂，对于直到明治维新时的日本经济发展做了简明介绍。这本书的英译本曾发表于《亚细亚协会纪要》（卷十五第二集，东京，1937年12月）。译文虽然不能尽如人意，但是每章的末尾都附有简单却很有用的日文二手资料参考书目。土屋乔雄教授的续篇作品已经问世，名为《续日本经济史概要》，1939年在东京发行，同前面的作品一样，由岩波书店以通俗文库版印发的。这部书包括明治经济史，鉴于这类题材的英文书籍寥寥无几，因此我们只能期盼这本书的英文译本能早日和我们见面。

休·波顿博士的《德川时代日本的农民暴动》那篇精辟的论述（载于《亚细亚协会纪要》卷十六第二集，东京，1938年5月）很有助于说明农民问题的一个方面，并提供给读者许多关于这一特殊问题的日文和西文参考书目。朝河贯一教授的《1600年以后的日本乡政府》那篇长文（载于《美国东方协会季刊》，第三十至三十一卷，新港，1910—1911），不仅对德川时代的乡政府有详细的描述，还有一份关于后期封建时代社会及制度史的日本文献精选参考书目。但是，这篇论文发表的时候，上文提到的优秀丛书尚未出版发行。

关于明治以前的日本和亚洲大陆各地之间的贸易、文化关系这一问题，辻善之助教授的《海外交通史话》（东京，1930年增订版）曾是最优秀的作品。但这本书的一部分已被最近出版的秋山贤三所著的《日支交涉史话》（东京，1939）所取代，后者引用了一些重要的新资料。秋山教授完成这方面研究利用了一些先前被学者所忽略的基本原始资料：（一）《皇明实录》（由朝廷逐日记录编成的一部朝代史）；（二）《李朝实录》（同样是一部著名的朝鲜朝代正史，版本极少，能利用上这份资料实属不易）；（三）《历代宝案》（琉球群岛的中国商人和代理人所保存的编年记载史料）。

当我们转到欧洲人对德川时期日本社会的评论这一话题时，我们似乎应该首先提一下在锁国之前进入日本的旅行家和商人的真实记录。

描写17世纪日本的名著之一，是荷兰东印度公司的肯普弗（Engelbert Kaempfer，1651—1716）博士所写的。最优秀的英译本是舒吉尔（J. G. Scheuzer）的《日本史》（全三卷，格拉斯哥，1906）。涉及范围更广的著作是西博尔德（P. F. von Siebold，1796—1866）博士在肯普弗那本问世几十年后写成的，书名为《日本记》（*Nippon: Archive zur Beschreibung von Japan*，莱顿，1832），1841年英译本《日本记》于伦敦出版。另外有孟德利和弗莱希那所编的法文译本《日本游记》（*Voyage au Japan: éxécuté pendant les années 1823 á 1830*，1838—1840，巴黎）全五卷。这本书从自然地理到人民风俗习惯，无所不谈，是一部内涵丰富的资料宝藏。我们不妨顺便提一下，一些早期的作品不仅反映了日本封建社会，还揭露了欧洲人的心理。比较有趣的书籍之一是荷兰东印度公司经理弗朗索瓦·卡龙（François Caron）和他的同事约斯特·斯豪滕（Joost Schouten）观察所得的作品《日本和暹罗两大王国纪实》（*A True Description of the Mighty Kingdoms of Japan and Siam*，伦敦，1935），该书系C. R. 博克瑟翻印1633年的英文本，并附有序言和注释。这部作品中吸引人的是大名和其贡米收入的一览表，该表极有可能是参照《江户鉴》编成的，《江户鉴》是直到19世纪为止每年出版两次的蓝皮书。在肯普弗的《日本记》出版以前，卡龙的这部作品是谈论德川时代的准绳。荷兰贸易的另一位经理伊萨克·蒂进（Isaac Titsingh，1745—1811）的看法连同前一位作者的作品，一同被博克瑟编入《论17至19世纪荷兰人在日本文化及科学方面的影响》（*Jan Compagnie in Japan 1600-1817*，海牙，1936）一书的第八章中。美国人理查德·希尔德雷思（Richard Hildreth）记录了明治前日本的著作《日本的今昔》（*Japan as It Was and Is*，波士顿，1855）中载有一篇非常有价值的附录，即佩里远征队的翻译官卫三畏（Samuel Wells Williams）的《日本的物产》一文。

帕斯克·史密斯（M. Paske-Smith）曾经写了一篇详细讨论欧洲与明治维新前日本接触的文章，名为《德川时代日本和台湾的西方野蛮人》(*Western Barbarians in Japan and Formosa in Tokugawa Days 1603-1868*, 神户, 1930)。这部著作连同博克瑟的研究工作, 特别是他的《论17至19世纪荷兰人在日本文化及科学方面的影响》一书, 已经部分取代了山崎的《在海军少将佩里到达之前欧洲文明对日本生活的影响》(*L'Action de la Civilisation Européenne sur la Vie Japonaise avant l'Arrivée du Commodore Perry*, 巴黎, 1910)那部较早的作品。这本书是依照国家(荷兰、葡萄牙等国的影响)、事项(如军事科学、医药、艺术、音乐、算数等)这样便利的方式来编写的。

至于明治维新以后的改革这些历史研究课题, 笔者的文献知识过于肤浅, 而原始资料和专门的著作又过于广泛, 所以这里不能逐条分析, 只能摘述一二。

关于早期工业化、土地税、财政及政府经济政策之类的问题, 或许最需要看的资料是土屋乔雄和大内兵卫合编的《明治前期财政经济史料集成》(全二十卷, 东京, 1931)。其中包含有关工商业组织的官方文件以及当时权威人物所写的工业记载、地方企业报告等。另一部丛刊是《明治财政史》(明治财政史编纂会编, 全十五卷, 东京, 1904), 因为仅仅涉及财政一项问题, 所以这部书的篇幅较短, 并且是在官方监督下修订的。严格地说, 与其说这本书是一部丛刊, 不如说它是一部特殊的分目编年史, 它包含了财政问题的一切官方文件。这本书对于地税改革问题的研究有突出价值。关于明治时代的技术和工业发展的详细记述, 田边朔郎等人编的《明治工业史》(全十卷, 东京, 1925—1931)是一部简便易读的丛刊, 因为这本书是按照行业、地区和年代编写的。另一部更大的丛书是泷本诚一和向井鹿松编的《日本产业资料大系》(全十三卷, 东京, 1926—1927, 内有一卷索引), 内载有工业及其组织以及贸易和商业发展的详尽历史。这部书中有日本政府的德籍农业保险顾问保罗·马耶特(Paul Mayet)的一篇论文。因为这部著作是一位受过科学训练的观察家所写的有关明治初年农业问题详细情形的少数论文之一, 所以特别有价值。这篇论文在这部丛书（第二卷）中名为《日本农民的贫困及改进措施》；据了解，这篇论文除了在这部书中出现以外，其他书中还没有。作者马耶特还写了他专业领域的《农业保险》一书，该书由阿瑟·劳合（Arthur Lloyd）译为英文（*Agricultural Insurance*，伦敦，1893）。为说明他的观点，作者引用了大量实际材料，并以精辟的评注和解释来表达自身的观点。

小野武夫教授对农民问题的研究不仅限于德川时代，还包括明治时代。他的《明治维新农村社会史论》（东京，1932）一书非常有助于理解维新后的土地所有权、地税改革、乡村行政和农民运动等问题。小野道雄和土屋乔雄两教授广泛搜集原始材料，进而编纂了一部关于明治初期农民动荡情形的编年史，名为《明治初年农民骚扰录》（东京，1931）。这些原始材料是按地域编排的。黑正岩教授著有《明治初年的百姓一揆》一文，探讨同时期的农民反抗活动，被收入本庄荣治郎教授主编的《明治维新经济史研究》（东京，1930）的一章。这部论文集还有京都大学经济系所编纂的关于明治初年的贸易和商务、大阪的经济地位、明治初年的宗教叛乱、技术发展及明治政治思想的反动倾向等非常有趣的章节。研究日本农村的停滞人口、女工的地位和意义等一切同政府社会改革相关问题的一部近作，是风早八十二所写的《日本明治政策史》（东京，1937）。

关于明治社会经济史的一般综述和阐释，下列论文既富有知识性又具有启发性：平野义太郎的《日本资本主义社会机构》（东京，1934），堀江保藏的《日本资本主义的成立》（东京，1938），小林良正的《日本产业的构成》（东京，1935），土屋乔雄和冈崎三郎的《日本资本主义发达史概说》（东京，1937）

在离开现代日本经济史这个大题目之前，我们应该提到对于研究这个问题最易得的一部著作，那就是本庄荣治郎所著的《日本经济史文献》（东京，1933）。这本书不仅列举了参考文献的作者名和书名，而且附有所列每部著作的简单摘要,所附的索引、有关县和地方历史的书目更加提高了它的价值。书中还包含了一篇以西文写作的日本经济史参考书目摘要。

关于专门讨论明治经济史的西方著作,其实一本也没有。古斯塔夫·冯·施穆勒(Gustav von Schmoller)主编的《国家与科学研究》(*Staats und Sozialwissenschaftliche Forschungen*,第四十五卷第十号,莱比锡,1891)刊载了卡尔·拉特根(Karl Rathgen)的《日本国民经济和国家支持》(*Japans Volkswirtschaft und Staatshaushalt*)一文。这篇略显陈旧和冗长的文章提供了数量惊人的细节,但是在文章的组织和解读方面有些薄弱。这里并没有列举仅有一两章关于明治经济史方面内容的书籍。所有记述日本经济生活方面的书籍,往往都对明治之前的经济情况加以说明。这方面,我们可以参考约翰·奥查德(John E. Orchard)的《日本的经济地位》(*Japan's Economic Position*,纽约,1930)、G. C. 艾伦(G. C. Allen)的《现代日本和它的问题》(*Modern Japan and Its Problems*,纽约和伦敦,1928)和亨利·迪莫拉尔(Henry Dumolard)的《日本的政治、经济和社会》(*Le Japon Politique, Economique et Social*,巴黎,1905)这几本著作。除了迪莫拉尔之外,其他作者只是偶尔提到明治时代,更没有引用日文原始资料。京都帝国大学经济系出版的《经济史研究》中有关日本经济史的论文往往被节译成英文,刊载于《京都大学经济评论》。堀江保藏教授常常为该杂志撰写明治经济发展方面的稿件,本庄荣治郎教授则多次探讨德川时代经济问题(后者早期的论文已经收入他写的书《日本社会经济史》一书中)。所以,无论在日文还是在西方语言中,都缺乏有关现代日本经济史的权威作品。

关于明治时代的政治和立宪史,日本最近有几部名著出版。因为近年来政府档案和明治时代政治家的日记、信函和札记虽然缓慢但持续不断地被收集出版,自然这方面比其他各方面都有较大进展。

吉野造作编写的《明治文化全集》(全二十四卷,东京,1930)一书是关于明治政治和文化史的虽然陈旧但非常有用的资料。在这本书中，我们可以看到许多政界活跃分子写的关于明治政治史的最早期记述（第三卷），也可以看到当时的建议书、论著、情况书、小册子等。它的参考书目非常有价值，列举并评述了最初的报纸、杂志和西方文学的日译本。这部书的内容甚至包括了风俗史。自1890年国会开始召开起，但凡诏书、政府法令、条约全文、内阁文书等都刊印于《官报》（东京，1890年起发行）。所以《官报》对研究明治后期和近代日本政治史的学者来说是非常有价值的资料。美国学者若有兴趣，可利用哈佛大学法律学院图书馆收藏的《官报》。这家图书馆还保留另外一份珍贵的日本政治史资料，即《议事速记录》（东京，1890年起）。

《综合日本史大系》（东京，1934）第十二卷所刊载的藤井甚太郎和森谷秀亮合著的《明治时代史》是明治政治史权威著作之一。这本书的一部分是藤井甚太郎教授的《明治维新史讲话》（东京，1929）的增补修订版。《明治时代史》非常便于参考，因为它每一段落都有标题。日本著名学者尾佐竹猛先生曾在《明治政治史点描》（东京，1938）一书中写了一系列有关明治政治史的论文，以客观公正的态度讨论了1882年板垣退助和后藤象二郎二人著名的欧洲之行这类有争议的问题。尾佐竹猛关于明治立宪思想和历史的一部权威著作是《维新前后的立宪思想》（全二卷，东京，1929）。

岩波文库中关于维新时期政治经济思想的一本名著《维新以后的社会政治经济思想概论》（东京，1934）是加田哲二所写的。史学会编的《明治维新史研究》（东京，1936）是一部质量参差不齐的明治政治史论文集。有一本主题类似但时间仅限于明治维新前后几年的论文集，是市岛谦吉的《明治戊辰》（东京，1928）。这部书中收录尾佐竹猛先生以1868年4月6日著名的"五条御誓文"为背景的一篇篇幅较长且内容精湛的论文。

幸运的是，笔者搜集到一份能够说明明治初期（1868—1889）统治情况的公文选集英译本,名为《日本公文集》,由麦克拉伦(W. W. McLaren)主编,原载于《亚细亚协会纪要》(东京,1914,第四十二卷上卷),书中还有一篇富有启发性的序言。麦克拉伦还有一部至今仍为明治政治史最完善的论述《日本明治政治史》(*A Political History of Japan during the Meiji Era 1867-1912*,纽约,1916)。虽然有些读者会认为麦克拉伦在道德层面有些瑕疵,然而此书却不失为对明治年代政治生活的一个深入解析。英国外交家格宾斯(J. H. Gubbins)写了两本关于日本政治的书:《日本的进步》(*Progress of Japan 1853-1871*,牛津,1911)和《现代日本的形成》(*The Making of Modern Japan*,伦敦,1922)。这两部书的写作时间较早,但书中的观点仍十分新颖且富有启发性。前者大部分是讨论德川末期的复杂情形以及政治阴谋、新政权初期的混乱;后者因时间跨度较大,一直叙述到20世纪初期,所以对有些政治大事的探讨必然不够详细。前面提到过的拉·马兹来西尔著作的后三卷,特别是第四卷,对于明治时代的政治及社会问题做出了出人意料的详尽论述,所以这本书在明治政治史方面依然有价值。大隈重信编的《开国五十年史》英译本(*Fifty Years of New Japan*,全两卷,伦敦,1910)不可忽视。这本书涉及日本生活所有方面,对各种专题进行探讨,其中以论述政党、外交、文化发展等各章最为精彩,每章都是由日本权威专家来编写的。

下列著作写于半个世纪以前,重要性稍逊,但其主题却是其他地方没有触及的:芒西(A. H. Mounsey)的《萨摩的叛乱》(*Satsuma Revolt: An Episode of Japanese History*,伦敦,1879)和理查德·兰曼(Charles Lanman)的《日本的领袖人物》(*Leading Men of Japan*,波士顿,1883)。兰曼的书中有明治初年58位领袖人物的简略传记。

笔者虽然不想评价各书的优劣,但至少应该列举几本讨论明治政治和立宪发展的内容翔实可信的著作。这类著作有伊藤博文的《宪法义解》,英译本由伊东巳代治翻译(*Commentaries on the Constitution of the Empire of Japan*,东京,1906年第2版),这是由宪法主要起草人所写的一部标准宪法论集；G. E. 上原（G. E. Uyehara）的《日本的政治发展》（*Political Development of Japan, 1867-1909*，纽约，1910），是被当代日本报刊广泛引用的一本书；奎格利（H. S. Quigley）的《日本政府和政治》（*Japanese Government and Politics*，纽约和伦敦，1932）是最详尽的著作之一；武内辰治的《日本帝国的战争与外交》（*War and Diplomacy in the Japanese Empire*，纽约和伦敦，1935），这本书的第一卷《宪法组织》介绍了国家各机构的职能和工作，第三卷《外交关系》阐述了订约权、宣战权和外交政策的形成渊源与机构。麦克拉伦的作品前面提到过。赖肖尔（R. K. Reischauer）的《日本的政府与政治》（*Japan: Government and Politics*，纽约，1939）一书是明治初期至今的现代日本政治最清晰、最简洁的概要作品之一。伊藤博文、武内辰治、奎格利以及麦克拉伦所编的公文集都有日本宪法全文。

本部分参考书目提要，还需要肤浅地罗列一些明治政治家的言行录、日记和传记。例如记述奇兵队活动的日记或尺牍体的《奇兵队日记》，这类文集都是难以读懂的日本古体文所编写的，这让西方学者十分头痛。这部文集之所以重要，是因为在长州奇兵队的许多人士后来都成为明治政府的领袖。

大政论家和教育家福泽谕吉的作品为用心的学者提供了理解、观察当时思想潮流的知识宝库。清冈所翻译的《福泽谕吉自传》（东京，1934）是一部引人入胜的读物。如果读者会日文，大致浏览一遍庆应义塾编的《续福泽全集》（全七卷，东京，1933）中所刊载的书信选集，能够获益不少。和当时许多作家相比，他的文体简洁而明快，议论往往敏锐而透彻，不愧是当时日本最有政治头脑的人物之一。竹越与三郎的《西园寺公望传》（京都，1933）应该是一个资料和教诲的宝藏，但也许限于题目的范围，作者没能将丰富的内容写得生动传神。虽然如此，它仍不失为研究明治政治生活的学者必读书目。

自打破海禁到维新初年，西方驻日外交家的杂记和回忆录，由于提供了关于明治初年的政策和外交问题的自相矛盾的或确实的证据，也是很重要的资料。在这类记载中，比较杰出的有汤森·哈里斯（Townsend Harris）、萨道义爵士（Sir Ernest Satow）、阿礼国爵士（Sir Rutherford Alcock）和额尔金勋爵（Lord Elgin）。其中，有马里奥·埃米利奥·科森扎（Dr. Mario Emilio Cosenza）博士编的《汤森·哈里森日记》（The Complete Journal of Townsend Harris，纽约，1930），萨道义爵士的《在日本的一个外交家》（A Diplomat in Japan，伦敦，1921），阿礼国爵士的《大君之都：旅日三年记》（The Capital of the Tycoon: A Narrative of a Three Years' Residence in Japan，全三卷，伦敦，1863），劳伦斯·奥利芬特（Laurence Oliphant）的《1857年、1858年、1859年埃尔金伯爵出使中国及日本纪实》（A Narrative of the Earl of Elgin's Mission to China and Japan in the Years 1857-58-59，纽约，1860）。因为美国人在开放日本海禁方面发挥了关键作用，所以我们不得不提到佩森·特里特（Payson J. Treat）教授的一本讨论早期美日关系的专著，《日美外交史》（Diplomatic Relations of the United States and Japan, 1853-1865，巴尔的摩，1917）。

最后，《大日本外交文书》（全七卷，东京，1936）对于日本外交史学者是一部很有价值的丛刊。这部资料由日本外务省调查科编辑，由日本国际协会出版。书中选录了自日本开放海禁以来日本和各国政府间交换的大量外交照会、备忘录等文件（大部分是日文原文，但也有很多外文原文）。这种丛刊自1936年期印发，最近问世的一卷为第七卷，包括1874年1月至12月这段时期。至于日本外交的第二部著作，则是著名学者渡边几治郎最近出版的优秀著作《日本近世外交史》（东京，1938）。

至于以英文写作的明治外交史，我们可以参考上文提到过的武内辰治教授的著作，还有威廉·格兰尔（William Langer）教授的《帝国主义的外交》（The Diplomacy of imperialism，全二卷，纽约，1935）中讨论日英同盟的杰出的一章（第二卷）。除了这章内容外，这本书还附有参考书目提要；此外，还有探讨日本外交史上一次较早危机的有价值章节，即

206

第一卷《甲午战争与三国干涉》，这部分内容也附有精选的参考书目。至于根据文献对英日同盟做论断的正式阐述，则可以参考阿弗莱德·丹尼斯（Alfred L. P. Dennis）的《英日同盟》一书（*The Anglo-Japanese Alliance*，伯克利，加利福尼亚，1923）。

在此将明治时期日本研究所需的一些资料简要列明，期盼这些参考资料对研究日本的学者能有所帮助。这可能也提醒了读者，明治史研究的时机已经到来，正待日本学者，特别是西方史学家，进一步深入探求。

外文参考书目

A. M. 普利（A. M. Pooley），《十字路口前的日本》（*Japan at the Cross Roads*，伦敦，1917）。

A. 摩根·杨（A. Morgan Young），《现代日本》（*Japan in Recent Times*，纽约，1929）。英译本书名为 *Japan under Taisho Tenno*。

A. 斯泰德（A. Stead）编，《日本治理下的日本：纵览最高当权者》（*Japan by the Japanese: A Survey by Its Highest*，伦敦，1904）。

B. L. 普特南·威尔（B. L. Putnam Weale），《东亚即将到来的斗争》（*The Coming Struggle in Eastern Asia*，伦敦，1909）。

C. R. 博克瑟（C. R. Boxer），《论17至19世纪荷兰人在日本文化及科学方面的影响》（*Jan Compagnie in Japan 1600-1817: an essay on the cultural, artistic and scientific influence exercised by the Hollanders in Japan from the 17th to the 19th centuries*，海牙，1936）。

C. 帕蒂特－杜泰利斯（C. Petit-Dutaillis），《法英两国的封建君主制》（*The Feudal Monarchy in France and England*，伦敦，1936）。

E. V. G. 基尔南（E. V. G. Kiernan），《英国对华外交（1880—1885）》（*British diplomacy in China 1880-1885*，剑桥大学，1939）。

G. B. 桑瑟姆（G. B. Sansom），《日本文化简史》（*Japan: A Short Cultural History*，纽约，1936）。

G. C. 艾伦（G. C. Allen），《现代日本和它的问题》（*Modern Japan and Its Problems*，纽约和伦敦，1928）。

G. E. 上原（G. E. Uyehara），《日本政治发展史（1867—1907）》

（*Political Development of Japan 1867-1909*，伦敦，1910）。

G. F. 赫德森（G. F. Hudson），《世界政局之远东》（*The Far East in World Politics*，牛津，1937）。

H. S. 奎格利（H. S. Quigley），《日本政府和政治》（*Japanese Government and Politics*，纽约、伦敦，1932）。

H. B. 莫尔斯（H. B. Morse），《中国的贸易与行政》（*The Trade and Administration of China*，伦敦，1920 年第 3 版）。

J. C. 巴莱（J. C. Balet），《日本的军事》（*Le Japon militaire: L'armée et la marine japonaises en 1910-1911*，横滨、巴黎，1910）。

J. H. 格宾斯（J. H. Gubbins），《日本的进步》（*Progress of Japan 1853-1871*，牛津，1911）。

——，《现代日本的形成》（*The Making of Modern Japan*，伦敦，1922）。

J. H. 哈蒙德、芭芭拉·哈蒙德（J. H. Hammond and Barbara Hammond），《现代工业的勃兴》（*The Rise of Modern Industry*，伦敦，1925）。

J. 克拉普罗特（J. Klaproth），《三国通览图说》（*San Kokf Tsou Ran to Sets: ou aperçu général des trois royaumes*，巴黎，1832）。

K. S. 拉图雷特（K. S. Latourette），《日本的发展》（*The Development of Japan*，纽约，1938 年第 4 版）。

L. C. A. 诺尔斯（L. C. A. Knowles），《19 世纪的英国工商革命》（*The Industrial and Commercial Revolutions in Great Britain During the Nineteenth Century*，伦敦，1921）。

M. 帕斯克·史密斯（M. Paske-Smith），《德川时代日本和台湾的西方野蛮人（1603—1868）》（*Western Barbarians in Japan and Formosa in Tokugawa Days 1603-1868*，神户，1930）。

N. 山崎（N. Yamasaki），《在海军少将佩里到达之前欧洲文明对日本生活的影响》(*L'Action de la Civilisation Européenne sur la Vie Japonaise avant l'Arrivée du commodore Perry*，巴黎，1910）。

O. 泰宁、E. 尧汉（O. Tanin and E. Yohan），《当日本走上战争的时候》(*When Japan Goes to War*，纽约，1936）。

——，《日本的军国主义和法西斯主义》(*Militarism and Fascism in Japan*，纽约，1934）。

R. H. 托尼（R. H. Tawney），《16世纪的土地问题》(*The Agrarian Problem in the Sixteenth Century*，伦敦，1912）。

R. K. 赖肖尔（R. K. Reischauer），《日本的政府与政治》(*Japan: Government and Politics*，纽约，1939）。

S. 上原（S. Uyehara），《日本的工业和贸易》(*The Industry and Trade of Japan*，伦敦，1936）。

W. E. 格里菲斯（W. E. Griffis），《天皇：制度和本人》(*The Mikado: Institution and Person*，普利斯顿，1915）。

W. H. R. 喀特勒（W. H. R. Curtler），《圈地和我国土地的重分配》(*The Enclosure and Redistribution of Our Land*，牛津，1920）。

W. L. 兰格（W. L. Langer），《帝国主义的外交》(*The Diplomacy of Imperialism*，纽约，1935）。

W. R. 克罗克（W. R. Crocker），《日本人口问题》(*The Japanese Population Problem*，纽约，1931）。

W. W. 麦克拉伦（W. W. McLaren），《日本公文集》(*Japanese Government Documents*），载于《亚细亚协会纪要》卷四十二，上卷，1914。

——，《日本明治政治史》(*A Political History of Japan During the Meiji Era 1868-1912*，纽约，1916）。

阿礼国爵士（Sir Rutherford Alcock），《大君之都：旅日三年记》(*The Capital of the Tycoon: A Narrative of a Three Years' Residence in Japan*，全

三卷，伦敦，1863）。

阿纳托利·坎托罗维奇（Anatole Kantorovich），《美国拼争中国纪事》（Amerika v Bor'be za Kitai /America in the struggle for China，莫斯科，1935）。

安德烈·安德里亚戴斯（André André adès），《日本帝国的财政及其演进》（Les Finances de l'Empire Japonais et Leur Evolution，巴黎，1932）。

安东尼·德·拉·马兹来西尔（Antoine de La Mazeliere），《日本的历史和文化》（Le Japon : Histoire et Civilisation，巴黎，1907）。

保罗·马耶特（Paul Mayet）著，阿瑟·劳合（Arthur Lloyd）译，《农业保险》（Agricultural Insurance，伦敦，1893）。

本庄荣治郎（Eijiro Honjo），《日本社会经济史》（The Social and Economic History of Japan，东京，1935）。

朝河贯一（Asakawa Kan'ichi），《日俄冲突：其原因和结果》（The Russo-Japanese conflicts: its causes and issues，波士顿、纽约，1904）。

——，《入来文书》（The documents of Iriki，新港、牛津，1929）。

池本象雄（Ikemoto Kisao），《明治维新及其对日本农民的影响（1867—1930）》（La Restauration de l'Ere de Meiji et sa Répercussion sur les Milieux agricoles japonais 1867-1930，巴黎，1931）。

赤木英道（R. H. Akagi），《日本外交史》（Japan's Foreign Relations 1542–1936，东京，1936）。

大隈重信（Ōkuma Shigenobu）编，《开国五十年史》（Fifty Years of New Japan，全两卷，伦敦，1910）。

渡令吉春（Watarai Toshiharu），《日本的铁路国有化》（The Nationalization of Railways in Japan，纽约，1914）。

恩格尔贝特·肯普弗（Engelbert Kaempfer）著，舒吉尔（J. G. Scheuzer）译，《日本史》（History of Japan 1690-1692，全三卷，格拉斯哥，1906）。

饭泽章治（Iizawa Shōji），《日本的政治和政党》（Politics and Political Parties in Japan，日本外交协会刊行，东京，1938）。

弗雷达·厄特利（Freda Utley），《日本的泥足巨人》（Japan's Feet of Clay，纽约，1937）。

福斯特·雷亚·杜勒斯（Foster Rhea Dulles），《美日关系四十年》（Forty Years of American-Japanese Relations，纽约、伦敦，1937）。

福田德三（Fukuda Tokuzō），《日本社会经济发展史》（Die Gesellschaftliche und Wirtschaftliche Entwickelung in Japan，慕尼黑国民经济研究所，斯图加特，1900）。

福泽谕吉（Fukuzawa Yukichi）著，E.清冈（E. Kiyooka）译，《福泽谕吉自传》（Autobiography，英译本，东京，1934）。

格雷戈里·威林金（Gregory Wilenkin），《现代日本的政治和经济组织》（The Political and Economic Organization of Modern Japan，东京，1908）。

格雷戈里·宾斯托克（Gregory Bienstock），《太平洋上的争夺》（The struggle for the Pacific，伦敦，1937）。

国际统计学会，《国际统计学会学报》（Bulletin de l'Institut International de Satistique，东京，1931）。

鹤见祐辅（Tsurumi Yusuke），《日本的自由民权运动》（The Liberal Movement in Japan，新港，1925）。

亨利·迪莫拉尔（Henry Dumolard），《日本的政治、经济和社会》（Le Japon Politique, Economique et Social，巴黎，1905）。

卡尔·拉特根（Karl Rathgen），《日本的国民经济和国家支持》（Japans Volkswirtschaft und Staatshalt），施穆勒（D. Schmoller）编《国家和科学研究》卷四十五第十号，莱比锡，1891年。

考斯顿（E. E. N. Causton），《日本的军国主义和外交政策》（Militarism and foreign policy in Japan，伦敦，1936）。

劳伦斯·奥利芬特（Laurence Oliphant），《1857年、1858年、1859年埃尔金伯爵出使中国及日本纪实》（*A Narrative of the Earl of Elgin's Mission to China and Japan in the Years 1857-58-59*，纽约，1860）。

理查德·希尔德雷思（Richard Hildreth），《日本的今昔》（*Japan as It Was and Is*，波士顿，1855）。

菱田静治（Seiji G. Hishida），《作为大国的日本国际地位》（*The International Position of Japan as a Great Power*，纽约，1905）。

柳川（Yanaga Chitoshi），《日本国家论》（*Theory of the Japanese State*），博士论文，加利福尼亚大学。

泷泽松代（Takizawa Matsuyo），《货币经济在日本的渗透》（*The Penetration of Money Economy in Japan*，纽约，1927）。

卢多维克·诺多（Ludovic Naudeau），《现代日本》（*Le Japon Moderne*，巴黎，1910年前后）。

路易斯安那商品展览会日本帝国代表团编印，《二十世纪初期的日本》（*Japan at the Beginning of the twentieth Century*，东京，1904）。

罗伯特·赫德爵士（Sir Robert Hart），《这些从秦国来：中国问题论集》（*These from the land of Sinim*，伦敦，1901）。

罗伯逊·斯科特（Robertson J. W. Scott），《日本的基础》（*The Foundations of Japan*，伦敦，1922）。

芒西（A. H. Mounsey），《萨摩的叛乱》（*The Satsuma Rebellion: An Episode of Modern Japanese History*，伦敦，1879）。

茂木惣兵卫、维尔·雷德曼（Mogi Sōbei and Vere Redman），《远东问题》（*The Problem of the Far East*，伦敦，1935）。

莫里斯·多布（Maurice Dobb），《政治经济学和资本主义》（*Political Economy and Capitalism: Come Essays in Economic Tradition*，伦敦，1937）。

——，《大久保利通传》（*Okubo*，巴黎，1904）。

莫里斯·古恒（Maurice Courant），《德川时代的日本诸藩》（*Les Clans japonais sous les Tokugawa*），《吉美博物馆演讲集》卷十五，巴黎，1903—1905。

木下英太郎（Kinoshita Eitarō），《日本商业的今昔》（*The Past and Present of Japanese Commerce*，纽约，1902）。

那须皓（Nasu Shiroshi），《日本土地的利用》（*Land Utilization in Japan*，太平洋学会日本分会，东京，1929）。

濮兰德、巴克斯（J. O. P. Bland and E. Backhouse），《慈禧外纪》（*China Under the Empress Dowager: The History of the Life and Times of Tzu Hsi*，伦敦，1912）。

日本帝国内阁，《日本帝国统计摘要》（*Résumé Statistique de l'Empire du Japon*）第二号，东京，1888。

三井家族（House of Mitsui），《三井家三百年家乘》（*A Record of Three Centuries*，东京，1937）。

三木庄三郎（Miki Shozaburo），《日本的劳工问题》（*Labor problem in Japan*，哥伦比亚大学图书馆收藏原稿未刊登发行，1900）。

石井了一（Ishi Ryoichi），《日本的人口压力及经济生活》（*Population Pressure And Economic Life In Japan*，伦敦，1937）。

斯坦福·莱佛士（Sir Stamford Raffles）著，M. 帕斯克-史密斯（M. Paske-Smith）编《1812年至1816年写给英国东印度公司秘密委员会的日本报告书》（*Report on Japan to the Secret Committee of the English East India Company 1812-1816*，神户，1929）。

泰勒·丹尼特（Tyler Dennett），《美国人在东亚》（*Americans in Eastern Asia*，纽约，1922）。

托斯丹·凡勃伦（Veblen Thorstein），《论时代变革中的秩序》（*Essays in Our Changing Order*，纽约，1934）。

威廉·哈伯顿（William Habberton），《在阿富汗问题上的英俄关系

(1837—1907)》(*Anglo-Russian relations concerning Afghanistan : 1837-1907*),载于《伊利诺斯大学社会科学学报》卷二十一第四号,厄巴纳,伊利诺伊州,1937。

尾崎行雄(Ozaki Yukio),《日本民主主义的呼声》(*The Voice of Japanese Democracy*,横滨,1918)。

武内辰治(Takeuchi Tatsuji),《日本帝国的战争与外交》(*War and Diplomacy in the Japanese Empire*,纽约,1935)。

象山口谦(Shozan Yashi,化名?)著,萨道义(Ernest Satow)译《自1853年佩里海军准将出访日本至夺取北海道之间的日本史》(*A History of Japan from the First Visit of Commodore Perry in 1853 to the Capture of Hakodate*,横滨,1873)。

小川乡太郎(Ogawa Gōtarō),《日本征兵制》(*The Conscription System in Japan*,纽约,1921年)。

小林丑三郎(Kobayashi Ushisaburō),《基本工业和日本社会史》(*Basic Industries and Social History of Japan 1914-1918*,新港,1930)。

——,《日本的兵工业》(*Military Industries of Japan*,纽约,1922)。

小野英二郎(Ono Eijiro),《日本的工业变迁》(*The Industrial Transition in Japan*),载于《美国经济学会丛刊》卷二第一号,巴尔的摩,1890年1月。

新渡户稻造(Nitobe Inazo),《现代日本所受的西方影响》(*Western Influences in Modern Japan*,东京,1929)。

休·波顿(Hugh Borton),《日本的农民暴动》(*Peasent uprisings in Japan of the Tokugawa Period*),载于《亚细亚协会纪要》第2集卷六,1938年5月。

徐淑希(Hsu Shuhsi),《中国和它的政治完整》(*China and Her Political Entity*,纽约,1926)。

亚历山大·莫里斯·卡尔-桑德斯(A. M. Carr-Saunders),《世界人口》(*World Population*，牛津、纽约，1936)。

岩崎卯一（Iwasaki Uichi），《日本政治史上的推动力量（1867—1920）》(*The Working Forces in Japanese Politics 1867-1920*，纽约，1921)。

伊波利特·泰纳（Hippolyte Taine），《现代法国的起源》卷一《古代制度》(*Les Origines de la France contemporaine* Vol. I: *L'Ancien Régime*)，巴黎，1878年第6版)。

伊莱·赫克舍（Eli F. Heckscher），《重商主义》(*Mercantilism*，伦敦，1935)。

伊藤博文（Itō Hirobumi）著，伊东巳代治（Itō Miyoji）译《宪法义解》(*Commentaries on the Constitution of the Empire of Japan*，东京，1906，第2版)。

约翰·E. 奥查德（John E. Orchard），《日本的经济地位》(*Japan's Economic Position*，纽约，1930)。

詹姆斯·默多克（James Murdoch），《日本史》(*A History of Japan*，全三卷，伦敦，1926)。

竹越与三郎（Takekoshi Yosaburo），《日本经济史》卷三 (*The Economic Aspects of the History of the Civilization of Japan*，纽约，1930)。

——，《西园寺公望公爵》(*Prince Saionji*，东京，1933)。

日文参考书目（按照拼音排序）

《经济学辞典》全六卷（*Keizai Gaku Jiten / A Dictionary of Economic Studies*，东京，1935，第 4 版）。

《农林统计》（*Norin Tokei / Statistics for Agriculture and Forestry*，农林省官方统计科，东京，1939）。

《日本帝国统计年鉴》（*Nihon Teikoku Tokei Nenkan / Statistical Year Book of the Japanese Empire*）。

《日本经济辞典》全九卷（*Nihon Keizai Jiten / Dictionary of Japanese Political Economy*，东京，1936—1938）。

《日本农业年鉴》（*Nihon Nogyo Nenkan / The Agricultural Year Book of Japan*）。

《现代日本史研究》（*Gendai Nihon Shi Kenkyu / A Study of Contemporary Japanese History*，东京，1938）。

白柳秀湖（Shirayanagi Shūko），《日本富豪发生学》（*Nihon Fugo Hassei Gaku / A Study of the Origins of Japanese Plutocrats*，东京，1931）。

本庄荣治郎（Honjo Eijiro）编，《明治维新经济史研究》（*Meiji Ishin Keizai Shi Kenkyu / A Study of the Economic History of the Meiji Restoration*，东京，1930）。

本庄荣治郎，《德川幕府的米价调节》（*Tokugawa Bakufu no Beika Chosetsu / The Regulation of the Price of Rice during the Tokugawa Bakufu*）。

大阪市参事会（Osaka-Shi Sanji Kai）编，《大阪市史》全五卷（*Osaka-Shi Shi / History of the City of Osaka*，大阪，1913）。

大原贤次（Ōhara Kenji），《西乡隆盛传》（Saigo Takamori / Life of Saigo Takamon，东京，1938）。

东京帝国大学（Tokyo Imperial University）编，《东京帝国大学五十年史》全两卷（Tokyo Teikoku Daigaku Goju-nen Shi / History of Fifty Years of Tokyo Imperial University，东京，1932）。

东畑精一（Tobata Seiichi），《日本农业的开展过程》（Nihon Nogyo no Tenkai Katei / The Process of the Development of Japanese Agriculture，东京，1936年增订版）。

渡边几治郎（Watanabe Ikujirō），《日本近世外交史》（Nihon Kinsei Gaiko-Shi / Diplomatic History of Modern Japan，东京，1938）。

饭田忠夫（Iida Tadao），《岩崎弥太郎》（Iwasaki Yatarō / Life of Iwasaki Yatarō，东京，1938）。

风早八十二（Kazahaya Yasoji），《日本社会政策史》（Nihon Shakai Seisaku Shi / History of Japanese Social Policy，东京，1937）。

高桥龟吉、山田秀雄、中桥基金（Takahashi Kamekichi, Yamada Hideyo and Nakahashi Motokane）编，《明治大正农村经济的变迁》（Meiji Taisho Noson Keizai No Hensen / Changes in Agricultural Economy in the Meiji and Taisho Periods，东京，1926）。

黑板胜美（Kuroita Katsumi），《国史的研究》卷三（Kokushi no Kenkyu / A Study of our National History，东京，1937年修订版）。

黑正岩（Kokusho Iwao），《农民叛乱的研究》（Hyakusho Ikki no Kenkyu / A Study of Peasant Revolts，东京，1928）。

横井时冬（Yokoi Tokifuyu），《日本工业史》（Nihon Kogyo Shi / History of Japanese Manufacture，东京，1927及1929）。

吉野作造（Yoshino Sakuzō）编，《明治文化全集》全二十四卷（Meiji Bunka Zenshu / Collection of Works on Meiji Culture，东京，1930）。

加田哲二（Kada Tetsuji），《维新以后的经济思想概论》（Ishin igo no

Shakai Keizai Shiso Gairon / An Outline of Social and Economic Thought since the Restoration，东京，1934）。

菅野和太郎（Kanno Wataro），《大阪经济史研究》（*Osaka Keizai Shi Kenkyu / A Study in the Economic History of Osaka*，东京，1935）。

堀江保藏（Horie Yasuzo），《日本资本主义的成立》，（*Nihon Shihonshugi no Seiritsu / The Formation of Japanese Capitalism*，东京，1938）。

——，《我国近世的专卖制度》（*Waga Kuni Kinsei no Sembai Seido / The Monopoly System in Our Country in Modern Times*，东京，1935）。

泷本诚一（Takimoto Seiichi）编，《日本经济大典》全五十五卷（*Nihon Keizai Taiten / A Cyclopaedia of Japanese Political Economy*，东京，1928）。

泷本诚一、向井鹿松（Takimoto Seiichi and Mukai Shikamatsu）编，《日本产业资料大系》全十三卷（*Nihon Sangyo Shiryo Taikei / Series in the Historical Materials for Japanese Industry*，东京，1926—1927）。

泷川政次郎（Takigawa Masajirō），《日本社会史》（*Nihon Shakai Shi / A Social History of Japan*，东京，1935）。

明治财政史编纂会（Meiji Zaisei Shi Hensan Kai / Committee for the Compilation of the History of Meiji Finance）编，《明治财政史》全十五卷（*Meiji Zaisei Shi / A History of Meiji Finance*，东京，1906）。

平野义太郎（Hirano Yoshitaro），《日本资本主义社会的机构》（*Nihon Shihonshugi Shakai no Kiko / The Mechanism of Japanese Capitalist Society*，东京，1934）。

庆应义塾（Keio Gijuku）编，《续福泽全集》（*Zoku Fukuzawa Zenshu / Supplement to the Collected Works of Fukuzawa*，东京，1933）。

秋山贤三（Akiyama Kenzo），《日支交涉史话》（*Ni-shi Koshoshi no Kenkyu / A Study of the History of Intercourse Between Japan and China*，东

京，1939）。

日本史籍协会（Nihon Shiseki Kyokai）编，《奇兵队日记》全四卷（*Kiheitai Nikki / Kiheitai Diaries*，1918）。

森喜一（Mori Kiichi），《日本资本主义发达史序说》（*Nihon Shihonshugi Hattatsu Shi Josetsu / Introduction to the History of the Development of Japanese Capitalism*，东京，1934）。

辻善之助（Tsuji Zennosuke），《海外交通史话》（*Kaigai Kotsu Shiwa / Lectures on Intercourse Beyond the Seas*，东京，1930年增订版）。

史学会（Shigakkai / Historical Society）编，《明治维新史研究》（*Meiji Ishin Shi Kenkyu / Researches into the History of the Meiji Restoration*，东京，1936）。

市岛谦吉（Ichishima Kenkichi）编，《明治戊辰》（*Meiji Boshin / "Boshin" is the cyclical name for the year 1868*，东京，1928）。

松好贞夫（Matsuyoshi Sadao），《新田的研究》（*Shinden no Kenkyu / A Study of Reclaimed Lands*，东京，1936）。

藤井甚太郎（Fujii Jintarō），《明治维新史讲话》（*Meiji Ishin Shi Kowa / Lectures on the History of the Meiji Restoration*），东京，1929。

——，《日本宪法制定史》（*Nihon Kempo Seitei Shi / A History of the Establishment of the Japanese Constitution*，东京，1929）。

藤井甚太郎、森谷秀亮（Fujii Jintarō and Moriya Hidesuke），《明治时代史》（*Meiji Jidai Shi / A History of the Meiji Period*），《综合日本史大系》卷十二，东京，1934。

田边朔郎（Tanabe Sakuro）编，《明治工业史》全十卷（*Meiji Kogyo Shi / A History of Meiji Industry*，东京，1925—1931）。

土屋乔雄、大内兵卫（Tsuchiya Takao and Ouchi Hyoei）编，《明治前期财政经济史史料集成》全二十卷（*Meiji Zenki Zaisei Keizai Shiryo Shusei / Collection of Historical Material on Finance and Economy in the Early Years of the Meiji Era*，东京，1931）。

土屋乔雄、冈崎三郎（Tsuchiya Takao and Okazaki Saburo），《日本资本主义发达史概说》（*Nihon Shihonshugi Hattatsu Shi Gaisetsu / Outline History of the Development of Japanese Capitalism*，东京，1937）。

土屋乔雄、小野道雄（Tsuchiya Takao and Ono Michiyo），《明治初年农民骚乱录》（*Meiji Shonen Nomin Sojo Roku / Chronicle of Peasant Uprisings in the Early Years of the Meiji Era*，东京，1931）。

土屋乔雄等（Tsuchiya Takao and others），《日本资本主义史论集》（*Nihon Shihonshugi Shi Ronshu / Collection of Essays on the History of Japanese Capitalism*，东京，1937）。

尾佐竹猛（Osatake Takeshi），《明治政治史概论》（*Meiji Seiji Shi Tembyo / Sketches in Meiji Political History*，东京，1938）。

——，《维新前后的立宪思想》全两卷（*Ishin Zengo ni okeru Rikken Shiso / Constitutional Thought at the Time of the Restoration*，东京，1929）。

尾佐竹猛、林茂（Osatake Takeshi and Hayashi Shigeru），《政治》（*Seiji / Politics*），载于《现代日本史研究》，东京，1938。

我妻东策（Azuma Tosaku），《明治前期农政史的诸问题》（*Meiji Zenki Nosei Shi no Sho-Mondai / Various Problems in the History of Agrarian Policy in the First Part of the Meiji Era*，东京，1936）。

小林良正（Kobayashi Yoshimasa），《日本产业的构成》（*Nihon Sangyo no Kosei / The Structure of Japanese Industry*，东京，1935）。

小野武夫（Ono Takeo），《明治维新农村社会史论》（*Meiji Ishin Noson Shakai Shiron / An Historical Treatise on Agricultural Society at the Restoration*，东京，1932）。

——，《农村社会史考论》（*Noson Shakai Shi Ronko / Discussions on the History of Agricultural Society*，东京，1935）。

——，《日本村落史概论》（*Nihon Sonraku Shi Gairon / Outline History*

of the Japanese Village Community，东京，1936）。

——，《永小作论》（Ei-kosaku Ron / Discussion of Permanent Tenancy，东京，1927）。

伊豆公夫、松下芳南（Izu Kimio and Matsushita Yoshio），《日本军事发达史》（*Nihon Gunji Hattatsu Shi / History of Japanese Military Development*，东京，1938）。

沼崎英之介（Numazaki Hidenosuke），《农民叛乱调查报告书》（*Hyakusho Ikki Chosa Hokokusho / Reports and Investigations of Peasant Revolts*，东京，1935年誊写版）。

竹越与三郎（Takekoshi Yosaburo），《日本社会史》全十二卷（*Nihon Keizai Shi / An Economic History of Japan*，东京，1935）。

外国杂志论文参考目录

A. H. 雷伊（A. H. Lay），《日本的政党》（*Political Parties in Japan*），载于《亚细亚协会纪要》卷三十，东京，1902。

E. H. 帕克（E. H. Parker）译，《中国皇帝致英王乔治三世书》（*From the Emperor of China to King George the Third*），载于《19世纪杂志》卷四十，伦敦，1896年7月。

F. F. 埃夫拉尔（F. F. Evrard），《日本财政状况一瞥》（*Coup d'Oeil sur le Situation Financier du Japon*），载于《国民之友》英文版卷二第二十号，东京，1897年9月。

G. C. 艾伦（G. C. Allen），《日本经济支配权的集中》（*Concentration of Economic Control in Japan*），载于《经济季刊》，伦敦，1937年6月。

G. E. 泰勒（George E. Taylor），《太平天国运动的经济背景和社会基础》（*The Taiping Rebellion: Its Economic Background and Social Theory*），载于《中国社会政治学评论》卷十五第四号，北京，1933年1月。

H. 丹尼尔·布坎南（Daniel H. Buchanan），《日本的农村经济》（*Rural Economy in Japan*），载于《经济季刊》卷三十七，哈佛大学，1923年8月号。

J. H. 格宾斯（J. H. Gubbins），《家康遗训百条和德川政府》（*The Hundred Articles and the Tokugawa Government*），载于《日本协会会刊》卷十七，伦敦，1918—1920。

K. A. 魏特夫（Karl August Wittfogel），《中国经济史的基础和阶段》（*Foundations and Stages of Chinese Economic History*），载于《社会研究杂

志》卷四上卷,巴黎,1935年1月。

N. 斯基恩·史密斯(N. Skene Smith)编,《德川时代的日本经济史资料》(*Materials on Japanese Social and Economic History: Tokugawa Japan*),《亚细亚协会纪要》第二集卷十四,东京,1937年6月。

T. B. 格林南(T. B. Grinnan),《土佐的封建土地占有制》(*Feudal Land Tenure in Tosa*),载于《亚细亚协会纪要》卷二十第一部,东京。

W. G. 阿斯顿(W. G. Aston),《俄国南下库页岛和伊图普鲁岛》(*Russian Descents into Saghalin and Itorup*),载于《亚细亚协会纪要》卷一上卷,东京。

阪谷芳郎(Yoshirō Sakatani),《外国资本的输入》(*Introduction of Foreign Capital*),载于《国民之友》英文版卷二第九号,东京,1897年9月。

本位田祥男(Hoynden Yoshio),《日本资本主义的崩溃》(*Der Durchbruch des Kapitalismus in Japan*),载于《日本工业化》(世界经济文件集),耶拿,卷四十六第一号,1937年7月。

本庄荣治郎(Eijiro Honjo),《德川末期经济思想的检讨》(*A Survey of Economic Thought in the Closing Days of the Tokugawa Period*),载于《京都大学经济评论》卷十三第二号,京都,1938年10月。

——,《里昂·罗休和德川政权末期的行政改革》(*Léon Roches and the Administrative Reforms in the Closing Years of the Tokugawa Regime*),载于《京都大学经济评论》卷十第一期,京都,1935。

——,《幕府末期的日本海外贸易》(*Japan's Overseas Trade in the Closing Days of the Tokugawa Shogunate*),载于《京都大学经济评论》卷十四第二期,京都,1939年4月。

朝河贯一(Asakawa Kan'ichi),《1600年以后的日本乡村政府》(*Notes on Village Government in Japan after 1600*),载于《美国东方协会季刊》卷三十一,新港,1910—1911。

德富苏峰（Tokutomi Iichiro）著，贺瑞斯·柯尔曼（Horace E. Coleman）译，《吉田松阴传》(Life of Shoin Yoshida)，载于《亚细亚协会纪要》卷四十五上卷，东京，1917年9月。

弗里茨·施通普夫（Fritz Stumpf），《忍术》(Ninjutsu)，载于《大和德日协会会刊》，柏林，1929，第4—5期（7月—10月）。

赫伯特·布拉泰（Herbert M. Bratter），《日本的补助费》(Subsidies in Japan)，载于《太平洋杂志》卷三，纽约，1931年5月。

亨里奇·杜默林（Heinrich Dumoulin），《吉田松阴（1830—1859）：有助于了解明治维新精神渊源的文章》[Yoshida Shonin (1830-1859): Ein Beitrag zum Verstandnis der Geistigen Quellen der Meijierneuerung]，载于《日本纪念刊》卷一第二号，东京，1938年7月。

堀江保藏（Horie Yasuzo），《日本资本主义的成立》(An Outline of the Rise of Modern Capitalism in Japan)，载于《京都大学经济评论》卷十一第一号，京都，1930年7月。

蜡山政道（Masamichi Royama），《当代日本的问题》(Problems of Contemporary Japan)，载于《夏威夷大学文萃》第25号，火奴鲁鲁，1935年1月。

马丁·拉明（M. Ramming），《德川末期武士的经济地位》(Die Wirtschaftliche Lage der Samurai am Ende der Tokugawa Periode)，载于《德国东亚地理及民族学会通报》卷二十一，上册，东京，1928。

内田实（Uchida Minoru），《集体主义国家的日本》(Japan as a Totalitarian State)，载于《美亚杂志》，纽约，1938年5月号。

佩森·特里特（Payson J. Treat），《1894年甲午战争的原因》(The Causes of the Sino-Japanese War of 1894)，载于《太平洋历史评论》卷八第二号，加利福尼亚，1938年6月。

土屋乔雄（Tsuchiya Takao），《日本经济史概要》(An Economic History of Japan)，《亚细亚协会纪要》第二集卷十五，东京，1937年12月。

威廉·斯珀尔（William A. Spurr），《1853年以前的日本商业流通》（*Business Cycles in Japan Before 1853*），载于《美国政治经济季刊》卷四十六第五号，芝加哥，1938年10月。

休·波顿（Hugh Rorton），《日本的历史编纂法通览》（*A Survey of Japanese Historiography*），载于《美国历史评论》卷四十三第三号，纽约，1938年4月。

——，《日本的农民暴动》（*Peasant Uprisings in Japan of the Tokugawa Period*），载于《亚细亚协会纪要》第二集卷六，东京，1938年5月。

约翰·E. 奥查德（John E. Orchard），《中日两国工业化发展的比较》（*Contrasts in the Progress of Industrialization in China and Japan*），载于《政治学季刊》，哥伦比亚大学，纽约，1937年3月。

泽田庄（Sawada Sho），《江户幕府的财政困难》（*Financial Difficulties of the Edo Bakufu*），载于《国学史》卷二十二，哈佛大学，1935年12月。

作者未署名，《横须贺的兵工厂》（*L'Arsenal de Yokosuka*），载于《国民之友》英文版卷二第十一号，东京，1897年11月。

作者未署名，《日本航运发展》（*Development of Navigation in Japan*），载于《国民之友》卷一第六号，东京，1896。

作者未署名，《战争影响下的日本工商业》（*The Commerce and Industry of Japan as Affected by the War*），载于《国民之友》卷一第三号，东京，1896年。

中文参考书目

郭沫若,《沫若近著》,上海,1937。

日文杂志论文

大渡顺二（Owatari Junji），《官属林地的问题》（*Kokuyu Rin no Mondai / The Problem of State Forests*），载于《改造》，东京，1936年1月。

冈义武（Oka Yoshitake），《维新后攘夷风潮的残存》（*Ishin-go ni okeru Joiteki Fucho no Zanson / Survivals of the Anti-Foreign Trend after the Meiji Restora-tion*），载于《国家学会杂志》卷五十三第五号，东京，1939年5月。

高须芳次郎（Takasu Yoshijiro），《幕末水户藩西洋文明输入谈》（*Bakumatsu Sui-han Seiyo Bummeiyun'yu Hanashi / The Story of the Introduction of Western Culture into the Mito Clan at the End of the Bakufu*），载于《文艺春秋》卷十八第五号，东京，1939年3月。

金子坚太郎（Kentaro Kaneko），《日本宪法制定的由来》（*Nihon Kempo Seitei no Yurai / The Origin of the Establishment of the Japanese Constitution*），载于《史学杂志》，东京，1911年10月号。

堀江保藏（Horie Yasuzo），《明治初期的国内市场》（*Meiji Shoki no Koku-nai Shijo / The National Market in the Early Years of the Meiji Era*），载于《经济论丛》卷四十六第四号，1938年4月。

牧健二（Menji Maki），《明治初年土地全部永久出售的解禁》（*Meiji Shonen ni okeru Tochi Eitai Kaikin / The Removal of the Ban on the Permanent Alienation of Land in the Early Years of the Meiji Era*），载于《历史和地理》卷二十第六号，东京，1927年12月。

松好贞夫（Matsuyoshi Sadao），《德川幕府时代的新田开垦，特别是大阪川口的经营》(*Tokugawa Jidai no Shinden Kaihatsu toku ni Osaka, Kawaguchi no Keiei / The Opening Up of Reclaimed Land in the Tokugawa Period, Especially the Plan for Kawaguchi, Osaka*),载于《经济史研究》卷二第七号,京都。

土屋乔雄(Tsuchiya Takao),《幕府志士眼中的中国问题》(*Bakumatsu Shishi no Mita Shina Mondai / The Problem of China as Seen by Loyalists at the End of the Bakufu*),载于《改造》,东京,1938年7月。

——,《幕末动乱的经济分析》(*Bakumatsu Doran no Keizaiteki Bunseki / An Economic Analysis of the Unrest at the End of the Bakufu*),载于《中央公论》,东京,1932年10月。

图书在版编目（CIP）数据

日本维新史：日本明治时期的政治与经济／（加）赫伯特·诺曼著；赵阳译．——北京：新星出版社，2018.11

ISBN 978-7-5133-3291-0

Ⅰ．①日… Ⅱ．①赫… ②赵… Ⅲ．①明治维新(1868)－研究 Ⅳ．① K313.41

中国版本图书馆 CIP 数据核字 (2018) 第 250669 号

日本维新史：日本明治时期的政治与经济
[加]赫伯特·诺曼 著；赵阳 译

选题策划：姜　淮
责任编辑：王　萌
责任校对：刘　义
责任印制：李珊珊
装帧设计：冷暖儿

出版发行：新星出版社
出 版 人：马汝军
社　　址：北京市西城区车公庄大街丙3号楼　　100044
网　　址：www.newstarpress.com
电　　话：010-88310888
传　　真：010-65270449
法律顾问：北京市岳成律师事务所

读者服务：010-88310811　　service@newstarpress.com
邮购地址：北京市西城区车公庄大街丙3号楼　　100044

印　　刷：河北鹏润印刷有限公司
开　　本：660mm×970mm　　1/16
印　　张：15
字　　数：200千字
版　　次：2018年11月第一版　2018年11月第一次印刷
书　　号：ISBN 978-7-5133-3291-0
定　　价：49.00元

版权专有，侵权必究；如有质量问题，请与印刷厂联系调换。

彩色插图名单

大日本帝国憲法発布式之図
床次正精,1890

大山綱良糾問の図
豊原周延(又名楊洲周延、應需楊洲),1877

新皇居於テ正殿憲法発布式之図
安達吟光,1889

亜墨利加州迦爾波尔尼亜港出帆之図
五雲亭貞秀,1862

西海騒揺起原,征韓論之図
永嶋孟斎,1877

青山練兵場観兵式之図
井上探景,1888

本书翻译自此版本:
Japan's Emergence as A Modern State, New York: Institute of Pacific Relations, 1940.